指向核心素养的学科作业设计与实施指导丛书

丛书主编　赵德成　李春密　张玉峰

ZHONGXUE YUWEN
ZUOYE SHEJI

中学语文作业设计

计静晨 ◎ 本册主编

教育科学出版社
·北京·

本册主编　计静晨

本册编委　王　迪　计静晨　谷红丽　张小屹　张倩玉　苑　飞
　　　　　郝晓瑜　曾志红

出 版 人　郑豪杰

责任编辑　宋崇义

版式设计　宗沅雅轩　杨玲玲

责任校对　马明辉

责任印制　叶小峰

图书在版编目（CIP）数据

中学语文作业设计 / 计静晨本册主编. — 北京：
教育科学出版社，2024.8
（指向核心素养的学科作业设计与实施指导丛书）
ISBN 978-7-5191-3817-2

Ⅰ.①中…　Ⅱ.①计…　Ⅲ.①中学语文课－学生作业
－教学设计　Ⅳ.①G633.302

中国国家版本馆CIP数据核字（2024）第004448号

指向核心素养的学科作业设计与实施指导丛书

中学语文作业设计
ZHONGXUE YUWEN ZUOYE SHEJI

出 版 发 行　教育科学出版社

社　　　址　北京·朝阳区安慧北里安园甲9号　　邮　　编　100101

总编室电话　010-64981290　　　　　　　　　　编辑部电话　010-64989436

出版部电话　010-64989487　　　　　　　　　　市场部电话　010-64989009

传　　　真　010-64891796　　　　　　　　　　网　　址　http://www.esph.com.cn

经　　　销　各地新华书店

制　　　作　北京思瑞博企业策划有限公司

印　　　刷　北京联合互通彩色印刷有限公司

开　　　本　720毫米×1020毫米　1/16　　　　版　　次　2024年8月第1版

印　　　张　19　　　　　　　　　　　　　　　　印　　次　2024年8月第1次印刷

字　　　数　308千　　　　　　　　　　　　　　定　　价　58.00元

图书出现印装质量问题，本社负责调换。

>>>

构建指向核心素养的
作业设计理论与实践体系

近年来，随着我国教育改革的不断深化，一些长期制约教育事业发展的体制机制壁垒逐渐得到破解，一大批基层改革创新的经验、做法不断涌现，教育面貌正在发生格局性变化。其中，中小学生的"减负"工作就是教育改革过程中面临的一个大课题，也是推动教育回归本源、助力教育生态重塑的关键性举措之一。

2021 年 7 月，中共中央办公厅、国务院办公厅印发《关于进一步减轻义务教育阶段学生作业负担和校外培训负担的意见》（简称《意见》），指出要全面提高学校教学质量，同时全面规范管理校外培训机构，优化教育生态，减轻学生作业负担与校外培训负担，缓解教育中的焦虑情绪，推动形成科学合理的教育教学模式。可以说，国家出台"双减"政策是深刻影响我国教育改革的战略性举措，是青少年健康成长的转型之路，它不仅回应了当下我国基础教育亟须解决的问题，在一定程度上推动了我国基础教育生态的重构，同时也对包括课内外教学、作业管理、考试与评价等在内的教育诸环节提出了新的要求，为培养德智体美劳全面发展的社会主义建设者和接班人创造了条件。

长期以来，作业的育人功能被严重窄化。在我国中小学教学实践中，作业主要承担了"练习与巩固课堂知识"这一功能，导致学生被困于大量费时、低效的重复性、单一性作业之中，参与热情不高，甚至丧失对学习的兴趣。那么，在"双减"政策下，如何将学生从繁重的课业中解放出来，同时又实现"提质增效"呢？ 这是不少一线教师面临的困惑与难题。《意见》明确提出，要在健全作业管理机制、分类明确作业总量、提高作业设计质量、加强作业完成指导、科学利用课余时间上下功夫。作业作为教学的重要组成部分，是培养核心素养及各学科素养的重要途径和手段。只有设计出有效、适度的高质量作业，才能充分激发学生的学习兴趣、巩固学习效果、发展学生的思维能力，从而真正发挥作业的育人功能。

近些年，随着课程改革与课程研究的不断深入，尤其在义务教育阶段新课程标准颁布之后，作业的教学诊断与教学改进功能逐渐引起了教育行政部门、教育工作者的密切关注，各方试图以作业设计为突破口，深化对作业设计的理论认识，提高作业设计的质量，丰富作业设计的实践，以此助力教育教学改革，提升学校教育质量，落实立德树人的根本任务。

在这样的背景下，教育科学出版社组织专家、学者编写的这套"指向核心素养的学科作业设计与实施指导丛书"是适时的，更是满足实践急需的。一方面，丛书依据国家政策对作业设计的新要求，针对学校、教师最为迫切的作业问题，指出了引领作业设计发展方向的新理念、新思路，深入探讨了作业设计促使深度学习真正发生的原理与机制，构建了指向核心素养的作业设计理论与实践体系；另一方面，丛书根据不同学段、学科的特点，提炼出了符合核心素养要求、具备创新特色的作业设计的具体路径与策略，并借助一系列优秀的作业设计案例，引导一线教师真正掌握作业设计的规范流程和设计方法。事实上，优质的作业设计不仅要发挥巩固所学、拓展思考和整合课堂教学内容的基本功能，同时还必须充分体现情境性、开放性、创新性、个性化等设计原则。我相信，在这套丛书的指导下，教师们能够设计出激发学生自主学习、探究实践的动力，让深度学习真正实现的高质量作业，从而将发展核心素养落到实处。

当然，核心素养视域下的作业设计发展和创新不可能一蹴而就，对于作业设计理论和实践研究的深化仍需要更多的教育工作者贡献智慧、不断探索。我衷心地希望，这套丛书能够起到"先行者"和"探路人"的作用，在此基础上不断涌现出更多关于新时代作业设计的理论研究与实践创新，大大丰富我国高质量教育建设体系中的相关理论成果，满足教育实践中的现实需求，切实帮助一线教师提高作业设计水平，让作业回归"立德树人"这一最本真的功能，让学生能够通过作业真正学习知识、提升能力、提高素养，成为能学、乐学之人，砥砺品格，增长本领，最终成长为社会发展、国家建设、民族复兴的栋梁之材。

我相信，本套丛书的出版，对于丰富作业设计的基本理论和实践策略，进一步引领一线教师探索核心素养导向的作业设计，充分发挥作业在育人中的独特作用，都具有重要的指导意义和参考价值。

目 录

Contents

第一章

中学语文作业
设计概述

概览

1. 作业是课堂教学的重要组成部分，它以学生实践为主，以教学内容和教学目标在学生身上是否落实、落实得是否高效作为衡量课堂教学质量的关键性证据。作业评价包括过程性评价、表现性评价、形成性评价，具有检查、诊断、反馈、激励、巩固等多种功能。

2. 根据学生的学段和学力，教师无论选择何种作业类型，其设计的语文作业须体现并凸显语文课程的本质，即聚焦语言文字和作品，指向学生个体语言经验的发展，指向课程培养的核心素养。

3. 中学语文作业设计应遵循语文学习的特点，具备基础性、实践性、综合性、探究性、开放性、情境性，以及阶段性、长期性等特质，助力学生语言经验的积累与核心素养的形成。

案例导入

下面是统编教材语文初中学段和高中学段中有关《论语》学习的课后作业。

例1：统编义务教育教材语文七年级上册第三单元第11课《〈论语〉十二章》的课后习题。

一、下列句子都是关于修身的，参考课文注释，理解其意思。

1. 人不知而不愠，不亦君子乎？

2. 吾日三省吾身：为人谋而不忠乎？与朋友交而不信乎？传不习乎？

3. 一箪食，一瓢饮，在陋巷，人不堪其忧，回也不改其乐。

4. 不义而富且贵，于我如浮云。

5. 三军可夺帅也，匹夫不可夺志也。

二、孔子及其弟子在学习态度和学习方法上有哪些观点？选择其中一点谈谈你的体会。

三、理解下列句中加点词的含义。

1. 人不知而不愠，不亦君子乎？

2. 为人谋而不忠乎？与朋友交而不信乎？

3. 不义而富且贵，于我如浮云。

4. 博学而笃志，切问而近思，仁在其中矣。

四、背诵全文。

五、《论语》中有不少语句逐渐演化并固定为成语，至今仍活跃在现代汉语中，如"温故知新""不耻下问""诲人不倦""后生可畏""当仁不让"等。你还知道哪些？课外搜集一些，与同学分享。

例2：将统编普通高中教材语文必修下册第一单元第1课《子路、

曾晳、冉有、公西华侍坐》(《论语·先进》)课后"学习提示"的信息加以提取,发现编者设计的作业如下:

1. 理解子路、曾晳、冉有、公西华四位弟子的人生志向,思考孔子为什么对他们的说法表现出不同的态度。

2. 阅读同一课另外两则材料《齐桓晋文之事》《庖丁解牛》,结合《子路、曾晳、冉有、公西华侍坐》,体会《论语》语录体言简意赅的表达风格。

3. 背诵《子路、曾晳、冉有、公西华侍坐》。

4. 拓展阅读《季氏将伐颛臾》。

例1为初中学段的语文作业。于学生学习而言,为初中起始年级起始学期第二次接触文言文(第一次接触为第二单元第8课《〈世说新语〉二则》)。从核心知识和关键能力看,该作业涉及如下层次,1. 对关键词句的意思、含义的把握和理解(第1、第3题);2. 将孔子及其弟子对话的话题进行归类,归纳整理基本观点(第2题);3. 积累(第4、第5题)。在课程核心素养的培养上,侧重语言运用、思维能力和文化自信。在作业类型上,主要为基础性、实践性作业,第5题则是基础性、实践性、开放性兼具,都属于基础练习的范畴。

例2为高中阶段语文作业。它隶属于高中必修下册第一单元。该单元的学习目标是"了解中华文化的一些重要理念,领会其中包含的人文精神,深化对传统文化的认识,增强文化自信"。与初中课文文言语料的单一性安排不同的是,该课为成组语料,包括两篇教读材料《子路、曾晳、冉有、公西华侍坐》《庖丁解牛》和一篇自读材料《齐桓晋文之事》。从整体上看，高中语文作业既有就教读文本内容和形式的梳理与归纳，通过背诵而积累的基础性作业（第1、第3题），也有通过比较体会作者的不同态度，抑或通过比较不同传统经典的表达风格，深入体会该材料表达的独特性，进而培养、诊断和反馈"思维发展与提升""审美鉴赏与创造"等核心素养的深层次要求（第2题），还有在一定程度上暗示采用比较、参照对读等阅读法以帮助学生了解相应的学习策略，同时形成深度认识的拓展性、实践性作业（第4题）。

综上可以发现，同是研读（习）传统经典《论语》的学习内容，随着学段的提升以及学生心理、学习力、素养的发展，教材编写者提供的作业对要求学生掌握的必备语文知识和培养的关键能力的层级也在不断提升。比如，即使同为基础性作业，初中阶段为对词句意思的理解和把握、成语积累等，而高中阶段的作业则为对语篇的整体把握以及语篇积累（背诵默写）。不仅如此，高中阶段语文作业在"思维发展与提升""审美鉴赏与创造"这两大核心素养的培养上，根据高中生的特点，对语篇和语篇的参照对读、比较辨析语体表达风格等提出了要求。总而言之，根据不同学段的情况，这两份作业设计与安排很好地体现了设计作业时要考虑教学目标以及学科核心素养培养的阶段性和连续性这一原则。教师的作业设计与安排应该向教材学习，考虑并利用好上述原则。

第一节
走进中学语文作业

在整个学习过程中，教师根据学生的实际情况，通过课前、课中、课后的作业布置和反馈诊断，不断调整学习目标，选择更恰当的教学资源来指导学生的学习，进而激发学生学习的积极性，提高学习参与质量。因此，基于学生个体语言经验的积累，促进语文学科核心素养发展的作业设计就成为语文教学设计中的重要一环。

一、中学语文作业的定义

对教师而言，中学语文作业是中学语文教师给学生设计、布置的学习任务，意在考察学生对课堂探究的基本概念、基本问题的掌握和理解程度，以及在学科核心知识和关键能力方面达到的层级与核心素养上积淀的水平。它包括前期设计、中期布置以及查看诊断、再指导再落实等过程。作业前期设计是教学设计的一部分，体现的是教师基于教情、学情，围绕学科基本概念、基本问题、课题等形成的教学意图与想法。作业安排或布置是教师为诊断学生的学习效果而实施的教学行为。考虑到学生作为作业实践主体的生理和心理特点以及语文学习的特性，作业实施应该高效，作业形式应该灵活多样。

对学生而言，完成语文作业是语文学习过程中的一环。作业不仅能帮助学生巩固课堂所学的基础知识和基本技能，还能助力他们清晰认识自身对课堂前后探究的学科基本概念、基本问题、课题等的理解程度，为他们的下一步学习提供更加明确的努力方向。

二、中学语文作业的分类

作为教学设计的一部分，为了顺利达成学习目标，作业在形式上虽然没有一定之规，但自有其目的、价值和意义。基于语文课程的性质、学习内容的特点，中学语文作业有多种类型。比如：

根据具体内容，可以分为阅读作业、写作作业等。

根据具体形式，可以分为朗读、背诵、演讲、读书、研讨、交流、配插图、书（撰）写、参观访问、田野调查、汇报展示、课本剧展演、文稿整理等。

根据目的和功用，可以分为预习类、巩固类、拓展类和合作探究类四类。

教师有意识地选择作业类型，结构化、细化作业内容，是为了顺利达成教师教的意图与学生学的目标，以强化作业在实际操作过程中及其后的评价功能。

三、中学语文作业的特点

语文课程的基本任务是学习国家通用的语言文字，培育学生的语文学科核心素养，而语文学科的基本性质是综合性、实践性，因此，在作业所具有的一般性特征的基础上，中学语文作业有自己的特点。语文作业聚焦于语言文字作品，"按照日常生活、文学体验、跨学科学习三类语言文字运用情境，整合识字与写字、阅读与鉴赏、表达与交流、梳理与探究等语文实践活动"，虽然作业的内容和形式可以多样、丰富，但中学语文作业必须具备语文性。

比如，针对统编义务教育教材语文八年级下册第一单元的首篇课文——鲁迅著名小说《社戏》中"两岸的豆麦和河底的水草所发散出来的清香，夹杂在水气中扑面的吹来；月色便朦胧在这水气里。淡黑的起伏的连山，仿佛是踊跃的铁的兽脊似的，都远远地向船尾跑去了，但我却还以为船慢"这段景物描写，某校的初中物理教师和初中语文教师分别布置了以下的作业：

初中物理教师布置的作业为选择题。

鲁迅的《社戏》中有这样的描写："淡黑的起伏的连山，仿佛是踊跃的铁的兽脊似的，都远远地向船尾跑去了……"其中"山……向船尾跑去了"所选的参照物是（　　　）

A. 山　　B. 船　　C. 兽脊　　D. 河岸

初中语文教师布置的作业为简答题。

结合全文，自选一个角度，简析该段景物描写的妙处。或者直接选用课文"积累拓展"部分的第四题为作业：

四、结合上下文，揣摩下列语句，体会"我"的心理，感受其中的童真童趣。

淡黑的起伏的连山，仿佛是踊跃的铁的兽脊似的，都远远地向船尾跑去了，但我却还以为船慢。

从上面的案例可以看出，面对同一则语言材料，物理教师有意识地将语料中山与船之间不断变化的物理关系提取出来，通过提供其他有关联的选择项设计相应的作业，以此诊断学生在陌生情境下对物理概念"参照物""位移"的把握和理解。语文教师则不同，所设计的作业聚焦于该段的相关语句，围绕小说主题和作品中的环境描写，重在品味景物描写的妙处，或者通过将船的位移（客观）与文中线索人物"我"的心理感受（主观）二者结合，让静态的景物（山）动态化，从而体味字里行间洋溢的童真童趣。

根据《义务教育语文课程标准（2022年版）》和语言材料所属的文体，同样以诊断学生的审美水平为目的，两道语文作业题对学生思维的考察在难度上存在差异。第一道语文作业对思维的要求较高（除形象思维、直觉思维外，强调更大范围的整体思维、逻辑思维），第二道语文作业对思维的要求稍低（以形象思维、直觉思维为主，兼及小范围的整体思维、逻辑思维），阅读范围限于"上下文"。当然，在实际操作的过程中，教师可以根据学生的学习基础和课堂学习实情，有选择性地布置作业，或者将两道赏析题都提供给学生，让他们根据自己的学习能力进行选择（自主选择），围绕学科核心知识、关键能力和核心素养的具体达成，使作业所具有的激励、真实反馈、诊断等功能得到最大化的实现。

如果按照《义务教育语文课程标准（2022年版）》和《普通高中语文课程标准（2017年版2020年修订）》的精神来审视，这两道语文作业题在"学习情境"（"真实的语言运用情境"）的创设上还存在着不足，表现为它们缺少聚焦赏析，以活动任务、情境驱动学生更好地学习学科其他核心知识、关键能力运用和核心素养积淀的可能性。

四、中学语文作业的功能

作为中学语文课堂教学顺利实施以及教与学效果检验的要素，语文作业具有很多功能。如助力教师收集学生课堂学习的信息、数据；助力教师教和学生学；助力教师聚焦下一步教学活动，改进教学等。

（一）助力教师收集学生课堂学习的信息、数据

与课堂练习相比，作业因为有更多的学生参与并更易于观察学生实际完成的情况，在某种程度上能弥补教师因个人感受的臆断和教学经验的不全面而导致学情判断不准确的不足。语文学习效果的表现较为复杂，教师从课堂收集到的信息往往比较单一且零碎，而作业则可以提供学生个体学习过程的丰富信息，为教师形成更科学、更客观的教学判断提供依据。

（二）助力教师教和学生学

学习是人类的高级思维活动之一。教师在引导学生学习时，如果全凭经验来处理学生问题，教学实施没有计划，对课堂学习效果的诊断缺少客观数据的支撑，不仅无从实现自身教学效率的最大化，反而会使学生在学的落

实上出现明显落差。作业除了能为教师提供学生的学习过程和结果的很多信息之外，还可以助力师生间的沟通。独特的点评、分享等语文作业的处理手段，非常利于教师了解学情并给予学生个性化的指导。

（三）助力教师聚焦下一步教学活动，改进教学

课时和课时之间、课段和课段之间、单元和单元之间，往往存在学科本体知识内部逻辑的关联性，并且呈现出很强的一致性。同一份作业内部、不同份作业之间的关系也是如此。前者是后者的基础，后者是前者的高阶目标。根据学生完成作业的情况，教师能够诊断学生的学习情况，形成学生作业实践的任务线、学习线。由此，让学生个体的学习与小组和班级之间的探究（核心知识、关键能力和核心素养培养状况）建立联系，构建起学生学习力的面与体，助力确定下一课时（课段、单元）的课题、探究的基本问题、学习目标与需要选择与整合的学习资源、学习路径，引导学生更好地学习。

第二节 中学语文作业设计的依据

在初步了解中学语文作业的定义、分类、特点和功能之后，就要近距离地走进中学语文作业，透视作业背后的教育教学原理和设计规律，洞悉语文课程的基本性质和基本任务。这些方面对中学语文作业的设计有着巨大的影响。

统编普通高中教材语文几乎为每个单元都设置有写作任务。比如，必修上册"单元学习任务"中的写作任务安排如下：

第二单元，写一个你熟悉的劳动者，不少于 800 字，题目自拟。

第三单元，从本单元选择一首诗词，就你感触最深的一点，写一则 800 字左右的文学短评。

第六单元，以《"劝学"新说》为题，写一篇不少于 800 字的文章。

在实际操作的过程中，因为学生完成这些写作任务用时一般都超过一课时，不少教师会将它作为课下作业让学生完成。对学生写作作业的反馈，除了书面批改外，教师还常常在课内组织讲评活动。

然而，教师是否思考过：是什么促使编者如此安排写作任务来组织单元学习过程？将上面所列的写作任务作为单元最后的学习任务，它的内在逻辑是什么？最后的写作作业在单元学习中的价值何在？学生完成写作后，教师为什么会下意识地选择先书面批改，再组织讲评活动，甚至根据学生的学习基础与认知能力，增加面谈辅导和弹性评价？想要回答这些问题，必须先了解作业设计的依据。

一、一般性依据

所谓一般性依据，就是所有作业设计成功都必须遵循的原则，具体包括以下方面：

（一）遵循学习规律，关注不同学段学生的身体和心理特点

语文学习一般以掌握基本的语言知识和表达技巧等学科知识以及关键能力为主要目标。在不同学段中，语文课程标准对学生应掌握的语言知识和表达技巧的水平有着较大的差异，但都遵循由窄到宽、由浅入深、由易到难、由单向到多维、由单一到综合、由低阶到高阶的学习规律。学科知识的掌握、关键能力和核心素养的最终形成，都需要学生以自主学习为主、教师指导为辅进行自我建构，比如学生需要克服情感、意志的困难，经历课堂学习、完成作业、自我反思等过程，然后才能将学科知识、教师所传之道化为己有。

还是以上文列举的统编普通高中教材语文必修上册第二单元的写作任务为例，为方便学生完成"写一个你熟悉的劳动者"的写作作业，教材编者在单元内部搭建了基本的学习链。

1.从单元所选作品的阅读中获得对写作相关概念或知识的认识。

（1）关于"劳动"和"劳动者"的认识。针对"劳动"这个概念，第二单元的课文呈现了劳动的价值、意义、性质、场面与朴素的美感；就劳动者而言，课文选取的典型人物既有杰出的科学家，也有普通的劳动者，还有古今劳动者活动的典型场景，以及他们共同具有的美好精神与品质。

（2）与初中阶段学过的描写人物的文章体裁如小说、散文、戏剧等不同，第二单元的课文的体裁则是人物通讯、新闻评论和古典叙事诗，这些课文描写人物的角度及使用的方法也有所不同。这能使学生获得多角度、多样态的情感体验，扩大对写作体裁的选择范围，学习更多的塑造人物的技法。

2. 前期系列学习任务或隐或显地为拓展学生写作思路做铺垫。

还是以"写一个你熟悉的劳动者"的写作作业为例，教师可从前期已完成的诸多学习任务中梳理、整合出以下有利于本次写作作业设计的多维信息链：

多话题的专题研讨——具体事件、人物精神、作者立场的逻辑关联——多角度呈现事实、评论任务（关注多种思维，激发思辨）。

单元所选的典型作品——社会热点新闻聚焦——现实生活中平凡而又触动心灵的劳动者（视线引导：由课本而现实，由社会广泛生活而到作者的身边）。

典型事件——典型人物——人物精神、品质、境界——作者立场、态度与发自内心的情感（人物塑造法根本追寻：由外在而内在，由文章表达而到作者内心）。

人物通讯——新闻评论——描写相关场面的古典叙事诗（塑造人物的体裁：由直面而到多样）。

可以发现，教材中单元之间、单元内部板块之间有着知识、能力和素养培养的逻辑关联。在作业设计过程中，教师可以充分考虑阅读和写作板块间的关系，将二者勾连起来，助力学生完成课时、课段或单元的学习任务。

（二）结合课题，围绕学科基本概念、大观念和基本问题，指向学习目标

在学习过程中，学生只有基于教师教学的意图与目的，按照一定逻辑（学科基本概念、大观念、基本问题）将静态的学科知识重组、排序、结构化，并转化为自己的认知结构与认知过程，知识才会"活"起来。在这一知识转化的过程中，教师将作业设计纳入课堂教学设计中，以指向学习目标、

探究基本问题为目标，通盘加以考虑，会达到较好的效果。因为这样的作业能反映学生亲身参与的实践性、学习任务完成的复杂性以及认知思维的多维多层参与的深度性而广受教育研究者、基层教师的瞩目。

以统编义务教育教材语文八年级下册第六单元的学习为例，彭薇等五位教师统整该单元阅读与写作板块的学习资料与内在学科逻辑，围绕"故事具有哪些特点"的基本问题以及"学会写一个故事"的学习大任务进行作业设计。基于基本问题、学习大任务和学习目标，五位教师将单元文本研习重新排序，按照布置任务、基于写实的故事书写、基于虚构的故事书写、写实与想象的故事呈现四个层次展开学习，从而使课时、课段和整个学习单元的多数作业设计都与基本问题、学习目标紧密关联起来。他们先拟定了学习目标；接着又设计了第二课段基于写实的故事书写的作业和第三课段基于虚构的故事书写的作业。如以下作业案例所示：

作业案例 [1]

（一）单元学习目标

1. 品味课文中的精彩语句，体会其在论事说理上的好处。

2. 分析、比较两组四篇课文在故事书写上的不同手法，体悟古人对美好社会生活的憧憬和对现实生存状态的反思。

3. 运用恰当的策略完成故事的写作，以此表达自己对未来生活的憧憬。

（二）基于写实的故事书写

1. 富有悬念的开头、婉转曲折的经过、出人意料的结尾都能使故事情节引人入胜。运用以上技巧，发挥想象，续写或改写故事（二选一）：（1）续写《石壕吏》，使情节更曲折；（2）改写《卖炭翁》，使它的开头引人入胜。

2. 通过学习《唐诗三首》和《马说》，我们了解了多种描摹现实或类比现实的手法，它们能使故事生动曲折。请用思维导图的形式对这些手法进行归纳整理；然后尝试运用所学的手法，为《马说》增加一个事例。

（三）基于虚构的故事书写

1. 假如你是濠水中的鲦鱼，听到庄、惠二人的辩论，你有何感受？发挥想象，完成 200 字的小练笔。

2. 梳理文章说理的思路，体会《虽有嘉肴》和《大道之行也》两文对理想的生活和社会秩序的想象。

3. 《桃花源记》中的哪些情景符合《大道之行也》中关于大同社会的想象？

从以上作业案例可以看出，该作业设计具有基于学习单元整体（主体）框架而逐层展开的特点。它们不仅与教学内容（探究单元核心概念——故事，基本问题——故事具有哪些特点，完成大任务——学写故事）密切相关，还呈现逻辑严谨、整体性较强的特点。

（三）立足于教情和学情

教师进行作业设计时，即使初步的设想非常好，如果不考虑教学序列，比如在阅读训练中不考虑学生对阅读内容的理解能力和对阅读方法的把握水平，在写作训练中不考虑学生原本的学习基础、认知过程、思维能力，以及家庭情况、所处年龄段的心理特点等相关因素，那么不仅无法通过检查学生的作业完成情况在实践层面得到对学生学习的客观、精准的反馈，使学生学习中真实存在的问题被掩盖，导致教学效果不尽如人意，还会因为后续出现各式各样的问题而挫伤教师教与学生学的积极性。

一般情况下，教师会立足于教情和学情来进行作业设计，让学生完成作业的情况能反映真实的学习效果，无论好还是坏，无论进步还是退步。教师立足于教情和学情去设计作业，并随着教情和学情的变化而不断调整作业设计，就能一步步地引导学生朝着学期（段）目标迈进。

二、独特性依据

中学语文作业设计既要坚持所有学科作业设计的一般性原则，又因语文学科兼具工具性和人文性，其学习过程听说读写并重造成学习任务的多重性和综合性而具有其他学科作业设计所不具备的特殊性。也就是说围绕这样的学习任务设计作业必然具有独特性依据。语文作为国家课程，其作业设计的独特性依据与语文课程标准、教材内容及其呈现方式 相关。

（一）以单元学习范畴、学习内容，涉及的学科核心知识和关键能力为依据

不管是设计哪种类型的中学语文作业，都要根据课程标准、学期知识能力框架与教材系列，和单元教学设计一起，根据具体学习的范畴、内容、资料，涉及的学科核心知识和关键能力来进行。作业本身，无论单项还是系列，都只是呈现出来的具体样态，关键还在其背后的学科知识、能力建构、学习历程和学习时序的安排。

以语文课程对于学生的阅读能力的关注为例。阅读理解是由"学生""文本""任务"（或活动、阅读目的）三种影响因素联动的结果，它们在广阔的社会文化中以学生为中心交流互动。在中学语文作业设计中，文本因素和任务因素体现在作业题的层面；对学生的阅读认知过程，教师则是通过选择、调整文本和聚焦任务的完成过程来加以诊断。相对而言，学生始终隐藏在认知过程中，对阅读过程和效果产生影响。正是基于以上对阅读理解发生过程中三种因素关系的把握，教师如果想利用作业对学生的阅读能力进行客观、准确的评价，那么就需要在作业设计之前、之中，根据教情、学情综合考虑。

（二）侧重于培养语文核心素养

核心素养是学科育人价值的集中体现，是学生通过学科学习而逐步形成的正确价值观、必备品格和关键能力。语文学科核心素养是学生在积极的语言实践活动中积累与建构起来，并在真实的语言运用情境中表现出来的语言能力及其品质。在《普通高中语文课程标准（2017 年版 2020 年修订）》中，将语文核心素养归纳为"语言建构与运用""思维发展与提升""审美鉴赏与创造""文化传承与理解"四个方面的素质。在《义务教育语文课程标准（2022 年版）》中，将语文核心素养概括为"文化自信""语言运用""思维能力""审美创造"四个方面的素质。如果按照从义务教育到普通高中这样的学段顺序进行观察，可以发现义务教育语文课程标准与普通高中语文课程标准对学科素养的表述都着力于"文化""语言""思维""审美"四个方面，其前

后顺序、具体语言表述根据学段的不同呈现出语言知识与能力，思维方法与品质，情感、态度与价值观由低到高的层次（级）要求。这是语文课程教学需遵循的根本原则，也是中学语文教学设计、作业设计的基础。

虽然核心素养的四个方面是一个整体，但在具体的单元教学设计、作业设计中，围绕课题、基本问题探究与学习任务群的设置，对它们的培养还是有所侧重。比如本节所举的统编义务教育教材语文八年级下册第六单元的作业设计，其所培养的核心素养虽以"语言运用"为基础，但却以对学生"思维能力"的培养为主，兼及"审美创造"和"文化自信"（中华传统文化）。从其第二、第三课段所举的作业案例中，能明显发现联想想象、分析比较、归纳判断、推理探究的认知表现，涵盖了逻辑思维、辩证思维、批判思维、创造思维和形象思维这五种思维类型。

第三节
中学语文作业设计的基本标准

　　学科核心素养与中学语文课程标准是中学语文作业设计的基础。以此为前提，以下将从作业目标、作业结构、作业内容、作业形式、作业评价等方面介绍作业设计的基本标准。相关说明，除了在需要特别强调时会进行简要的示意外，其他详见下节与其他各章节的具体作业设计。

一、关于作业目标设计的标准

　　作业不仅是学生巩固知识与技能的载体，也是过程性评价的有效工具。它还应作为课堂教学的补充，成为学生学习活动的一部分。

（一）配合学习目标

　　中学语文课程标准在义务教育阶段与普通高中阶段均强调任务群教学。教师在设计作业时，应考虑学习单元教学或者任务群教学的主题需求，配合单元任务构建作业目标，不可独立于教学活动之外，那样可能为达成教学效果制造障碍。另外，学习目标存在学段、学年、学期、单元、课时的差异。所以，作业目标也相应存在着知识和能力的层级关系。比如本学期的学习目标中有议论文的写作教学，那么相应的对于议论文写作的作业安排在各个议论文学习单元与课时中要呈现出系统的作业转进方案：

第 N 教学周	第 N+1 教学周
学习单元任务：完成辩论赛	
单元作业任务： * 为既定观点准备材料； * 整合提取材料相关信息； * 写出论证过程……	
课时作业	
查找、审核和确定材料	剪裁与编辑材料　……

（二）要求清晰具体

中学语文学科的核心素养涉及多种思维能力以及审美鉴赏与创造能力的要求，包含很多主观性较强的学习目标。对于教师和学生来说，这些目标相对复杂，把握起来有一定的难度。所以，作业目标相较于学习目标应当更加清晰具体，便于理解与操作。制定目标时，应清晰指出涉及的知识与能力，并介绍完成作业需要的条件、作业应达到的表现程度或水平等，帮助教师与学生更精准地制定、理解并达成目标。

（三）注重学情差异

作业目标应明确不同水平的学生需达到的标准，以便在设计作业内容时尊重学生的个性差异与能力差异，为他们提供难度适宜、梯度合理、有选择性及开放性的作业。在按照学情差异制定更细致的作业目标时，各层次目标指向的知识与能力应当相同，只是达成的程度有所区别，并且这些目标应统一围绕学生的学习活动展开。

以课文《石壕吏》的作业设计为例，可以了解中学语文作业设计的错误范例和正确范例的大体情形。

> **关于《石壕吏》的作业设计**
>
> **错误范例**
>
> 学困生作业：抄默本诗；结合注释，以填空的形式完成本诗的翻译理解。
>
> 中等生作业：分析"吏"与"老妇"的形象，思考本诗的主旨。
>
> 优秀生作业：在完成中等生作业的基础上，结合《杜甫传》的相关章节内容，讨论《石壕吏》为何被称为"诗史"。
>
> **正确范例**
>
> 课后阅读《杜甫传》及与本诗写作相关的历史材料，讲述《石壕吏》的故事。可以使用全知视角，也可以选择吏、老妇、老翁、儿媳或杜甫某一个单一视角进行叙述。
>
> 要求：故事情节完整；相关史实相对准确；叙述时应有合理的情感逻辑；尽量讲出历史的厚重感。

在此表的错误范例中，不同层次的学生作业内容不同，虽然有意识地照顾了学习基础薄弱的学生，但会使学习有困难的学生没有资格利用与教学活动相统一的作业参与到正常的课堂活动中，没有资格获得相同的知识能力层级培养的作业。而在正确范例中，所有学生都在同一学习任务之下完成作业，但其"要求"体现了一定的层次性：首先做到情节完整，之后更需要背景知识准确，然后能够体会不同角色的思想情感，最后能够与时代相结合，产生《石壕吏》是"诗史"的共鸣。作业目标的差异化有利于各层次的学生更好地融入学习目标要求的学习活动中，更好地帮助各层次的学生达成理想的学习目标。

二、关于作业结构设计的标准

语文学科的内容及其结构，从普通高中语文课程标准来看，由必修、选修和选择性必修三类课程组成；从义务教育语文课程标准来看，有基础型、发展型、拓展型学习任务群等内容组织及呈现方式。不同的课程结构和课程组织形式必然涉及作业的系统整合问题。作业结构的合理性会直接影响学生的学习质量与效果。

（一）作业类型比例合理

要合理分配不同用途的作业在作业结构中的比例，以达到整体大于局部的效果。不同类型的作业有着不同的用途，应当依照课程的组织形式与教学目标，不断地对各个作业类型的占比进行调整。

各个作业类型在作业结构中所占的比例，并不是静态不变的。随着学情的发展其占比会发生动态的变化。即使作业目标相同，但学情不同，各个作业类型在作业结构中的占比也不尽相同。

（二）各项关联协调到位

语文作业形式多样，上级作业目标中不仅含有本级的直接作业，还含有下级作业目标的具体作业；不同专题也有各自独立的作业；不同功能、不同形式、不同目标的作业组成了作业结构的各个部分。这些作业之间要形成优化的作业结构，提高各部分之间的关联匹配程度与磨合水平是关键。

例如，与试题命制不同，相同的知识点与类似的能力点可以以不同题型反复出现在同一份作业中，目的在于帮助学生顺利完成由易到难的过渡。又如，在任务单元教学中，将不同类型的作业放置于统一的任务下，可以激发学生的热情，提高其完成效率，促进其综合素养的提升。匹配与磨合的关键在于抓住作业目标。

（三）水平进阶梯度适当

与理科课程相比，中学语文课程所培养的知识与能力在随学段升高呈现梯度上升的同时，不同知识与能力之间的交叉更多，界限也更加模糊。作为教学的有力补充，作业设计应帮助学生清晰地了解知识与能力的组成，切实提高自身的学科素养。建议各校在备课组与有经验的教师的带领下，依据语文课程标准的学段要求设计出长链条的作业结构。在知识体系不断提升、作业类型逐步增加、能力由单一到综合、形式由封闭到开放的学习转变过程中，教师可设计水平进阶梯度适当的作业帮助学生形成学业过渡自然、技能操作顺畅的认知。

三、关于作业内容设计的标准

中学语文课程承载着载道的功能。义务教育阶段和普通高中阶段的语文课程目标中都提出了任务群的理念。这要求教师在设计学习目标时尽量使用真实的情境，做到语文学科的人文性与工具性的统一。作业也应被视为课程学习活动的一部分。除传统的巩固与诊断功能外，作业更应起到促进学习目标与达成教学任务的作用。

（一）与课程设计和教学过程紧密结合

教师在设计语文作业时曾普遍出现布置机械反复的识记类作业的情况，这些作业是远离课程本身的。作业应当成为课程设计的一部分，进入学生的学习活动中。无论是在前期诊断环节、课堂课后评价环节中，还是对学习单元或任务群教学中的补充衔接，作业都有着重要地位。机械性识记类作业可以通过找规律、形象感知、思维导图、合作讲解等方法进行学习，并且在其他作业中通过材料关联或者场景运用的形式不断复现，以得到巩固提升。这样就能够实现让识记类作业融入课程设计与任务环节中的设想。作业设计应当促进教与学的效率，减少教师的无效工作量，激发学生的学习动力。

（二）材料精当丰富，表述准确凝练

中学语文教学中，材料选取范围较广，包括图、表、文、音频、视频及多媒体材料等。作业配合教学选取材料，首先要保证选材的科学严谨，不能出现科学性错误。其次要保证选择的材料符合教育政策与相关文件的规定，不要出现违背教育方针的内容。最后，应当配合课程教学的需要，选取尽量丰富的材料。在材料的剪裁、编辑与题目命制的过程中，教师使用的表述语言要准确到位，言简意赅，在便于学生操作的同时减少由于模糊、歧义、冗长造成的消耗。

（三）具有选择性与开放性

作业内容的难易程度和达成方式要具有选择性与开放性，以帮助不同水平的学生和采取不同学习行为模式的学生找到适合自己的提升方式。题目难度可以清晰地向学生说明或标注；各种不同行为模式的优缺点也要向学生讲清楚，帮助学生正确理解行为模式背后的作业目标。

另外，语言的建构与运用在中学语文的思维品质中是极其基础的能力，涉及几乎所有学科，更涉及日常生活的方方面面。找准学生在真实生活情境中的语言运用的需求，根据课程与课堂教学的需要，设计情境任务并适时设计具有选择性与开放性的跨学科作业是语文学科作业设计的要求与目标。

（四）数量时间严格控制

语文作业文字量大，易造成学生作业用时过多的问题，所以教师布置作业时要务求量少质优。教师应当敢于突破，减量提质。同时，尊重学生的主体地位，激发学生的学习热情，设置清晰的作业目标，科学设置作业结构，这些是做到减量提质的关键。

（五）维护学生自尊与归属感，激发学习兴趣与热情

作业内容要使学生对学科知识与能力产生归属感，这样能够激发学生的学习兴趣与热情，高效高质量地完成学习，进而促进学生在课内外主动提升自身的学科核心素养。

另外，作业目标与内容的制定，一定要注重保护学生的自尊心，要以大多数学生的实际情况为准，在调查研究的基础上布置作业；作业内容应当以使学生获得成就感为主；对于需要鼓励的群体，更需留意作业的激励功能。

四、关于作业形式设计的标准

中学语文作业的布置形式对学生的学习效果与素养提高有着显著影响，

也直接关系到教师对学生学情的诊断评价的及时性与准确性，所以作业形式需要认真规划。

（一）合理运用不同形式的作业

中学语文作业形式多样，通常包括朗诵、歌咏、写字、阅读、日记、习作、主题考察、创意表达、综合实践等；纸笔作业的命制形式通常有客观题、主观题等。而作业的完成形式可以是独立完成，也可以是合作完成；可以是分阶段长链条来完成，也可以是跨学科合作来完成。设计作业形式时不应盲目求新，应选取最适合达成目标的方式。只有成功的目标规划，才能够让多种作业形式展现应有的价值。

（二）适当关注成果美感

中学语文学科在审美创造与文化传承方面承担着重要责任。无论是中外文学艺术还是中华优秀传统文化与当代文化，都是中学语文学习的重要内容。中学语文作业设计的美感与艺术创造和文化传承息息相关。作业完成后呈现为各种形式的成果，而成果是作业设计与目标的可视化展现。成果富有美感能促进教学的推进并让学生获得成就感。同时，富有美感的成果本身更贴近生活实践，带有综合任务的色彩，对学生综合素养的提高有着潜移默化的作用。

例如，语文作业较常见的可视化呈现方式是使用文字或者图文结合的纸质材料，其实用性及美观性主要属于"平面设计"的范畴。因此，可以和美术教师沟通，提升学生进行平面设计或者页面设置的审美能力，进而增加作业成果的美感。

五、关于作业评价设计的标准

语文作业本身即是教学活动中的过程性评价。语文作业文字书写内容比重大、主观性强，所以应当在设计之初就根据作业目标，规划好评价的细则，甚至做好长链条的评价统计。对语文作业的评价要科学，应该拟定细化的评价标准，确立多元的评价主体以及差异化的评价内容。这样才能更好地达成作业目标，进而实现学习目标。

（一）评价应使公正性、针对性、教育性相统一

作业作为过程性评价的环节之一，应起到收集学生学情的作用，还要起到对不同学生进行针对性提醒、指导其提高的作用，更应该起到促进学生全面发展的教育作用。中学语文作业评价应当基于作业目标，对学生群体设立细化、量化的统一标准，以利于后期的教学与追踪；同时，教师还应对不同学生提供具有针对性的评价，使学生更清楚地了解自己的学情，正确认识作业的价值；评价更应该具有教育性，将学生当作全面发展的"人"来对待，从而在根本上激励学生进步。

（二）评价结果应便于统计，长效追踪

中学语文教学的主要专题包括阅读理解、写作等，学生完成教学专题作业的时间和教师批改作业的时间都比较长，及时、准确地反馈对作业的评价才能收到相应的效果。对作业的准确评价有赖于设计科学的评价标准。对评价标准和评价统计表的设计要分清主次、简洁明确，这样对作业的评价才能简便易行。

另外，相同或相近的作业目标以及系统的作业目标中的评价方式都应当尽可能遵循统一的评价原则，以利于长期追踪学生的学习变化情况。不应经常变换标准、等级、符号与统计形式，避免为日后的工作造成不必要的困难。

（三）评价方式应丰富多样

评价作业的方式应当是多样的。主体不同（如师生、生生、学生本人），性质不同（诊断性、过程性），呈现方式不同（分数、等级、评语、展示）都会造成具体评价的改变。作业评价的方式多样与上一条标准并不矛盾，应当有主有次，尽可能全面评价教学情况。

第四节
中学语文作业设计的
程序与策略

为不同维度或不同专题的作业设置的目标，教师对其的表述在具体细节上会有差异。然而就共性而言，作业设计的程序与策略依然有其自身的原则与规律。以下所提供的作业设计的程序与策略并非一成不变，但其中的原则与规律具有共性。可参照第三节谈及的作业设计基本标准来使用。

一、厘定作业目标

作业设计的程序的第一步是确立作业目标。从作业的用途来看，作业可以为下一阶段的学习目标或教学流程做诊断、铺垫，也可以配合学习目标对其进行补充和拓展等。

（一）作业目标应依据学习目标的达成情况不断进行调整

作业目标的具体设定是围绕学习目标进行的，需根据学生学习的具体需要与情况，尤其是不同学生群体的情况差异来进行设置。

学习目标与作业目标的差异性主要体现为范围与程度的不同。如果学习目标在课堂教学过程中的完成度高，作业目标需要覆盖的学习目标的范围可能会缩小或者后移，更加侧重对能力的考察，要求学生的作业完成程度也可能会加深。反之，学习目标如果在课堂教学中完成度低或者差异性很大，作业目标需要覆盖的范围可能会变大或者前移，更加侧重对基础的考察，要求学生的作业完成程度会减低。

课堂学习目标完成度与作业目标考察范围及程度的关系示意图

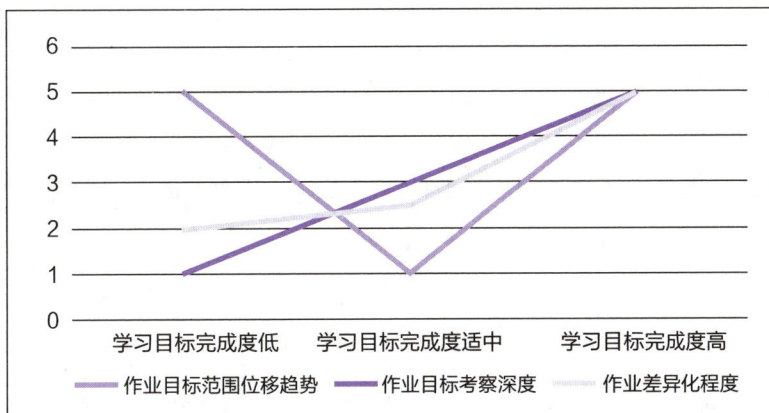

综上所述，根据学生群体甚至学生个体的不同与知识、能力或者专题要求的不同，教师要做更细致的判断，才能够为作业目标提供更具体的设计。了解学习目标的完成度，是布置高效作业的先决条件。此后，教师再根据学情与后续教学的需要，仔细甄别作业目标与学习目标的关系，找准作业目标的范围与深度。

（二）作业内容应与课堂问题或任务相统一

在作业内容的范围与深度确定之后，教师需要更具体精确地设定并表述作业目标。作业目标和学习目标的不同点之一，在于作业目标的表述要更加具体、清晰，带有一定的任务性。作业目标的设定应与课堂核心问题（任务）相关联。以课堂核心问题（任务）为依据制定作业目标，更容易使作业目标不偏离教学活动，起到应有的促进作用。

作业案例 1

学习目标：通过分析作者使用的语言、动作、外貌等细节描写，认识《故乡》里中年闰土因饱受封建压迫而精神愚昧、迟钝寡言的人物形象。

课堂核心任务：小组合作演绎主人公与闰土的再会场景。

作业目标甲：结合课文内容，画出丰富的人物细节，并选择两至三处不同类型的细节描写，完成 100 字左右的人物形象分析。

作业目标乙：在组长的协调安排下（组长需先期接受教师指导），从不同的细节出发，还原人物形象的不同侧面。通过讨论交流，小组形成一份简要的人物形象报告与演出重点说明。

分析上面的案例，可以看出虽然作业目标甲与作业目标乙都指向学习目标，但是作业目标乙与课堂的核心任务的关联度更大。这样的作业目标能够促使教师更深入地思考课后作业的布置形式，从而形成了下面的初步设计方案。

作业内容初步设计

在组内选出动作指导、服装道具师、化妆师、台词指导师，各自为演员写出一份详细的说明，说明中应写清各自的设计方案及设计人物形象的理由。导演负责协调各部门的意见，进一步统一人物形象，减少争议。（如果可能，也可以全组撰写一份剧本。）演员选择应依据形象特征，按照课文内容进行表演。

二、选择作业类型

设计程序的第二步是选择作业类型。根据教学需要与作业目标的要求，教师可以设计不同学生群体需要完成的作业类型。有些教师习惯先设定作业内容方向，后续不断调整作业类型，但如果综合课堂教学的活动需求，并且考虑作业评价所需的及时性与真实性的情况，还是以预设作业大体类型方向为佳，设计中可再做细微调整。

（一）熟悉与陌生相结合

常见作业类型与陌生作业类型既指作业类型本身的常见及陌生，更指作业类型与作业目标的匹配对学生而言是常见还是陌生。如果某一种知识或能力，学生总是以同一种作业类型完成，那么这种作业类型对于教师与学生而言，就是熟悉的作业类型；反之，则是陌生的作业类型。

常见作业类型的优势在于教师与学生都较为熟悉，能够节约操作的适应时间。其劣势在于容易形成僵化思维：教师在提升学生的某一知识或能力水平时，只具备较为单一的方法；而学生则趋于应试化，思路被束缚，对学生能力的提高可能产生副作用。

在实际教学中，很多作业类型的应用机会比较少，同一种作业目标的考察形式也相对单一。陌生作业类型的优势是能够促进学生素养的全面提高，其劣势在于因为实践少，可能操作不够成熟，学生的适应难度大。

所以，常见作业类型应当与陌生作业类型结合起来，以常见类型为主、陌生类型为辅来保障教学方式的逐步推进，进而过渡到完全根据作业目标的需要与课程需要综合采用多种作业类型。

（二）各类作业内容有机渗透与交叉

安排作业内容时，我们首先要有意识地根据不同的学习内容与学习进度的特点来转换作业类型。如针对不同的古诗文篇目，初学时可以对音乐性强的文章进行配乐朗诵、对画面感强的诗篇进行书画配合，用多种媒介来进行感受。到了巩固提高时，也可以采用选择题、填空题和简答题等多种形式进行不同维度的考察。

另外，针对同一作业目标所涉及的内容，也可以将不同的作业类型有机地交叉，在不同阶段中使用。如前述议论文学习单元的学习过程或者日后复习中，我们可以设计演讲稿、辩论稿、思维导图、句段排序、论据填空、论证改写等形式的作业，让学生进行练习，进而提升相应的能力。

三、明确作业内容

作业内容需要经过一定的调整过程，才能够适应作业目标的要求。在实际制定过程中，确定命制方向与大致思路，选择编辑材料，调整表述是制定作业内容的主要环节。一般来说，命制方向与思路，在设定作业目标与课堂教学的过程中已经基本成型；而且，很多时候也有选用成题的情况。

（一）为选材与题目表述制定标准

中学语文的作业内容以文字材料与文字表述为主，确定作业内容的关键是精心选择、编辑材料，用严谨科学的文字对作业要求进行表述。作业内容所选用的材料要科学严谨，应当符合课程标准、符合学生认知水平、符合课堂教学活动（任务）需要。作业内容的表述，应当对作业目标有较强的针对性、成分清晰明确；如非特殊需要，应无信息干扰与冗余，精练简明。

教师可以经常使用评价表或问卷的形式，帮助自己更好地制定标准。如果是备课组统一进行作业发布，也可以用这种方式进行互评。根据布鲁姆的分类目标制定简易的对比表格，以作业目标、选材内容与作业表述为对比项目，可以用来判断学生对作业内容的认知水平与作业目标的要求的契合程度。如下表所示：

	知道	领会	应用	分析	综合	评价
作业目标的认知水平要求						
作业选材内容关键信息的认知水平要求						
作业命题表述中对认知水平的要求（选择性作业可以单独列出项目）						
……						

对于选材或者题目表述的标准，教师可以单独设置问题来进行检测。为了提高标准的信度，教师可以根据设计作业的需要，查阅相关命题原则，对设置的问题进行修订调整。需要特别指出的是，作业命题与考试命题存在很

大的差异。作业命题是基于作业目标的达成而考虑设置的，是过程性评价的组成部分，而考试命题则指向终结性评价，它们的目标需求不同。比如，考试命题的题干中不宜有强调性或诱导性的语言，而作业则应当视学生群体的不同情况，以作业目标为本进而思考是否需要使用类似的语言。又如，考试命题的答题信息来源是有限的，更容易限定信息的来源范围；但是类型不同、形式各异的作业，其信息来源范围很广。因此，作业表述精简高效，不给学生增加负担就变得更加重要。

作业表述检测示意问卷

1. 完成作业所需信息的来源范围是否限定得清晰准确？
2. 完成作业的行为条件及辅助手段是否明确？
3. 是否有强调或提示性的语言？如果有，会不会影响目标评价？
4. 表述中涉及的概念或事实是否科学严谨？有无争议？
5. 语句结构的复杂程度是否适于学生理解？
6. 语言是否简洁？如果删去其中的部分内容，会不会造成表述不准？
……

（二）选择性与激励性相伴随

制定作业内容有许多策略，而"选择性与激励性相伴随"是突出作业配合学习目标与尊重学生主体地位的重要策略之一。如下面的作业案例所示：

作业案例2

学习目标：借助课下注释了解文章大意，感受三峡的景物特点。

优秀生：能够注意到文言文的特殊表达（如词性转变等）与关键文字的传神效果。

中等生：能够无障碍地掌握文章大意，并较全面地感受三峡的景物特点。

潜力生：在教师或同学的协助下，借助课下注释了解文章大意，感受三峡景物的突出特点。

作业甲

潜力生作业：

1. 抄写《三峡》的重点课下注释（课堂上教师重点标记的注释），每个注释抄三遍。

2. 翻译所给句子，并概括出句中景物的特点。

虽乘奔御风，不以疾也。（仅举一例，其余略）

译句：_____。

景物特点：_____。

中等生作业：

1. 完成下列重点语段的翻译（略）。

2. 你认为三峡不同季节的景物特点有哪些？最突出的特点是什么？

优秀生作业：

1. 解释下列加点词语与短句的含义，并辨析其中加点实词与虚词的本义与文中用法及含义的区别。（内容略）。

2. "空谷传响，哀转久绝"一句，借助猿声写出了峡谷连绵、凄冷肃杀的特点。请赏析加点字的表达效果。

作业乙

潜力生作业：

将重点课下注释抄写在你的作业本上，并在旁边用绘画的方式去标注，以便你能够准确地记住并了解它在文中的含义。你可以提前请教指定同学中的一位或几位，让他协助你把握这个注释含义下景物的关键特征，以此检测你的构思是否突出了词义与景物的重点。别忘了让他写下关键点并签名。

中等生作业：

结合你对文章的理解，对部分同学用来标注课下注释的绘画进行点评，看看他的画作是否突出了注释中重要的景物特征。（当然，你也可以绘制属于自己的标注）并将你提示他人的注释要点与景物特征总结成文，写在自己的作业本上。注意：给更多的同学进行点评，或者点评的汇总意见与教师下一课时的总结相似度越高，就可以获得更多的加分。

优秀生作业：

可以参与对学生作品的评价，点评次数多也同样可以获得加分。但在作业本上完成的内容与其他人不同。请你思考一个问题：有人说课下注释中的白话译注虽然清晰，却失去了神韵？思考重点注释中文言文与现代汉语的表达方式的不同之处，结合文章内容谈一谈文言文为何更加传神。选择两三处，写在作业本上。

作业甲中，潜力生的作业看似符合学习目标，先让学生熟悉课下注释，再让学生概括课文内容中的景物特点，但实际上却僵硬地割裂了学习目标要求。学生不了解抄写的重要性，只会觉得是在受惩罚；而后面的概括景物特点和抄写注释之间没有形成有机的联系，学生无法感受到文章本身的语言之美。这与课堂的学习目标是背道而驰的。中等生的作业虽然符合学习目标，但是学生的作业量和花费的时间要大于潜力生，两个学生群体都会感到受到了不公正的对待。优秀生的作业也存在类似问题，辨析词义并不能让学生直接体会到文字的"传神性"，而赏析题的命制方式与考试题目类似，优秀生将注意力放在解题上，不会将教学目标中的"感受"三峡景物作为重点。

作业乙中，潜力生对课下注释的标注本身就是对三峡景物的一种直观想象与感受，他们可以自由地选择合作者，选择越多，收获越大。中等生的作业与潜力生的作业以合作任务的形式交叉在一起：潜力生可以因不同的中等生反复向自己讲解而得以巩固知识，中等生因不断地给潜力生讲解而收获对知识更深刻的认识。但最终的作业成果是书面的，他们面临两种不同的评价方式。优秀生与之类似。在这种作业构成中，学习目标的完成是有机的。这种作业更像是课堂学习活动的一部分，在给予学生充分的选择空间的同时，又在不断地激发学生的学习热情。

四、优化作业结构

如果有单元作业目标或者更上位的目标，教师需要在设计之后进行优化，结合其前后的作业目标，对作业内容进行删减与修改，以优化整体作业结构。另外，教学中根据学情的变化，教师也需要对作业结构进行调整，以适应不同的情况。

（一）教学与作业双调整

作业与课堂教学是紧密结合在一起的。当发现需要优化作业结构时，教师应当同时考虑优化教学设计的结构，而不只是去修正作业。课堂教学是落实学习目标最重要的环节，不能将学习目标的落实过多地依赖于作业，避免出现"课上赶进度，课下紧找补"的不良教法。

（二）多种形式相结合

　　建立起作业结构的概念之后，教师可以把短期的作业目标转换为长期的作业目标，也可以把单一类型的作业思路转换为多种类型的作业。通过优化作业结构，帮助学生更具主体性地达成作业目标。比如，教师有时会把较长文章的识记背默作业习惯性地当成短期目标来落实，这与部分学生的认知水平不匹配，导致学生闻之色变。具备作业结构的概念之后，教师可以利用不同类型的作业形式，将它转化为长期目标，最终实现识记背默目的，而不与作业目标相背离。

"在理解的基础上背诵默写《岳阳楼记》"的实现过程

暑期	开学初	学习《岳阳楼记》单元时	学习其他内容时	……
观看轻音社录制的动画歌曲MTV《岳阳楼记》等古诗文改编的歌曲；要求学唱这首歌曲	班内小组合唱必选曲目《岳阳楼记》，结合各组自选题目为古诗文歌咏会做准备	布置常规课堂活动及与之相关的文字表达类作业和其他形式的书面作业	将《岳阳楼记》的内容或相关材料复现或整合在其他作业的内容中	……

　　《岳阳楼记》是长篇文言文，对它的背诵默写历来是不少学生"苦不堪言"的回忆。但这种"苦"都是低效、重复的背诵、默写造成的，既伤害了学生的学习积极性又没收到多好的效果。表格的方案将硬性的背诵默写穿插在各种任务中，预习时利用多媒体进行感受，学习时通过文字表达来理解重点章句的含义，复习时不断作为材料穿插在其他学习单元中……。在这种潜移默化的巩固过程中，学生进行背诵默写就会自然顺畅。

　　本章内容将中学语文作业设计进行解剖，从作业、依据、功能、标准、程序、策略等角度初步梳理了作业设计的相关知识背景和设计思路。"作业"这个古老概念的新诠释是中学课程的重要一环，教师们应当清晰理解作业的最新定义与作业设计的理论依据所带来的教学新思想，只有这样才能够抓住作业本质，将作业的功能充分释放出来。同时，作业设计的标准与程序、策略在实施于实际教学的过程中，可以稳步推进、不断提高，不必求全责备，关键在于适合实际教学，不违背立德树人的本质。

思考与实践

1.通过对本章的阅读，请试着给中学语文作业下一个个性化的定义。（注意语言表达中必须包含中学语文作业的基本性质与主要特点）

2.结合自己对本章的阅读和目前任教的学段，对最近给学生布置的作业适当进行调整、补充。（注意运用本章介绍的知识，吸取作业设计案例的经验）

■ 本章参考文献

[1] 该作业案例由北京汇文中学集团彭薇、孙琳琳、董熙源、孔伟静、田宁五位老师共同设计，获"北京市义务教育阶段优秀作业案例及作业设计征集与展示（2021-2022学年）"活动一等奖，入选北京市初中语文作业设计优秀案例集。

第二章

凸显语言积累与建构
能力发展的中学
语文作业设计

概览

1. 语言积累与建构是指学生在丰富的语言实践活动中，通过积累、梳理和整合自己与他人的言语经验，逐步掌握祖国语言文字的特点及其运用规律，形成个体言语经验的过程。

2. 语言积累与建构能力的发展，与学生思维能力的发展与提升相辅相成；同时，语言积累与建构的过程也是审美鉴赏与创造、文化理解和传承的过程。语言积累与建构，是培养思维能力、审美能力和文化自信的基础。

3. 识字与写字能力是指学生在具体的实践活动和生活情境中，能够借助常用的工具书，独立掌握文字音形义之间的关系，独立书写规范美观的汉字，感受汉字文化内涵的能力。识字与写字是进行一切语文学习活动的前提条件。本章第一节重点对凸显识字与写字能力发展的作业设计进行阐释。

4. 语言材料积累是语言学习的基础与立足点。丰富语言材料积累，能为学生进行语言表达提供素材，帮助学生熟悉并掌握语言规则，是形成较高的语言素养的重要途径。本章第二节重点对凸显语言材料积累的作业设计进行阐释。

5. 言语活动经验建构既包括共性的"语言"经验的建构，也包括个体的"言语"经验的建构。前者指向概括共性规律的语言知识，后者指向表现个性表达的言语体系。对言语活动经验的建构，能真正使学生形成个体言语经验。本章第三节重点对凸显言语活动经验建构的作业设计进行阐释。

案例导入

　　小明同学读完《永远的袁隆平》一文，心情久久不能平静，决定把袁隆平的故事讲给同学们听，但不知道应该如何结尾。请你从下面的表格中选择一种方式，结合本文内容，帮他写一个结尾。

结尾方式	结尾示例
一 排比对偶 总结评价	闻一多先生，是卓越的学者，热情澎湃的优秀诗人，大勇的革命烈士。 他，是口的巨人。他，是行的高标。 （臧克家《说和做——记闻一多先生言行片段》）
二 关联词语 怀念学习	叶圣陶先生，人，往矣，我常常想到他的业绩。凡是拿笔的人，尤其或有意或无意而写得不像话的人，都要常常想想叶圣陶先生的写话的主张，以及提出这种主张的深重的苦心。 （张中行《叶圣陶先生二三事》）

　　上面的作业设计创设了日常生活情境和文学体验情境，引导学生在具体的语言文字运用情境中进行语言积累与建构。为了完成此作业，学生首先阅读了《永远的袁隆平》一文以及作业表格中的《说和做——记闻一多先生言行片段》《叶圣陶先生二三事》的相关文段，对写人文章的结尾的常见表达特点，尤其是词语运用和表达形式的特点有了一定的积累；然后结合自己之前阅读的文章，以及表格提供的范例进行梳理和整合，完成经验建构；最后再根据语言文字运用的需要，形成学生个体的语言表达。

　　本章将在分析语文课程标准、学业水平等维度的基础上，通过具体的案例为教师们展现凸显语言积累与建构能力发展的作业设计案例，帮助教师完善作业设计的理念，帮助学生落实核心素养的发展。

第一节
凸显识字与写字
能力发展的作业设计

　　识字与写字强调对汉字的掌握和理解，是进行一切语文学习活动的前提条件。各个阶段的语文课程标准对学生的识字与写字能力的培养都有细致的表述：《义务教育语文课程标准（2022年版）》设置了"语言文字积累与梳理"基础型学习任务群，并强调"识字与写字是阅读和写作的基础，是第一学段的教学重点，也是贯串整个义务教育阶段的重要教学内容"；《普通高中语文课程标准（2017版2020年修订）》专设"汉字汉语专题研讨"学习任务群，"在必修和选择性必修'语言积累、梳理与探究'的基础上，就汉字或汉语的某一问题，加以归纳、梳理，训练学生从应用中观察语言文字现象的能力和总结规律的综合分析能力，旨在加深学生对汉字、汉语的理性认识"。凸显识字与写字能力发展的作业设计，有利于发展学生的该项能力，引导学生进行语言建构与运用，积累语言经验，落实语文学科核心素养。

一、凸显识字与写字能力发展的作业概述

识字与写字能力是发展和提升学生的阅读和写作能力的基础，传统的读写作业，形式单一、枯燥，难以激发学生识字与写字的兴趣，学习效果并不理想。从落实核心素养的角度来看，教师需要通过设计更有效、有趣、有益的识字与写字作业，激发学生在课堂内外的学习兴趣，逐渐提高他们的识字与写字能力。

（一）"识字与写字能力"的内涵

吕俐敏、王蔚在综合借鉴学者们的相关观点的基础上，明确了"'识字'是在语言实践中，自觉地建立音、形、义三者之间的联系"，即"通过字形，学生能根据具体情境读出字音，判定字义；通过字音，能根据具体情境选择与其意义相符的字形；通过对意义的理解，能选出符合情境的、恰当的字音与字形"[1]。而在这里提到的识字能力，应该是"独立识字"的能力，即学生真正掌握了识字的方法，能够不依靠教师而自主构建音、形、义之间的相互联系的能力。同理，这里提到的写字能力，也是"独立写字"的能力，即学生能够保持正确的写字姿势，形成良好的书写习惯，尊重汉字字形结构的特点和规律，在使用硬笔熟练地书写正楷字的基础上，学写规范、通行的行楷字，提高写字的速度，流利美观地书写。

总之，中学阶段的"识字与写字能力"，是指学生在具体的实践活动和生活情境中，能够借助常用的工具书，独立掌握文字音形义之间的关系，独立书写规范美观的汉字，感受汉字文化内涵的能力。

（二）发展"识字与写字能力"的意义

发展学生的识字与写字能力，对于提升学生的语文核心素养具有积极而重要的作用。

首先，学生在真实的语言情境中，认识汉字、书写汉字，是他们体会语言文字的特点和运用规律的重要实践过程。在这一过程中，学生逐步掌握语

言的规律，进而提高阅读能力，实现知识的建构及语言能力的发展。

其次，语言是思维的客观载体。学生通过独立的识字与写字实践活动，不仅能够提升语言能力，也能够从被动的学习思维转化为具有自主性的学习思维，进而支撑其他思维能力，如发散思维、探究思维、逻辑思维等的探索和提升。

再次，语言文字是文化的载体和重要组成部分，学习语言文字的过程也是获得文化的过程。汉字是中华民族文化和智慧的结晶，是传承中华优秀传统文化的重要载体。学生在认识和书写汉字的过程中，能够真切地感受到汉字所具有的丰富内涵，热爱汉字及其承载的文化，继承和弘扬中华优秀传统，增强文化自信。

最后，汉字是义美、形美、音美"三美"兼具的文字，也是世界上少数几种兼具实用价值和审美价值、可以构成书法艺术的字体之一。在识字与写字的过程中，学生通过感受、理解、欣赏、评价书法作品，能够获得丰富的审美经验，涵养高雅情趣，建立健康的审美意识和正确的审美观念。

（三）"识字与写字能力"的课标要求

综合义务教育阶段和普通高中阶段语文课程标准的相关要求，中学阶段的语文学习对"识字与写字能力"的学习要求主要有：

1.从途径上看，学生能够在语文实践活动中，根据特定的情境或者语境，独立地、熟练地借助字典、词典等必要工具书查检字词，能用正楷字规范、端正、整洁地书写常用汉字，强调"独立性"。

2.从范围上看，学生对常用汉字的认识和书写并不是单纯在小学3000个字的基础上静态地增加500个新字，而是要求学生充分认识和合理使用包括过去已经掌握的3500个常用汉字的新的意义，强调"广泛性"。

3.从效果上看，学生在识字的过程中不仅要做到认清字形、读准字音、正确理解汉字的意思，还需要有探究汉字规律的意识，在社会生活中能根据字音、字形、字义三者的关系准确认读、正确理解遇到的生字新词，同时在日常记录中使用规范、通行的行楷字，提高书写的速度，强调"合用性"。

4.从目的上看，学生在认识和书写汉字的过程中，不仅需要从语言角度了解感知汉字构造组词的特点，也要从文化角度感受汉字的文化内涵，同时通过对书法的审美价值的体会，提高欣赏书法的能力，提高自身的审美情趣，树立正确的情感价值观和对祖国文化的欣赏与热爱，强调"宏观性"。

（四）"识字与写字能力"的学业水平表现

针对学生的识字与写字能力的学业水平表现评价，《义务教育语文课程标准（2022年版）》在"语言文字积累与梳理"任务群的教学提示中有这样的表述：识字评价要考察学生认清字形、读准字音、掌握汉字基本意义的情况，在具体语言环境中运用汉字的能力，借助字典、词典等工具书查检字词的能力，帮助学生养成写规范字的习惯，减少错别字，……第四学段要重视考察学生独立识字的能力。写字评价要考察学生对要求"会写"的字的掌握情况，重视书写的正确、端正、整洁，在此基础上，逐步要求书写流利。

此外，《义务教育语文课程标准（2022年版）》在第四学段的学业质量描述中，再一次强调：能根据语境，借助工具书，认清字形、读准字音、正确理解汉字的意思。在学习与生活中，累计认识3500个左右常用汉字，能规范、端正、整洁地书写常用汉字；在日常记录中使用规范、通行的行楷字，提高书写的速度。有探究汉字规律的意识，在社会生活中能根据字音、字形、字义三者的关系准确认读、正确理解遇到的生字新词；发现并积累不同语境下具有个性化特征的词句和段落，能根据自己的表达需要和习惯选择使用。

陈坪认为"学业质量标准对不同学段学生学业成就的具体表现特征进行整体和分段刻画，关注学生解决复杂、结构化问题的综合能力，增强了课程方案和课程标准实施的可操作性"[2]。科学细化的评价指标，是设计作业的重要抓手。

二、现有凸显识字与写字能力发展的作业分析

作业是课堂教学活动的必要补充，是反馈课堂教学效果的主要方法之一。侧重识字与写字能力发展的作业，是较为传统和基础的作业类型，也是极为核心和关键的作业类型。从现有的作业设计上来看，凸显识字与写字能力发展的作业设计存在着目标规划性不足、探究能动性欠缺、评价标准不清等问题，不能很好地满足发展学生识字与写字能力的需要。

（一）目标规划性不足

统编义务教育教材语文中的讲读课文，不仅在课后的"读读写写"中总结了文中重要的字词，也在课下注释中标示出重要的字音、字义，这为设计识字与写字作业提供了非常重要的参照。但是，目前有部分作业设计在实现培养学生识字与写字能力的目标方面缺乏规划，并未落实义务教育语文课程标准的要求。比如在学习《昆明的雨》时，某位教师布置了作业。如以下作业案例所示：

作业案例1

在作业本上抄写课后"读读写写"中的生词，拼音抄写一遍，生字抄写两遍。要求：书写准确、工整，字迹清晰。

这份识字与写字的作业设计存在以下问题：

1.作业设计随意，与课时目标不匹配。案例中，《昆明的雨》关注的是汪曾祺散文"平淡而有味"的语言，作业也应针对这一教学目标进行落实和

拓展。教师布置的机械式书写作业虽然考虑到了字音、字形的落实，但是偏离了课堂教学的重难点，对学生能力的提升助益不大。

2. 作业设计缺少分层，难以做到"因材施教"。案例采用了"一刀切"的设计方式，要求全班不同水平的学生完成相同的作业。对基础知识掌握扎实的学生来说，这份作业枯燥、乏味，甚至是浪费时间；对频写错别字的学生来说，这样的作业并不能从根本上解决问题，只能是"点到为止"。这样的作业忽视了对不同学生进行能力培养的有效规划。

3. 作业设计局限于单篇课文中的汉字和词语，缺乏对于实现学生提高识字与写字能力目标的整体考量。案例只是针对《昆明的雨》一课来布置抄写词语和拼音的作业，对于整个单元乃至整册教材的教学如何提高学生的识字与写字能力缺少整体规划，导致作业无序、零散，学生完成这类作业后实际收获并不大，更不能加强他们对汉字的深入理解。

（二）探究能动性欠缺

语文课程标准明确要求学生探究汉字规律，在学习和生活中加以积累和运用。这就要求学生在学习和运用祖国语言文字的同时，发展思辨能力，提升思维品质，积累丰富的文化底蕴。但目前部分识字与写字类作业设计探究性不强，不能激发学生的学习兴趣，也不能提升学生的思维能力，更是脱离生活实际，无法引导学生学以致用。比如某位教师在期末复习时，让学生积累并梳理"绝"在古诗文中的多种含义。如以下作业案例所示：

作业案例 2

实词	例句及出处	意思
绝	会当凌绝顶（杜甫《望岳》）	极高的
	沿溯阻绝（郦道元《三峡》）	阻断
	绝𪩘多生怪柏（郦道元《三峡》）	极高的
	哀转久绝（郦道元《三峡》）	消失
	天下独绝（吴均《与朱元思书》）	独一无二的
	猿则百叫无绝（吴均《与朱元思书》）	停止

续表

实词	例句及出处	意思
绝	率妻子邑人来此绝境（陶渊明《桃花源记》）	隔绝
	佛印绝类弥勒（魏学洢《核舟记》）	极
	夜久语声绝（杜甫《石壕吏》）	停止
	雨脚如麻未断绝（杜甫《茅屋为秋风所破歌》）	停止

这份作业设计存在以下问题：

1.作业形式单调、功能单一，无法激发学生的学习兴趣。此作业引导学生机械、单调地抄写例句及课下注解来强化识记，但记住的只能是"绝"在不同语境中千变万化的语境义，反而会给学生带来沉重的学习负担。长此以往，学生的学习热情将逐渐消退。

2.学生在完成此作业时缺少自我探究的过程，他们的高阶思维能力没有被调动起来去认识汉字和汉语的规律，他们无法从中体悟到中华汉字文化的博大精深。梳理所有学过的文言实词的词义能帮助学生识记住它们的语境义，仅限于此是不够的，还应该在此基础上进一步引导学生对照《古代汉语词典》，分类整理出这些文言实词的基本义项，发现各义项之间的关联和演变过程，进而对文言实词的用法和意义建立较为理性的认识。比如"哀转久绝"和"夜久语声绝"中"绝"的含义一个是"消失"，一个是"停止"，本质上都是"断"的意思，只不过是从实物的"断"引申出声音的"断"而已。

3.作业脱离语言运用的情境，忽视了语文学习的实践性，无法引导学生实现学习的迁移。有关文言实词学习与巩固的作业应在梳理课内文言实词的义项的同时，鼓励学生从课外文言文阅读中扩大梳理和积累的范围，以弥补课内文言实词的词义不全面的不足，加强从课内到课外的迁移。

（三）评价标准不清

义务教育语文课程标准新增了学业质量的相关描述，旨在引导教师的教学关注对学生的评价，落实教学评一致性的要求。这一变化必然要体现在作业设计中，但是目前有一些教师在作业设计中对作业评价重视不够，有待完善：

1. 作业评价的标准表述模糊，主观性较强。在案例1中，完成作业的要求是"书写准确、工整，字迹清晰"，但是对这三个维度的评价缺少客观的标准，较大程度上依赖于教师的主观判断。不同教师对于同一份作业的评价可能会出现差异，这不利于学生真正理解识字与写字的能力标准，无法建立自我激励机制。

2. 作业评价更多关注结果，缺少对过程的评价。作业案例2仅仅呈现了"绝"一词多义的例句及其语境义，限制了学生思维能力的提升，也没有关注到学生完成作业的积极性，对学生在思维层面和情感态度价值观层面的评价更无从谈起。

三、凸显识字与写字能力发展的作业设计建议

具备识字与写字能力是进行阅读、写作的基础，而在中学阶段，对文本的解读成为重中之重。传统的注音解释、抄写巩固的作业设计是在过往的陈旧教学模式主导下常见的作业形式，已不能适应《义务教育语文课程标准（2022年版）》对识字与写字能力培养的新要求。为了推动学生在识字与写字的训练中增进对汉字文化的认识，提升书写的"独立性""广泛性""合用性"和"宏观性"，教师必须转变思想观念，理清设计思路。北京市第一六一中学的张悦老师为"语言积累、梳理与探究"任务群设计的"借助部首追溯本义"案例，体现了语文课程标准的要求，可资借鉴。以下选取片段进行展示：

作业案例3
"语言积累、梳理与探究"任务群：借助部首追溯本义

设计意图：本案例选择借助部首追溯汉字的本义。通过梳理汉字从本义到引申义的发展变化，还原字义演变的中间环节和发展线索。这样既能帮助学生深入理解古义，又能准确把握今义，扫清古今沟通中字义理解上的障碍。

学习目标：
1. 感受现代汉语和古代汉语字义间继承与发展的关系；
2. 了解字义发展过程中由本义到引申义的变化过程；

3.掌握并运用通过语言现象追溯古义的方法与能力。

学习资源：

1.阅读鉴赏类资源：《万有汉字：〈说文解字〉部首解读》；

2.知识工具类资源：《汉字部首解说》《部首演绎通用规范汉字字典》。

学习过程：以小组合作的形式，自主探究和讨论，完成任务。

核心任务：为部首类书法字帖提供汉字知识补白。

学习活动一：由今溯古，探本义

任务一：不是一家人，不进一家门

1.介绍部首的基本写法与要点，以包含该偏旁的汉字为例进行巩固练习，强化书写技法（图1）。

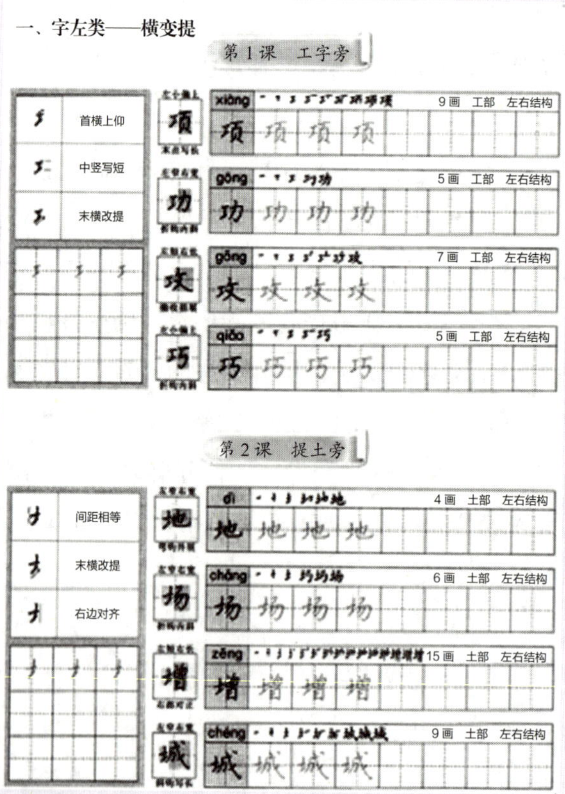

图1

2.尝试推测本组分到的5～8组同部首汉字之间可能存在的关联。

（1）同部首汉字可能与哪些意思相关；

（2）这些意思之间是否存在逻辑关系；

（3）用简单的思维导图标明逻辑关系。

说明：学生通过关注同一部首的字例，调用储备，推测同一部首汉字之间有什么关联，进而关注部首本身的含义。随后凭借已有知识储备对同一部首的字例依照含义进行分类，以理解部首的意思（图2）。完成这一任务时可能会有学生产生无法推测字义的问题，小组讨论交流、相互启发有助于发现同部首字例的关联。教师可以适当给出提示，引导学生调用知识储备组词释义，或者借助工具书明确字义，以小组的形式将无法推测的字例集中整理备用。

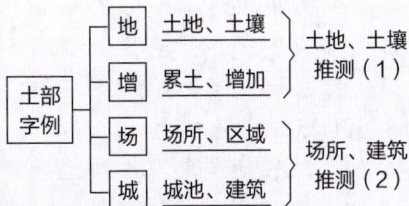

图2　土部字例分类

任务二：增强家族影响力

1. 借助字典、词典，以部首查字法补充同一部首的汉字，将它们归属到已有的思维导图中，或产生对字义的新的推测。

2. 自主阅读《万有汉字:〈说文解字〉部首解读》，将已形成的对部首本义的感性认识与读到的汉字知识对接。

过程性评价：根据每个学生在组内讨论的参与度和贡献度评价其汉字储备水平。组内自评及互评采用加分制，加分标准如下：

评价加分标准

环节	加分项	加分值
不是一家人，不进一家门	正确推测部首意思	+1
	找到部首相关联系	+1
增强家族影响力	独立补充同类字例	+3
	独立补充异类字例	+2
	借助字典补充字例	+1

学习活动二：从古至今，辨引申

任务三：我眼中的部首家族

将《万有汉字:〈说文解字〉部首解读》与组内生成的部首思维框架图对照阅读，交流阅读的感受和体验。

任务四：探寻部首家族起源

1. 模仿示例，借助《部首演绎通用规范汉字字典》独立生成若干部首的发展脉络图。

2. 将字帖中的字例逐一纳入绘制好的部首发展脉络图，对原有推测进行校正、补充。给本义和每一个引申义补充字例，注明字例归属的理由。

终结性评价：通过教师点评和组内互评检验成果。

评价标准：

（1）本义是否准确；

（2）引申义之间的逻辑关系是否清晰；

（3）引申方式及引申结果的判断是否正确；

（4）字例的选择与理由解释是否充分。

该案例从设计意图、学习目标、学习资源、学习过程、核心任务、学习活动和评价标准等方面全面而具体地设计作业内容，引导学生进入学习情境、实现自主探究、进行多种评价、激发情感认同，给教师们提供了较为科学有效的作业设计路径。

（一）应创设丰富的学习情境，观照学生的生活经验

在设计识字与写字作业时，教师应该根据学生的年龄特点和认知规律，紧密联系学生的生活实际，结合识字内容，选择适宜的学习主题，创设相应的学习情境，采用形象直观的教学手段，激发学生识字、写字、诵读、积累以及探究的兴趣，还要引导学生综合运用多种识字方法，逐步提高自己的识字与写字的能力。例如，张悦老师设计的作业案例创设了日常书法练习中常见的生活化情境，学生在完成"为部首类书法字帖提供汉字知识补白"的作业任务时，贯通古今，从音、形、义的角度加深了对同一部首多个汉字的认识和理解。教师可以从社会生活中发现或创设丰富的学习情境。比如引导学生关注传统老字号商铺名字中的"斋""坊"等，理解这部分汉字的文化内涵。

（二）应加强开放性和灵活性，推动学生自主探究

在设计识字与写字作业时，教师应该鼓励学生在充分阅读资料的基础上，发挥主观能动性，通过小组合作、自主探究等方式，得出个性化的成果。张悦老师设计的作业案例以部首字帖为基础，提供了阅读鉴赏类和知识工具类资

源，鼓励学生首先提出大胆的推测，然后通过小组讨论逐步理清探究思路；同时学生主动从古今字义发展变化的相关知识中寻求帮助，借助鉴赏类资源和工具类资源验证已有的推测，强化对汉字的理性认识，提高学习的成就感。

（三）应关注汉字的文化内涵，激发学生的情感认同

在设计识字与写字作业时，教师应该改变让学生对单个汉字逐一进行认识和书写训练的学习模式，要将学生对汉字的认识和书写放在深厚的传统文化的背景中，以增强学生对汉字内涵的理解及其所承载的传统文化的体悟，引导学生在识字、写字、语言积累中感受中华文化的魅力，激发热爱中华文化的情感。张悦老师设计的作业案例敏锐地捕捉到了文言文学习中一词多义的语言现象，引导学生关注词义发展的时代性，发现古今词义的异同，宏观看待词义发展演变的全过程，从而达成了引导学生深入理解词义，跨越古今沟通的障碍，进而准确理解中华优秀传统文化的学习目标。

（四）作业评价应建立体系、明确标准，关注学生的过程性发展

对识字与写字作业的评价，教师应该有更为明确的标准，以让学生在不同的评价主体给予的不同评价中仍能够找到进步的方向。同时，教师应该更多关注学生在学习过程中的参与和收获、互动和进步，切实提高学生的识字与写字能力。张悦老师设计的作业案例中不仅有小组互评，也有教师评价；不仅有终结性评价，也有过程性评价；并且小组互评和教师评价的评价标准比较明确；为学生发展自主探究能力提供了重要的参照。

综上所述，凸显识字与写字能力发展的作业设计，应该做到在真实生活中创设情境，采取灵活多样的作业形式，鼓励学生自主探究，实现识字与写字训练的"独立性"；为学生提供充分的资源，引导学生在明确的体系中认识和书写有关联的一系列汉字，实现识字与写字训练的"广泛性"；关注学生过程性表现和阶段性进步，推动学生有意识地发现识字与写字能力提升的突破口，实现识字与写字训练的"合用性"；将学生对汉字的认识与书写置于深厚的文化背景中，带领学生发现汉字含义古今演变的奥秘，理解汉字的文化内涵，加强文化认同，实现识字与写字训练的"宏观性"。

第二节
凸显语言材料积累的作业设计

　　《义务教育语文课程标准（2022 年版）》与《普通高中语文课程标准（2017 年版 2020 年修订）》都指出，积累语言材料是培养语文核心素养的基础，它贯穿初中、高中语文学习的全过程，是连接各任务群的纽带。丰富语言材料积累，能为学生进行语言表达提供素材，帮助学生熟悉并掌握语言规则，是培养学生语言素养的重要途径。作业作为教学的重要组成部分，能够引导学生养成良好的语言学习积累习惯。凸显语言材料积累的作业设计有利于提升学生的语言运用能力，为进一步落实任务群学习、培养语文核心素养奠定基础。

一、凸显语言材料积累的作业概述

　　语言材料积累作为语言建构与运用的关键环节，是发展学生理解、表达能力的重要途径。同时，作业具有多重功能，不仅有助于加深学生对课上所学内容的理解，更能帮助学生拓展学习资源、调整学习策略、养成良好的学习习惯。因此，通过作业设计来丰富语言材料积累，有利于丰富学生的语言知识积淀、提高其语文学科核心素养。

（一）语言材料积累的内涵

何谓"语言材料积累"？顾名思义，"积"是从范围上的聚拢，"累"是从程度上的叠加。显然，这只是积累最基本的意义。针对语文学习任务群下的积累，中学语文课程教材研发中心研究员刘贞福曾指出："积累可以看成是一个由三层意义交叉、扩展和深化形成的复合概念。"[3]第一层是最狭义的概念，以总结归纳语言材料为主，包括古代汉语中实词的一词多义、古今异义、词类活用、特殊句式，以及对于现代汉语的语法、修辞、写作等方面知识的积累；第二层涉及更广义的内容，要求学生在语文学习过程中养成良好的学习习惯、形成有效的学习策略；第三层是最为精深的要求，即通过对文章内容的学习引导学生形成正确的道德观念、情感态度和价值观。由此可见，积累是由三层意义交叉、扩展和深化而形成的复合概念，是一个逐步丰富、完善、深化、提高的过程。

（二）语言材料积累的过程

积累与学习、生活同步相伴，是一种无处不有、无时不在的伴随式"输入"。语言积累行为可拆解为主动感受、发现积累点和落笔确认三部分。首先，积累行为发端于主动感知，只有通过主动感受，才能有所发现，并对阅读内容的特异点有所回应，进而启动积累行为。其次，阅读者在此基础上形成积累的情绪感知链，在自我感受和客体（即积累点）间建立联结。再次，阅读者将脑中所想转化为具体的笔下所写，完成语言积累。比如，通过勾画重点词句段落和圈点批注，将积累的内容呈现出来。最后是落笔确认，即将飘忽的感受联结外化为具体内容，固定为浸润了阅读者自我体验特征的实在表达，从而实现积累的落地。

（三）语言材料积累的学业水平表现

《义务教育语文课程标准（2022年版）》在学习总目标中明确要求，主动积累、梳理基本的语言材料和语言经验，逐步形成良好的语感，初步领悟语言文字运用规律。与之相应，《普通高中语文课程标准（2017年版2020年修订）》在课程目标中明确要求，积累较为丰富的语言材料和言语活动经验，形成良好的语感；在已经积累的语言材料间建立起有机的联系，在探究中理解、掌握祖国文字运用的基本规律。可见，两者都强调学生在积累语言材料时要形成良好的语感，把握语言文字运用的规律。不同之处在于，基于初中语文学习，对高中阶段相关的学业表现提出了更高的要求，具体表现为，由积累基本的语言材料到追求丰富性，由初步形成到真正具有良好的语感，由初步领悟到理解掌握语言文字运用的规律，对语言材料积累的具体要求呈现出进阶性。

至于语言材料积累的质量要求，语文课程标准对初中、高中语文学习分别进行了清晰的描述。规定初中学段语言材料积累的内容为词句与段落，强调积累的多语境与个性化。而对高中学段则强调语言材料积累从培养意识到养成习惯再到产生兴趣，积累面不断拓展；要求对所积累的语言材料的理解逐步深入，经历由归类到发现其中的联系，再到探索、整理语言活动经验逐步深入的过程。因此，作为凸显学生语言材料积累的作业，教师在设计时需要根据学段由低到高的不同而层层深化，同一学段的不同年级与同一专题的不同阶段的作业内容也要呈现出进阶性。

二、现有凸显语言材料积累的作业分析

现有的作业设计中不乏凸显语言材料积累的题目，且有部分题目对于丰富语言材料积累颇有成效，但是从整体来说，这类作业设计还处于低层次、低效能阶段。具体而言，主要存在以下三方面的问题：

（一）内容碎片化，缺乏计划性

积累是一个艰巨的系统性工程，并非一日之功，也不可盲目进行。因此，在语文作业设计中，丰富学生的语言材料积累需要在遵循其认知规律的前提下稳步推进。然而，目前此类作业设计却存在积累内容随机选择、作业内容碎片化等问题。

比如，教师在引导初中学段的学生积累文言虚词"也"的多种用法时，往往会在学完统编义务教育教材初中语文中《咏雪》《穿井得一人》《爱莲说》《富贵不能淫》《生于忧患，死于安乐》《愚公移山》《周亚夫军细柳》《鱼我所欲也》等课文后，让学生分析、记忆"也"的意义与用法。这种依靠大量持续性重复记忆来巩固、保持既有记忆的做法，会让学生的学习停滞在碎片化知识技能习得的状态中。这样做，会耗费学生不少的时间，且效果不佳。

面对上述无序出现的语言材料，教师可以设计具有阶段性特征的常规作业，引导学生先进行语言材料的收集、分类，然后对语言现象进行分析，最后提炼、概括其中的语言规律，进而达到有效积累文言虚词的目的。如下面的作业案例所示：

作业案例 1

（1）摘录积累：完成七年级（上）的学习后，设计文言句式积累卡，请学生摘录本学期积累的三个带有"也"字的句子。

（2）分类整理：七年级（下）至九年级（上），每个学期都要求学生将本学期积累的带有"也"字的句子按照表意功能分类整理到文言句式积累卡中。

（3）集中讨论：学习《鱼我所欲也》，请学生圈画出 14 个带有"也"字的句子，尝试用现代汉语中的判断词、连词或语气词替代不同语境中的"也"，整体感受其表意功能。

（4）提炼概括：回顾文言句子积累卡，阅读王力《古代汉语常识》中分析"也"的部分，写一段话解释"也"的四种表意功能，用"观点＋例证"的方式表达自己对文言虚词作用的认识。

这样的作业设计将增量思维转变为增值思维，通过日积月累的常规作业，避免因重复练习给学生带来时间损耗和心理压力，提高积累的效率，也可以借此启发学生思考如何高效地学习，培养良好的学习习惯。

（二）内容浅显，缺乏延展

现有的丰富语言材料积累的作业设计往往局限于积累，却忽视通过运用来深化积累。具体表现为，教师会给学生布置朗读、背诵、抄写、品读等输入性的积累作业，学生完成作业时不太需要调动深层思维，只是增加了头脑中的语言素材储备，积累内容未必能真正进入他们的语言经验结构中，这样的积累还处于易于遗忘的浅层记忆、理解层面。例如学完《台阶》一文后，有教师布置了一些积累语言材料的作业。如以下作业案例所示：

作业案例 2

（1）有感情地朗读课文，要读出滋味，读出情趣。

（2）从文中分别摘抄出最打动你的描写父亲外貌、语言、动作、细节的句子，并鉴赏其语言表达的妙处。

此作业仅仅停留在摘抄和鉴赏一个句子的层面上，指向的知识和能力碎片化，没有统整知识，结果是简单重复了初中七年级上册甚至是小学阶段的语文学习内容，没有指向更高阶思维的整合和探究，并不能通过离散的鉴赏而完整地分析人物形象。

不如在此基础上更进一步，引导学生借鉴教材中有特色的语段，在较为复杂的语境中表情达意，进行具有创造性的仿写训练。如以下作业案例所示：

作业案例 3

借鉴课文《台阶》的相关段落，围绕成长、关爱、善良中的一个关键词，自拟题目，写一段不少于 400 字的短文。

提示：可以将几个典型词语结合起来，通过一帧一帧的画面连成一组慢镜头，这样写出的短文更能打动人。

如此，学生在新的语境中，将积累的好词好句准确并创造性地加以运用，把离散的人物描写方法加以综合，创造出更具表现力的语言表达，从而将学习的语言材料内化为自己的语言材料。这样前期的积累才有可能"刻印"在学生的知识结构中，成为学生认知结构中的新构件，积累的语言材料才拥有了真正的生命力。

除了模仿，教师还可以采用故事复述、导游介绍、即兴表演等形式让学生用自己的语言复述课文，以此深化对语言的感知程度，从而丰富语言材料，进行沉淀积累。

（三）形式单一，忽视体验

当前，丰富学生语言材料积累的作业设计往往停留于摘抄、背诵等机械性记忆的阶段，形式单一，内容枯燥。由于学生对积累的对象没有悉心体会、深入理解，即便把它纳入自己的语言素材库，还是会出现在表达时无法有效调用的问题，从而失去积累的意义。比如，在学习茅盾《白杨礼赞》时，为了让学生积累"……的"领起的倒装句式，教师会让学生把"汽车在望不到边际的高原上奔驰，扑入你的视野的，是黄绿错综的一条大毡子"摘抄到积累本上，或者要求学生做批注，以强化记忆。布置这样的作业还不如让学生自己去体验、归纳。如以下作业案例所示：

作业案例 4

阅读下面的句子，回答下列问题。

汽车在望不到边际的高原上奔驰，扑入你的视野的，是黄绿错综的一条大毡子。（茅盾《白杨礼赞》）

最使我难忘的，是我小学时候的女教师蔡芸芝先生。（魏巍《我的老师》）

但我最急于告诉你们的，是我思想感情的一段重要经历，这就是：我越来越深刻地感觉到谁是我们最可爱的人！（魏巍《谁是最可爱的人》）

（1）从句子形式上看，以上三个句子有什么共同点？

（2）从表达效果上看，这样的句式具有怎样的作用？

通过这样的作业设计，学生发现三个句子都有"……的"的句式，且用逗号与后面的句子隔开。经过反复体悟、比较，学生领会到这种句式不但在意义上起到强调的作用，而且在音韵上具有抑扬的效果。经过上述发现、体验的过程，学生对这类句式的特点就有了更为深入的认识，真正完成了对这类句式的积累。

三、凸显语言材料积累的作业设计建议

通过对语言材料积累内涵的解读、积累过程的分解，以及对语文课程标准实施要求、学业水平描述的分析，针对当前相关的作业设计中存在的突出问题，现对凸显语言材料积累的作业设计提出如下建议：

（一）应采用多种方式创设情境，激发积累的兴趣

有效积累的前提是学生能发挥主观能动性去感知积累对象，并将其转化为实际的积累行为，所以有效地激发兴趣是进行该类作业设计的关键。知识具有"能够对人的精神生活和意义世界给予关照、护持、滋养的本性"[4]，因此，要想激发学生对积累语言材料的兴趣，就不能只是把积累对象当作认识的客体，而是要让积累对象与积累主体建立起紧密的关联。通过设置情境，使积累对象与积累主体的文学阅读体验、文学创意表达和学习生活发生紧密的关联，进而促进积累主体在积累语言材料的同时，获得精神生活和意义世界的滋养。

作业案例5

选用《纪念白求恩》课后"读读写写"中的词语（不少于6个），或概述课文内容，或自编故事，写一段语意连贯的话。

三 读读写写

冀		派 遣	殉 职	动 机	狭 隘	极 端
热 忱		冷 清	纯 粹	佩 服	高 明	鄙 薄
出 路		拈 轻 怕 重		漠 不 关 心		麻 木 不 仁
精 益 求 精			见 异 思 迁			

此案例引导学生将一个个孤立的词语造句后连成一段合乎逻辑的文字，在书写汉字的同时，关注学生对词语的理解和运用，对学生养成利用精练的词语概括文章主要内容的习惯很有帮助；另外，还可以自编新的故事，使语

言材料的积累上升到语言文字的综合表达。加强学生运用课内词语进行创作的作业练习，有利于学生语言运用、思维能力、审美创造和文化自信等素养的综合提升。

作业案例 6

人的名字往往包含丰富的寓意。请选择自己或同学名字中的一个字，运用"建图索义"的方法，了解其词义的演变，说明该字在名字里的美好寓意。

此案例引导学生结合自己或同学名字中的某个字，了解词义的演变，发现名字中美好的寓意，在积累梳理词义的同时，加深了对自我对同学的认识，使一个个看似静态的字，与人的性格、理想、祝福等发生了关联，增强了学生对祖国语言文字的热爱之情，同时也加深其对传承中华文化意义的理解。

作业案例 7[5]

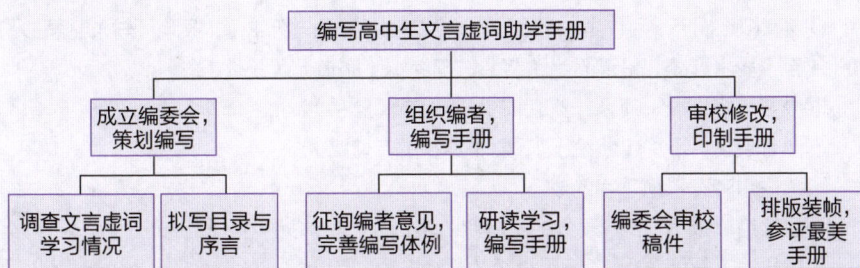

此案例通过编写文言虚词助学手册的项目式学习，从调查确定编写内容，到组织编写时完善体例、编写手册，再到审校修改、最终印制，引导学生梳理积累文言文学习中的重难点虚词，并按一定体例呈现出来。整个过程中学生不但积累了文言虚词，而且利用学者思维把握文言虚词使用的规律，使简单的梳理罗列，上升到理性归纳。

以上三个作业案例，分别通过构思故事、探索名字寓意和编写手册等任务活动引导学生积累和梳理词语，通过创设与学生密切相关的真实情境，营造了语言文字积累、梳理和探究的氛围，激发了学生的探索欲与求知欲。

（二）应制订计划，精心布置，增加积累的数量

语文课程标准指出，在初中、高中的语文学习中，丰富语言材料积累要有系统、有计划，有步骤，持续地进行。所以，教师在设计作业时，需在整体计划的前提下精心安排学习任务。

统编普通高中教材语文必修上册的第六单元，把积累文言实词作为学习目标之一。学到《劝学》时，由于文本中有"假舟楫者，非能水也，而绝江河"的句子，教师可以借机让学生通过下面的作业设计来掌握"绝"字的多个义项，以增加积累。

作业案例8

积累重点实词"绝"

（1）查阅资料，搜索以前所学的古诗文中带有"绝"字的句子，将其分类，分析"绝"字的字义演变。

①假舟楫者，非能水也，而绝（横渡）江河。（《荀子·劝学》）

②率妻子邑人来此绝（僻远）境，不复出焉，遂与外人间隔。（陶渊明《桃花源记》）

③自富阳至桐庐一百许里，奇山异水，天下独绝（独一无二）。（吴均《与朱元思书》）

④至于夏水襄陵，沿溯阻绝（阻断、隔绝）。（郦道元《三峡》）

⑤会当凌绝（极）顶，一览众山小。（杜甫《望岳》）

⑥余音袅袅，不绝（断绝）如缕。（苏轼《赤壁赋》）

（2）联想带有"绝"字的成语。

深恶痛绝（极）　　　遐方绝（偏僻）壤　　　空前绝（独一无二）后

韦编三绝（断绝）　　　赶尽杀绝（灭绝）

以上作业案例围绕制作"绝"字积累卡，让学生查阅资料、回顾所学，将带有"绝"字的句子进行分类，并分析其词义演变过程。如此，学生不仅对"绝"字的每个义项都有深入的理解，还增加了积累的数量。在此基础上，再让学生联想起保留、延续了古汉语词语义项的成语，以深化对"绝"的多个义项的理解。

需要特别指出的是，这类作业每日不宜多，结合所学积累1～2个文言实词即可，贵在依照计划持续进行积累。

（三）应设置分级学习任务，提高积累的层次

语文课程标准强调，语言材料积累是一个持续、连贯、深入的过程。因此，教师在命制该类作业时，要设计综合性较强、需要逐层探究的分级学习任务，让学生在这个过程中自己去体会、概括，使语言积累由浅层走向深入。下面的作业案例就是通过设置分级学习任务，提高了语言材料积累的层次。

作业案例 9

身边的对联

层级一：在我们的身边，有许多文化内涵丰富、形式引人注目的对联，常常带给我们美的体验。每组搜集不少于 20 副对联，按照内容或形式梳理归类，为在班级展示做准备。

层级二：查阅有关对联的相关知识，为搜集到的对联写鉴赏短文，小组内交流分享，准备在班级展示——对联的"文""质"兼美。

层级三：每组选择一处现实中存在的场所或虚拟的场所，为其拟写一副对联，并说明理由，准备在班级展示。

这一作业案例将对对联的积累和梳理分为三个层级，体现出由积累梳理到探究再到使用的进阶过程。学生按照层级完成语言材料积累的过程，不再是粗放的、自然式的，而是任务明确、步骤清晰，在具备结构化特征的作业要求下逐渐走向深入。作业的三个层级层层递进，逐步把学生的积累由低层次的材料积累向更高层次的文化积累推进。

综上所述，语言材料积累内涵丰富，过程可拆解为主动感受、发现积累点、落笔确认三部分，初中、高中学段对此的质量要求呈现鲜明的进阶特点，凸显丰富语言材料积累的作业设计对学生语言运用素养的提升具有积极意义。但目前凸显丰富语言材料积累的作业设计缺乏计划性，忽视延展，不重视体验，呈现出碎片化、浅层化和无趣性，要引起够的重视。创设情境激发兴趣，制订计划增加数量，设置分级学习任务提高层次成为当务之急。

第三节
凸显言语活动经验
建构的作业设计

《义务教育语文课程标准（2022 年版）》强调学生要形成个体语言经验，《普通高中语文课程标准（2017 年版 2020 年修订）》强调学生要形成个体言语经验，无论是"语言经验"还是"言语经验"，都指向"个体"言语活动经验的构建。构建言语活动经验，不仅能使学生加深对国家通用语言文字的特点和运用规律的理解，发展在具体语言情境中正确有效地运用国家通用语言文字进行交流沟通的能力，而且还能提高学生的探究能力，使其感受到祖国语言文字的独特魅力，增强对祖国语言文字的热爱，进而从语言、思维、审美和文化四个维度综合提升语文核心素养。

一、凸显言语活动经验建构的作业概述

言语活动经验构建对发展学生的语言运用能力能起到重要作用。凸显言语活动经验建构的作业，能引导学生进行主动的语文积累，促进他们对语言规律的理解、探究和运用，最终增强他们根据语境和表达的需要进行沟通交

流的能力，为他们的学习、生活与成长服务。

（一）言语活动经验建构的内涵

言语活动包括"语言"和"言语"两个部分，它们既相互关联又存在差异。语言具有社会属性，是已进入公共语言环境的话语，具有概括性；言语是个人的，是说话人自己的经验内容，具有具体性。语文学习应该打通"语言"和"言语"之间的壁垒。言语活动经验建构既包括对语言规律的建构，也包括对个人言语经验的建构，二者有机交融，相辅相成，基于积累，成于运用。

朱于国对学习任务群框架下的中小学语文课程知识图谱进行了初步、系统的梳理，整理了语言规律建构的相关内容。从他绘制的"中小学语文课程知识图谱"[6]中可以看到，语言知识包括"汉字""语音""词汇""语法""语篇""语用""修辞""语言文字规范""古汉语知识"九大类。各大类之下又有具体的分类，如"词汇"分为词语、词义、词语层面语病三小类，"语法"分为词类、短语、句法、标点符号、语法层面语病五小类，"语篇"分为语篇结构、语篇风格、语篇层面语病三小类，"修辞"分为修辞原则、语音修辞、炼词炼句、常用修辞格四小类，"古汉语知识"分为实词与虚词、词类活用和古汉语句式三小类。有的小类之下又有更为细致的分类，如"词语"又分为一般词语和熟语两小类，"句法"又分为单句、复句和句群三小类。

个人言语经验建构则更为复杂，更加抽象，它是基于语言规则的建构，是对语言规则的个性化运用。这项活动是在共性的语言规则的基础上形成个人的言语体系，包括言语心理词典、句典和表达风格。这一过程需要习得他人的言语经验（如经典著作等），并不断进行语言实践活动。建构的内容包括掌握词语的语境义、词类的活用、句子语序的变化，综合运用各种表达方式和选择语言风格等。

（二）言语活动经验建构的课标要求

《义务教育语文课程标准（2022年版）》与《普通高中语文课程标准（2017年版2020年修订）》分别围绕"语言运用"和"语言建构与运用"的

核心素养在课程目标中提出了明确的要求。二者都强调言语活动建构需要丰富的语言实践，通过积累、梳理和整合等方式进行。不同之处在于，对于国家通用语言文字的特点及运用规律，前者强调"了解"，而后者要求"掌握"；对于建构的结果，前者强调形成个体语言经验，后者则强调形成个体言语经验，前者侧重语言，后者侧重言语。

相关的要求在课程目标中给出了更加具体的描述。《义务教育语文课程标准（2022 年版）》要求主动积累、梳理"基本的语言材料和语言经验"，"逐步形成"良好的语感，"初步领悟"语言文字运用规律；《普通高中语文课程标准（2017 年版 2022 年修订）》的要求是，主动积累"较为丰富的语言材料和言语活动经验"，"形成"良好的语感，"在探究中理解、掌握"祖国语言文字运用的基本规律。义务教育阶段对语文学习中的言语活动经验建构侧重积累、梳理和领悟，高中阶段则重视在探究中理解和掌握语言文字的基本运用规律。

值得特别注意的是，无论是《义务教育语文课程标准（2022 年版）》还是《普通高中语文课程标准（2017 年版 2020 年修订）》，都强调言语活动经验建构在学习任务群中的基础性地位。前者明确其所在学习任务群为基础型学习任务群，后者则强调该任务群的学习贯穿必修、选择性必修和选修三个阶段，且有两种课时分配方式，或集中安排，或穿插在其他学习任务群中。由此可见，言语活动经验建构贯穿中学语文学习的所有学段，具有基础性、持续性、层级性等特征。

（三）言语活动经验建构的学业水平表现

关于言语活动经验建构的学业水平表现，《义务教育语文课程标准（2022 年版）》和《普通高中语文课程标准（2017 年版 2020 年修订）》都提供了相关描述。由初中学段的学业质量描述可以看出，初中阶段的言语活动经验建构要求根据需要和表达习惯对所积累的他人言语经验进行借鉴和运用，以反思自己的语言实践活动并调整语言表达。由高中学段的学业质量描述可以看出，高中阶段的言语活动经验建构的学业水平层级则更为明确。具体表现如下，对语言积累的情感态度的要求，从具有积累的意识到具有积累的习惯，再到具有探索语言规律的兴趣，主动性不断增强；对语言积累的理解的要求，从归类到发现联系，到探索规律、理解规则，再到尝试专题探究以发现规律并加以解释，理解程度不断加深；对个人言语经验的作用的要求，从根据语境调整自己的语言表达，到纠正语言运用中的明显问题，再到根据语境和表达的需要能文从字顺、清晰明了地表达真情实感，最后能够根据具体的语境组织表达内容，选择合适的表达方式，有效地运用口头和书面语言实现沟通交流，学生的言语能力在实践运用中不断得到增强。

二、现有凸显言语活动经验建构的作业分析

现有的凸显言语活动经验建构的作业对培养学生的语言建构与运用能力起到了积极的作用，但在作业目标、作业内容和作业形式等方面存在如下问题：

（一）目标上重视"语言"建构，忽视"言语"建构

现有的凸显言语活动经验建构的作业，普遍存在重"语言"而轻"言语"的问题，这类作业指向与语言相关的知识与能力，侧重对他人的言语经验进行"语言"分析，而没能引导学生对自己的言语经验进行反思。如某教师为引导学生探究语境对语言表达的作用，列举了五组鲁迅的原稿语句与定稿语句，要求学生分析它们之间的区别，并说出定稿的语言表达好在哪里。如以下作业案例所示：

作业案例1

（1）原稿："那里！……这……那里！……这……"青年发抖了。（《写于深夜里》）
定稿："那里！……这……那里！……这……"青年发急了。

（2）原稿：上至王后，下至弄臣，也都恍然大悟，纷纷散开，急得手足无措，各自转了四五个圈子。（《铸剑》）

> 定稿：上至王后，下至弄臣，也都恍然大悟，仓皇散开，急得手足无措，各自转了四五个圈子。
>
> （3）原稿：所以我想，魏晋时所谓反对礼教的人，有许多也如此。（《魏晋风度及文章与药及酒之关系》）
>
> 定稿：所以我想，魏晋时所谓反对礼教的人，有许多大约也如此。
>
> （4）原稿：他迎头就看见中央的方桌中间放着肥皂的葵绿色的小小的长方包，包中央的金印子在灯光下明晃晃的发闪，周围还有细小的花纹。（《肥皂》）
>
> 定稿：他一进门，迎头就看见中央的方桌中间放着肥皂的葵绿色的小小的长方包，包中央的金印子在灯光下明晃晃的发闪，周围还有细小的花纹。
>
> （5）原稿：凡有进去烧香的人们，必须摩一摩他的脊梁，据说是可以摆脱晦气的。（《无常》）
>
> 定稿：凡有进去烧香的人们，必须摩一摩他的脊梁，据说可以摆脱晦气。

此作业设计借助鲁迅作品中的经典语句，引导学生探究语境对语言表达的影响——用词的准确与简练、表达的重点与程度、句间的顺序与关联等，从而根据他人的言语经验探究出语言运用的规律，具有借鉴价值；但这份作业设计还应该再进一步，让学生将探究到的言语经验运用到自己的言语经验建构中。比如，让学生继续利用探究所得修改自己以往的习作，从而"从语境对语言表达的作用"的角度反思并建构自己的言语活动经验。

（二）内容上重视"课内"资源，忽视"课外"拓展

现有的凸显言语活动经验建构的作业，往往重"课内"而轻"课外"，学生的探究仅建立在有限的语言学习资源之上，探究的广度和深度不足，开放性不够。这样的作业设计无法让学生形成主动探究的意识，因此也就无法进行真正的言语活动经验建构。

言语活动经验建构的课外拓展分为两种，一种是语言材料的拓展，另一类是语言理论研究的拓展，前一种拓展使得言语活动经验建构建立在丰富的语言材料之上，后一种拓展使言语活动经验建构建立在科学规范的探究方法之上。比如，为了让学生掌握《廉颇蔺相如列传》的"君不如肉袒伏斧质请罪"一句中"质"的多种意思，某教师援引了当代训诂学家王宁教授就

"质"的意思进行解说的一段文字，供学生阅读，并要求学生据此梳理阅读过的文言文中出现的"质"字的多个义项。如以下作业案例所示：

作业案例2

　　"質"字在《说文》里面上头是两个"斤"，底下一个"贝"。为什么是两个"斤"呢？两柱同质，两个柱子底下垫的石头必须大小高低质地完全一样，用一块石头分成两个。柱子底下垫的石头务必稳当、整齐，两个"斤"字讲的"质"是"柱质"的"质"。这个"质"后来引申为"质量"的"质"。抵押品为什么叫"质"？在柱子底下垫着，当然可以抵押。"柱质"底下的"质"，有两个特点：垫底的和相对的。"斧质""质地"都是在最底下的东西。"斧质"的"质"，就是案板。从"斧质"引申成"本有的"，"本有的"就是"垫底的"。人都是先天影响后天的，所以通指为"本有的"，就是"本质"。本有的东西，对人来讲，素质和体质就是先天的，一生出来就带着，所以是先天的，这是指人的。如果一个东西是原生的，所以"地质、物质"都是原生的东西，这是指物。通指、指人、指物，分出三个义项。

　　阅读上述文字，指出下列句子中"质"的具体含义。

　　1. 必以长安君为质，兵乃出。

　　2. 永州之野产异蛇，黑质而白章。

　　3. 援疑质理。

　　4. 文质彬彬，然后君子。

　　5. 非天质之卑，则心不若余之专耳。

　　此作业意在引导学生梳理出"质"的多个义项，一般包括："质地、底子""天质、素质""质问""人质、抵押""杀人时做垫用的砧板""开始""见面礼"和"垫在楹柱下的正方石基"八个义项。如果仅仅利用课外拓展使学生对"质"的义项进行梳理和积累，那么学生梳理所得的义项是各自独立、碎片化的，不能在整体上形成对各义项之间联系的清晰认识，学生不可能真正深入地对自己言语经验活动进行建构，过后的积累只能落入机械式死记硬背的窠臼，学习效果可想而知。而在本作业案例中教师在让学生梳理文言文中出现的"质"字的多个义项时，先提供了王宁先生就"质"的字义演变所做的讲解，作为自学素材，学生阅读后，就对"质"的本义和引申义及其相互关系有较为清晰的了解，再去梳理所学的文言文中"质"的义项就相对容易，这些义项会围绕"质"的本义形成闭环，促成学生对此积累的巩固。

完成此项作业后，学生具有了强烈的言语活动建构意识，并习得了科学的探究方法，在探究词语意义的同时，建构着自己的言语经验。

（三）形式上重视语文实践活动，忽视语言运用情境

现有的凸显言语活动经验建构的作业，往往注重对听说读写能力的训练和开展"阅读与鉴赏""表达与交流""梳理与探究"等语文实践活动，但在真实的语言运用情境中，特别是在社会生活情境中进行言语活动经验建构还有待加强。

比如，某初中语文教师在课堂上对朱自清的散文《春》的最后三个自然段进行语言鉴赏后，布置课下作业，要求学生以"秋"为话题，仿照《春》的最后三个自然段的形式进行语段仿写。这种作业虽然指向学生的个人言语经验建构，但是忽略了他们的情感态度，因为学生是被动的，作业是强势的，这样就很难让学生主动去建构自己的个人言语活动经验。这份作业要在真实的运用情境中加以完善，比如可以让学生自选喜爱的季节，甚至自选喜爱的事物进行仿写。当然如果能和真实的活动和人物建立关联则更好，比如，学习本课时学生刚刚进入初中校园，可以组织"发现校园之美"的征文活动，以满足学生对校园的好奇。学习本课时，教师节马上就要到来，可以组织"致我的老师"的征文活动，让学生表达对小学及初中老师的敬重与赞美。当然还可以再加上设计海报、制作短视频、朗读展示等更具有综合性的活动，创设真实的语言运用情境，使学生的言语活动经验建构更有效，更有趣，更有用。

三、凸显言语活动经验建构的作业设计建议

通过分析言语活动经验建构的内涵及《义务教育语文课程标准（2022年版）》和《普通高中语文课程标准（2017年版2020年修订）》对于言语活动经验建构的学业质量要求，结合当前关于凸显言语活动经验建构的作业设计

现状，本书对于这类作业设计提出如下建议：

（一）着眼于语言建构与运用，使"语言建构"与"言语建构"有机融合，明确建构目标

凸显言语活动经验建构的作业不能偏重"语言建构"而忽视"言语建构"，要使二者有机融合，相辅相成，使学生在对他人的言语经验的梳理探究中建构自己的言语经验。某教师就《阿Q正传》中的"降用"一词的理解与运用设计了凸显言语活动经验建构的作业。如以下作业案例所示：

作业案例3

探究词语"降用"[7]

第一阶段，积累梳理作业：用一周时间阅读《阿Q正传》，梳理出小说中含有词语"降用"的句子。

第二阶段，探究作业：归纳概括《阿Q正传》中词语"降用"的具体使用方式并赏析其表达效果，写一篇不少于300字的探究结论。

第三阶段，建构运用作业：以校园生活为情境，运用词语"降用"来叙写一件事，在课堂上交流分享。

该作业设计中，第一阶段和第二阶段的作业和课堂学习活动侧重语言建构，实现了对他人的言语经验的梳理与探究；第三阶段的作业以及课堂上的分享交流，是在探究他人言语经验的基础上建构自己的言语经验。整个作业显示了从语言建构到言语建构的发展过程，特别是其中的第一、第三阶段，使语言建构与言语建构相辅相成，有效促进了语言建构与运用的素养目标的达成。

（二）依托丰富的语言材料，使课内资源与课外拓展有机结合，为建构提供支撑

凸显言语活动经验建构的作业，不应只停留在学生自己对语言资料进行梳理与探究的阶段，教师应该对专家学者的研究资料适当加以拓展，并引导

学生像专家学者一样进行科学而深入的梳理与探究，从而反思和建构自己的言语经验。

吴欣歆在阐释"汉字汉语专题研讨"学习任务群时指出，在引导学生基于自身体验总结语言运用规律、发现汉字汉语特点的过程中，学生需要拓展阅读相关理论文章或专著，找到理论工具进行阐释，提炼自己发现的规律，通过多角度的体验、学习、分析，逐渐探索出发现和解决问题的路径，走向自觉反思与自觉表达。她设计的"从语序的角度讨论文学语言的灵活性"学习项目，为课内资源与课外拓展资源有机结合、支撑学生言语活动经验建构的作业设计提供了参考路径。如以下作业案例所示：

作业案例 4

"从语序的角度讨论文学语言的灵活性"学习项目 [8]

①杂样儿，有名字的，没名字的，散在草丛里，<像眼睛>，<像星星>，还眨呀眨的。（朱自清《春》）

②看见鸦片，也不当众摔在茅厕里，<以见其彻底革命>，只送到药房里去，<以供治病之用>。（鲁迅《拿来主义》）

③我就摇了轮椅总是到它那儿去，<仅为着那儿是可以逃避一个世界的另一个世界>。（史铁生《我与地坛》）

④醒来吧，总理！继续你的革命生涯——<以你对党的忠贞和崇高的政治品格>。（郭小川《痛悼敬爱的周总理》）

⑤如果我能够，我要写下我的悔恨和悲哀，<为子君>，<为自己>。（鲁迅《伤逝》）

1. 请从语序使用的角度分析①～⑤的表达效果。

2. 阅读下列文章，从中选择理论观点，补充分析①～⑤的表达效果。

（1）杨达英《语序调整的修辞效果》，《当代修辞学》，1982 年第 1 期。

（2）严光文《文学语言的规范和变异》，《西南民族学院学报》（哲学社会科学版），1995 年第 6 期。

（3）曾嘉赟《关于汉语语序问题的思考》，《文教资料》，2018 年第 36 期。

作业 1 先引导学生对 5 条语言材料"语序使用"的表达效果进行个性化的分析探究，作业 2 再引导学生借助专家学者的研究成果对表达效果进行更加理性而深入的分析探究，从而让学生把握并理解语序使用与表达效果之间的关联，实现自己的言语建构。

需要注意的是，高中阶段的课外拓展可适当地引入专家学者的理论以支撑学生的言语活动经验建构，这样能达到事半功倍的效果。但在初中阶段，课外拓展应更多引入生动鲜活的语言资料作为支撑，因为初中阶段更加侧重对他人言语活动经验的梳理。

（三）设置真实的语言运用情境，使实践活动与真实生活紧密关联，实现学以致用

凸显言语活动经验建构的作业，需要设置真实的语言运用情境，特别是社会生活情境，将学习与生活紧密关联起来，在提高学生完成作业的兴趣的同时，引导学生在学以致用中建构自己的言语经验。近几年的中考、高考语文试题中考察语言运用的相关题目可以为凸显言语活动经验建构的作业提供借鉴。

北京市 2021 年中考语文试题"基础·运用"部分设置了"中轴线上多彩明珠"活动情境，围绕"制作宣传正阳门的短片"的系列任务，让学生在真实的语言运用情境中完成言语活动经验建构。下面是其中的第 4 小题，可视为一个典型的作业设计。

作业案例 5

短片结尾，需要几位同学各用一种颜色表达对正阳门的理解。请你结合短片的内容，按照示例，仿写句子。

示例：我心目中的正阳门是绿色的。绿色既是城楼屋顶琉璃瓦的颜色，也是人与北京雨燕和谐相处的象征。

该题目采用学生喜闻乐见的制作短片的形式考察学生的语言运用能力，引导学生对他人的言语经验进行探究，发现语言运用规律，从而通过仿写完成自己的言语经验建构。

2019 年浙江高考语文试题"语言文字运用"部分第 6 小题，借助某社区

"红色议事厅"的工作流程图，让学生在真实的语言运用情境中完成言语活动经验建构。如以下作业案例所示：

作业案例6

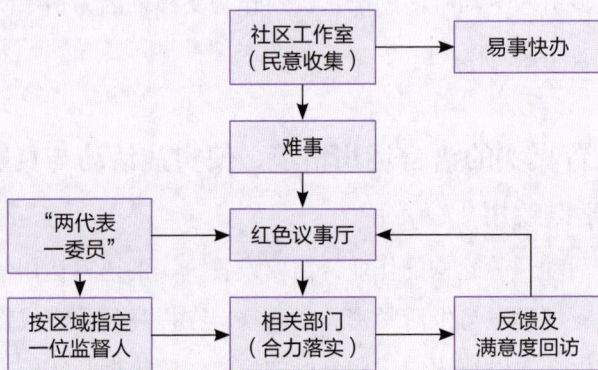

[注] 两代表一委员：党代表、人大代表和政协委员。

（1）用一句话概括"红色议事厅"工作职能，不超过15个字。

（2）从"为老百姓办实事"角度评价"红色议事厅"的工作机制。要求：体现流程图的主要内容，语言简明、准确，不超过80字。

该题目引导学生在社会生活情境中运用语言文字，题目（1）要求在句式选择、词语锤炼等方面进行言语经验的建构，题目二则要求在语篇结构、句间关系等方面进行言语活动经验建构。

需要注意的是，虽然中考、高考语文试题都在创设社会生活情境来促进学生学以致用地进行言语活动经验建构，但是从中可以看到明显的区别，初中阶段侧重于借鉴他人的言语经验，高中阶段则侧重于引导学生创造自己的言语经验。

综上所述，言语活动经验建构既包括语言规律的建构，也包括个人言语经验的建构，二者要有机交融，相辅相成。需要通过积累、梳理和整合的方式构建，需要在丰富的语言实践活动中进阶构建。至于这方面的学业质量要求，初中阶段言语活动经验建构对所积累的他人言语经验进行借鉴和运用，强调反思和调整；高中阶段则关注情感态度，强调探索规律、理解规则、实践运用。目前凸显侧重言语活动经验建构的作业大多忽视"言语"建构、"课外"拓展和真实运用情境，因此在作业设计中亟待完善这些方面的内容，宜在强化"语言建构"与"言语建构"有机融合的目标、"课内资源"与"课外拓展"有机结合的资源整合以及实践活动与真实生活紧密关联的实现路径上做进一步的实践探索。

本章着重论述了凸显语言积累与建构能力发展的三类作业相关的内涵、要求、学业水平、现状问题及改进建议，致力于促进此专题作业设计的更加科学有效。相信通过教师们不断的实践探索，一定可以引导学生在语言文字梳理、积累和探究中，逐步掌握祖国语言文字特点及其运用规律，形成个体言语经验，进而促进学生在语言、思维、审美和文化等方面的素养综合提升。

思考与实践

通过阅读本章内容，你对凸显语言积累与建构能力发展的作业设计有了一定的认识，请思考并回答下列问题：

1. 如何在凸显语言积累与建构的作业设计中体现出初中阶段和高中阶段的能力衔接？

2. 请尝试设计一份凸显语言积累与建构能力发展的作业，指向识字与写字、语言材料积累和言语活动经验建构三种能力的发展。

▌本章参考文献

[1] 吕俐敏，王蔚．"独立识字"的内涵及教学应对 [J]．语文建设，2020（22）：23-27.

[2] 陈坪．落实"双减"要求 提升教学质量——基于核心素养的初中语文学业质量评价标准研究 [J]．教育导刊（上半月），2021（11）：58-64.

[3] 刘贞福 . 说积累——学习语文新大纲、课程标准的体会 [J]. 课程·教材·教法，2005（8）：44-48.

[4] 李召存 . 走向意义关照的课程知识观 [J]. 全球教育展望，2005（5）：23-26.

[5] 纪秋香 . 虚词不虚——编写高中生文言文虚词助学手册 [J]. 中学语文教学参考，2020（31）：9-11.

[6] 朱于国 . 学习任务群框架下的语文知识图谱 [J]. 语文建设，2022（15）：4-10.

[7] 冯厚生 . 选点聚焦 梳理、探究与运用并举——〈阿 Q 正传〉教学落实"语言积累、梳理与探究"的案例简述 [J] . 中学语文，2022（17）：63-65.

[8] 吴欣歆 . 高中语文学习任务群教学笔记 [M]. 北京：北京师范大学出版社，2020：157-158.

第三章

侧重语言运用能力发展的中学语文作业设计

概览

1.对"语言运用能力"的培养贯穿在语文学习过程之中。语言运用涉及口语和书面语，在学习过程中都应引起重视。在课程标准中多次提及对口语的运用能力的培养。

2.中学生要能依据具体的语言情境有效地运用口头和书面语言与不同的对象交流沟通，能将具体的语言作品置于特定的交际情境和历史文化情境中理解、分析和评价；能通过梳理和整合，将自己获得的言语活动经验逐渐转化为富有个性的具体的语文学习方法和策略，并能在语言实践中自觉地运用。

3.中学生已经有了一定的语言学习和运用的基础，心智和情感理解能力逐渐发展成熟，因此对其语言建构与运用能力有了更高的要求。学生要在作品独具特色的语言之中强化语感，积累言语经验，在广泛的语言材料和实践活动中运用所学主动表达自己。

4.语言构建与运用能力这一语文核心素养关照的对象是高中生，但是中学生语言能力的形成是一个循序渐进的过程。中学生要在积累语言材料和言语经验的基础上，逐步形成良好的语感。

案例导入

　　《阿长与〈山海经〉》的题目中为什么不写"长妈妈"而写"阿长"？

　　该作业指向评论性的表达。学生如果想完成这一任务，需要进行一系列的思维加工。在尝试回答这一问题时，学生可以就问题的矛盾点进行多角度的思考。例如：

　　角度一，根据课文内容进行推断。课文的前一部分在写人物言行时，多用抑笔，比如"不大佩服""讨厌""不耐烦""麻烦"等，如果用"长妈妈"来称呼，名实不符。

　　角度二，从文章中的人物形象入手。将"阿长"与《山海经》相连，又是一个看似矛盾的联系，一个不识字的劳动妇女与一本古典名著怎么产生联系，有什么联系，令人好奇。

　　角度三，根据文章的文体特点进行推断。《阿长与〈山海经〉》是一篇回忆性散文，以写成此文已四十多岁的作者的眼光看待阿长，使用"阿"字会消除时空的阻碍，表现得更加亲近与自然。

　　面对此类语文作业，学生在思考时会不断调动已有的认知经验，使用联想、想象、对比、归纳、分析等多种思维方式，对思考的成果进行加工，最终形成多维观察视角，发展自身的发散性语言思维能力。

第一节
侧重满足具体语言情境要求的口头表达作业设计

　　口头表达作业指学生运用口头语言文明得体地完成相应表达任务的作业。此类作业指向培育学生的口头表达能力，教师根据学情和教材特点，设计丰富多样的口头表达作业，让学生在读背、听说、演练等活动中，积累词汇，体验感悟，丰富语言，内化表达……。在此过程中，学生不仅能够培养兴趣、发展个性，更能有效地提升口语交际能力。

　　口头表达作业形式多样，在此节中暂且把它界定为包括"朗读""课前演讲""课本剧"三种在日常教学中经常出现的类型。

一、侧重满足具体语言情境要求的口头表达作业概述

　　《普通高中语文课程标准（2017年版2020年修订）》中明确指出：语文教师应高度重视课程资源的开发与利用。口语交际教学是语文教学的一个重要组成部分，口语交际能力是中学生必备的一项素质。在语文学习的过程中，教师是学生与知识之间的桥梁，应当发挥指引的作用。在口语交际教学

中，教师应当积极地发挥作用。通过对日常教学行为的观察，发现部分语文教师对于开发口语交际课程资源中的具体语言情境态度消极，对于口语交际教学普遍只是依据教材中现有的内容进行简单的教学。但是口语交际教学是一项十分灵活的教学活动，需要设置一定的情境，开发一些话题与活动。教师必须担当口语交际教学课程资源开发的重任，这对于改善口语交际教学的现状至关重要。

（一）核心概念

1. 情境

在《辞海（第六版）》中，"情境"的界定是："一个人在进行某种行动时所处的社会环境，是人们社会行为产生的具体条件。"根据这一界定，"情境"不同于一般存在的客观环境，是能够引起个体认知变化、情感波动的环境，是自然要素与人文要素的结合体。情境的范畴非常大，可以是基于社会的，日常的、自然的情境，也可以是基于教学的，专业性、功能性的情境；可以是宏观层面上真实的、想象的情境，也可以是微观领域的、物理的、生态的、职业的情境。

2. 情境化

"情境化"指将一些概念性的知识、技能与真实、具体的生活需求相互连接的过程。"情境化教学"指将学科知识和学科规律与真实的学习实践活动相互结合的过程，这一过程不是教师单纯地进行知识与技能的讲授，而是在具体情境下构建学生的学习和生活之间的关系，使他们能够运用所学的知识来解决问题。

3. 口头表达

叶圣陶先生曾说："语文、语文，语者，口头表达，文者，书面表达。"口头语言在不同的交际需要之下产生了不同的语体。林语堂先生在《怎样说话与演讲》一书中做出这样的划分："说话——对话体，讨论——辩论体，独白——演讲体。……在我国，将口语分成三种不同的语体：在亲朋之间使用的正常口语，在一般交际场合使用的正式口语，在特别隆重场合使用的典雅口语。"为了在不同的场合下使用恰当的口头语言以保证交流的顺利进行，并实现交流的目的，说话者需要具备良好且稳定的口头表达能力。

（二）口头表达的课标要求

对于口头表达，《普通高中语文课程标准（2017 年版 2020 年修订）》提出："能凭借语感和对语言运用规律的把握，根据具体的语言情境和不同的对象，运用口头和书面语言文明得体地进行表达与交流。"《义务教育语文课程标准（2022 年版）》提出："学会倾听与表达，初步学会用口头语言文明地进行人际沟通和社会交往。"基于此，培养"说"的能力尤为重要，对学生的语文学习有着特殊的意义。

（三）口头表达的学业水平表现

《义务教育语文课程标准（2022 年版）》对于第四学段（7 ~ 9 年级）提出了"能用普通话正确、流利、有感情地朗读"的相关要求和"能就适当的话题作即席讲话和有准备的演讲"的要求；还提出阅读文学作品，要能够"通过朗读、概括、讲述等方式，表达对作品的理解"；"能借鉴他人的经验调整自己的表达，能根据需要，运用积累的语言进行口头或书面表达。能通过口头或书面方式，向他人推荐中华优秀传统文化经典、革命文化和社会主义先进文化作品……。通过合作，能综合运用绘画、表演、创作等多种活动样式开展校园活动和社会活动"。

《普通高中语文课程标准（2017 年版 2020 年修订）》指出："能运用口头语言和书面语言传达自己对作品的感受和理解。""能根据具体的语境和表达的目的、要求，运用口头和书面语言，文从字顺、清晰明了地表达自己的真情实感。"

二、现有满足具体语言情境要求的口头表达作业分析

目前，多数中学教师忽视口头表达作业的价值，相关的作业设计较少；在日常教学中，对此类作业的评价反馈也较为欠缺，细致的指导更是不足。

造成这种现状的原因是多方面的。首先，在目前的考试评价体系之下，评价形式仍为纸笔测试，因此教师在教学中难免会忽视口头表达作业的价值；其次，教师个人对口头表达在语文核心素养培育方面的价值认识不足，对学生相关的学习基础和能力把握失当，导致在优质口头表达作业的设计方面能力有所欠缺。

作业案例 1

某校高一年级语文教师布置了这样的作业：

以"我最喜欢的一本书"为题，总结出自己喜欢这本书的几个理由，进行课前三分钟演讲。

在这个作业案例中，教师设置的条件是"总结出自己喜欢这本书的几个理由"，这类演讲偏向于议论性表达，对学生的思维能力要求较高，既要求学生进行比较阅读，也要求他们具备批判性思维，能厘清自己的观点，找到相关的论据证明观点。但目前高一多数学生的语文阅读还处于印证式阅读阶段，往往试图从书中找情感共鸣，较难进行批判性阅读，他们的演讲因思维能力不足而出现深度不够、逻辑性不强、说服力不足等问题而得不到教师的夸赞，学生很可能因此而丧失对演讲的信心。再加上部分教师在点评时要么不够客观中肯，不能结合学生的演讲内容进行点评，要么大加赞扬，要么批评得一无是处。时间久了，学生便对演讲失去了兴趣。还有部分教师没有设置奖惩机制，不批评教育随便应付的学生，也没有给予表现优秀的学生一定的奖励。这样就很难激发学生演讲的欲望。

三、侧重满足具体语言情境要求的口头表达作业设计建议

口语交际是一项以语言为依托的交际活动。汉语的深厚底蕴以及中国博大精深的文化，均可以转化为丰富的课程资源，把教材中的相关练习与学生的实际生活相结合，将课程资源开发的范围扩大。语文课程标准中对于课程

资源的范畴就进行了详细的论述。比如网络资源、自然风光、民俗风情等。将这些资源引入课堂会极大地丰富课程内容，对于培养学生口语交际能力也会很有帮助。基于"双减"政策减轻学生课业负担的要求，教师应积极创新语文口语交际作业的设计形式，使学生形成相应的语感，逐步提升口头表达能力。在教学中，教师可巧借课后习题、口语交际模块，训练学生"说话"的能力，设计趣味化作业、分层式作业、生活化作业、单元化作业、实践化作业等，逐步提高学生的语言素养。

（一）朗读

无论是文言文的朗读还是现代文的朗读，都既是学生理解文本的手段，也是学生呈现自我理解的表达途径。朗读的表达效果可以成为衡量学生口头表达能力的依据之一。

作业案例2

在诵读文言文时，人们常用一些符号来辅助提示诵读时应注意的地方。如声音的高低方面，↑表示全句由低到高，↓表示全句由高到低，〰 波浪线表示句中某一个字或几个字要重读；声音的缓急方面，⋯表示声音急促，⋯⋯表示声音缓慢等。除此以外，还可以用不同的符号划分句子节奏，标示平仄声，点出韵脚，圈出虚词等。

请利用以上诵读符号，根据你的理解，在课文《陋室铭》上进行标注，然后根据标注提示大声朗读《陋室铭》。明天课堂上检查朗读情况，并利用下面的表格进行评比。

评分细则	分值	评分
（1）发音正确，吐字清晰	10	
（2）朗读流利顺畅	10	
（3）语速恰当，节奏把握合理	10	
（4）正确停顿，断句合理	10	
（5）朗读富有感情和表现力，声情并茂	10	

在此作业案例中，教师有效利用诵读符号这一知识支架，使学生在表达

文本理解的时候掌握了提高口头表达效果的技巧。比如：在诵读符号的清晰标示下，学生可以更加形象生动地掌握文言文的音韵节奏，更容易把握诵读的要领，传达出作品的思想内涵和感情倾向，更具有感染力。此外，该教师设计评价表格，不仅给学生的自我评价提供了参考维度，还有助于学生对朋辈的表现做出恰当的评价。此类作业设计利用朗读表达对文本的理解，实现了良好的互动交流和点评，从而确保所有学生在这项作业中都能有所收获。

（二）课前演讲

语文课前演讲是中学语文课堂教学中一项极有意义且便于操作的教学活动。它开辟了课堂"听说"的第二通道，能够有效调动学生上课的积极性、拓展知识面、训练胆量，进而切实提升口头表达能力。

作业案例 3

某教师拟写出语文课前三分钟的教学设计，并将其命名为"口语课堂"，张贴在教室后黑板上：

口语课堂（第一轮）

新学期初始，为丰富语文课堂内容，拓展课外知识，同时锻炼同学们的胆量与口才，每节课的前三分钟由一名同学登台演讲，具体安排如下：

1. 活动设置：自由组合，5 人一组，并选出一名组长，每个小组负责一周的课前口语活动。实行组长负责制，于演讲前两周通知组员准备并负责督促，前一周检查稿件及课件制作，当周每节语文课的前三分钟为演讲时间。

2. 活动内容：共 5 个主题，小组成员内部协商主题分配，一人一个主题。

主题一：艺术天地

介绍经典电影、书籍、音乐、绘画等艺术作品。（可用 ppt）

主题二：【科普】语言文字知多少

开展和语言文字相关的知识普及。诸如介绍字谜、对联、成语解析、文学常识等。（可用 ppt）

主题三：身边故事

讲述发生在自己或身边人身上的故事，家庭、校园、社会均可。可诙谐可深刻，内容需真实。

主题四：历史追踪

讲述一个历史故事或者就某段历史时期进行梳理评述，可引用正史，也可引用野史。

主题五：人物评传

介绍一个人物，可以是英雄伟人、励志明星、热点人物、身边榜样等，适当予以评述，加入自己的认识。

3. 活动要求：

（1）对教师的要求：演讲前一周，教师需和组长联系，了解组内成员准备的情况，审查稿件及课件制作，并适时予以指导；正式开始前需提前三分钟到班；演讲过程中，需认真聆听并观察听众反应，监督纪律与演讲时间；演讲结束后需稍加点评或请学生点评。

（2）对演讲者的要求：提前两周精选内容，悉心准备，前一周文字稿及课件交予组长一审，并模拟演练，一审后交予教师二审，保证演讲内容诚意满满；演讲时声音洪亮，语速中等。字数600至800字，严格控制时间。第一轮可带稿演讲；第二轮要求脱稿，和听众有眼神交流；第三轮之后，完全脱稿，注意演讲技巧的运用，声音控制、肢体动作等。

（3）对听众的要求：课前三分钟不允许说话，不允许做作业，倾听也是一门很重要的学问。很多时候，听比说更为重要。认真聆听是对演讲者基本的尊重。

4. 活动评价：一个月为期，四组演讲结束后，全体同学投票选出综合表现最好的一组，教师选出表现最优的个人。优秀小组和个人赠书一本。

该教师在设计本次课前演讲活动时，突出了演讲目标以及内容的有序渐进，反映出该教师已充分认识到听说能力训练是一项系统、长期的科学训练。随着年龄的增长，学生的知识面、对于问题认识的深度和口头表达水平也在不断提高，对学生的演讲训练也应分阶段、分步骤来完成。这样的语文课前三分钟规划，显然已成为一套独立且完整的口语交际教学课程，不仅符合学生的心理需求，也遵循了语言习得规律，值得参考与借鉴。

（三）课本剧

中学语文教学中，如何通过教学结构的优化设计，把语言文字转化得直观形象，从而激发学生的学习兴趣，提高他们听说读写的能力，一直是许多教师研究探索的课题。

编演课本剧可以调动学生学习语文的积极性，促进学生对课文内容的深入思考，提高学生读写听说的能力。作为一项综合型作业，课本剧需要学生把课文文本转换成剧本，这个过程有利于提高学生对文本的理解能力、再创作能力。在剧本演出的过程中，学生需要把文本内容转换成口头语言恰当地进行表达，同时还要借助语调和语气、表情和手势，在文本情境和表演情境的双重情境中自如切换，完成口头表达和交流，这种语言实践活动有利于学生语言运用能力的提升。编演课本剧这一作业形式值得尝试。

作业案例 4

在通读课文、梳理《鸿门宴》基本情节后，请各组分工合作，将《鸿门宴》改编为课本剧。一周后在班内表演展示。

具体要求：

1. 课本剧对话要简短；

2. 时代背景要交代；

3. 舞台说明编写要清晰；

4. 组内分工要明确；

5. 演员表演要默契；

6. 合作过程中要有评价。

编演课本剧是一项综合型的实践性作业，要求教师必须予以明确的指导，以达到促进课堂教学和提升学生语言运用能力的目的。在编演《鸿门宴》课本剧的作业案例中，该教师针对剧本编写和演出活动只是提出了具体但粗线条的要求，以使学生能充分发挥主观能动性去完成任务。但是对编写剧本和演出环节的细节，教师必须认真把关，及时纠正其中的偏颇和不足，引导学生圆满地完成活动。

以上三个案例各有特点，各有侧重。基于中学语文课程标准所倡导的理念与"双减"政策，语文教师要创新口语交际的作业形式，确保学生获得更多的知识技能，实现口头表达能力的提升。

统编义务教育教材语文的课后习题在内容编排方面具有很强的针对性，从浅层次来说，有利于学生积累巩固知识；从深层次来说，有利于拓展学生的思维。在日常教学中，教师可巧借课后习题设计合理有效的课中口语交际作业，以培养学生敢于并善于开口说话的能力。口语交际具有灵活性、开放性的特点，教师要善于从社会现实和学生的校园生活中汲取资源，创设鲜活的口头表达情境，设计充满趣味的作业内容，使学生乐于开口，切实提升自身的口语表达能力。

第二节
侧重满足具体语言
情境要求的书面表达作业设计

书面表达作业是语文作业中的重要内容，承担着巩固、提升学生书面表达能力的重要任务。由于书面表达能力是一种相对比较综合的学科能力，此类作业的设计一直存在着数量不足、形式单调、缺乏必要指导等问题。设计优质的书面表达作业，要充分认识到表达的过程既是语言积累与建构的过程，也是思维和审美等素养共同发展的过程，培养书面表达能力的作业设计，应有助于帮助学生在掌握表达技能的同时，促进其语言经验的积累与优化。

一、侧重满足具体语言情境要求的书面表达作业概述

（一）核心概念

1.书面表达作业

在语文课程中，"书面表达"，既包括用书面语言进行表达，又包括用书面的形式进行表达，书面表达能力是语文学科核心能力之一。书面表达作业

指以培养学生的书面表达能力为主要目的的作业。

2. 情境化作业

情境化作业是指在教学活动中，教师围绕教学目的，根据学生的具体情况，为作业添加一些具有情境化色彩的内容，突出语用特征。情境化的任务可以促使学生去解决自己在学习过程中所遇到的实际问题，将其置于个人体验、社会生活和学科认识等不同的环境中去。通过对语言的学习，学生能够将语言的知识与实际情况结合起来，从而达到对实际问题的模拟和处理。在真实语用情境中发生具体的语言表达实践，这是书面表达能力培育的核心路径。

与小学阶段相比，在中学阶段，学生口头表达和书面表达的能力都有明显的提升。书面表达作业应指向促进学生调动已有的语言经验（包括语感和语言运用规律等）恰当地交流与沟通的能力进一步发展，因此，强调作业的情境化就显得非常重要。

（二）书面表达的课标要求

对于书面表达，《义务教育语文课程标准（2022年版）》提出："学会倾听与表达，……能根据需要，用书面语言具体明确、文从字顺地表达自己的见闻、体验和想法。"对于书面表达，《普通高中语文课程标准（2017年版2020年修订）》提出了"能凭借语感和对语言运用规律的把握，根据具体的语言情境和不同的对象，运用口头和书面语言文明得体地进行表达与交流；能将具体的语言文字作品置于特定的交际情境和历史文化情境中理解、分析和评价"的要求。

总的来看，虽然两个学段的语文课程标准对书面表达的要求在程度上有差异，但都强调了"表达"与"交流"。因此，教师在进行相关的作业设计时，应注意突出书面表达的知识与技能在达成"表达"与"交流"的目的上所起到的作用，而不能只是把对书面表达技巧的训练当成作业设计的根本目标。

（三）书面表达的学业水平表现

对于"表达与交流"，《义务教育语文课程标准（2022 年版）》针对第四学段（7 ~ 9 年级）提出："写记叙性文章，表达意图明确，内容具体充实；写简单的说明性文章，做到明白清楚；写简单的议论性文章，做到观点明确，有理有据；能根据生活需要，写常见应用文。能从文章中提取主要信息，进行缩写；能根据文章的基本内容和自己的合理想象，进行扩写；能变换文章的文体或表达方式等，进行改写。尝试诗歌、小小说的写作。"还提出了"能借鉴他人的经验调整自己的表达，能根据需要，运用积累的语言进行口头或书面表达。能通过口头或书面方式，向他人推荐中华优秀传统文化经典、革命文化和社会主义先进文化作品……。通过合作，能综合运用绘画、表演、创作等多种活动样式开展校园活动和社会活动"等学业质量要求。

对于书面表达，《普通高中语文课程标准（2017 年版 2020 年修订）》提出："能运用口头语言和书面语言传达自己对作品的感受和理解。""能根据具体的语境和表达的目的、要求，运用口头和书面语言，文从字顺、清晰明了地表达自己的真情实感。""能根据具体的语境和表达的目的、要求，运用口头和书面语言，文从字顺、准确生动地表达自己的真情实感。"

二、现有满足具体语言情境要求的书面表达作业分析

与口头表达相比，书面表达通常逻辑性更强、内容更加全面、条理更加清楚。书面表达的交流适用范围很广，无论是生活情境还是学习情境，都有丰富的表现形式。但是，很多老师对书面表达能力的理解不全面，仅仅把它当作考试中的"作文"来认识，在布置书面表达作业的时候，就更加重视议论文、记叙文这两种文体写作，或是单纯地训练说明、议论、描写等语言表达技能，导致没有很好地突出不同情境中书面表达能力的培养，也就不利于促进学生语文核心素养的全面发展。

现有的书面表达作业存在如下问题：

（一）情境、任务不合理

作业案例1

下面是一段生日答谢词的片段，其中有五处不得体，请找出并做修改。

感谢各位参加令尊的生日晚会。敝人看见桌上大家送来的生日礼物，如烟的往事历历在目。我想起了父亲的好友张小波，他是一个多好的小肥猫啊！为了鼎力相助我学习数学，他竟然放弃了对自己的女儿进行奥赛前的辅导训练。如今，我在数学上取得了巨大的成就，对他玉成此事深感冒昧。

这个作业创设了一个真实生活情境——在生日晚会上致谢。致谢词是常见的书面表达形式，语言的得体性确是此类表达的重要学习内容。但本作业所提供的语段本身的情境却经不起推敲。在父亲生日宴会上，让还是学生的儿子致答谢词，本就不符合常理，且儿子的答谢词根本没有日常生活的影子，与现实生活脱节。这样的练习设置的情境，完全是为了语言得体性训练而设计的"假情境"，在这样的情境中，学生无法表现出解决真实问题的能力，只能按照"知识点"去解决问题。部分老师可能还认为这样的题目是好作业，因为创设了"生日答谢"这样一个情境，是符合新课标新教材要求的。但新课程新教材强调的情境是为真实的教学活动而服务的，情境要根据课文内容和单元学习任务来设计。相反，像题目中这样为了出题而创设出来的虚假情境，不仅不能达到准确评价学生的目的，反倒会极大地挫伤学生学习的积极性，让学生无所适从。

作业案例2

下面是某位教师在假期前为学生布置的语文作业，具体内容为：
①完成《过好暑假》作业册。
②参观一处名胜古迹，并写游记一篇。
③进行一项社会调查，并做好调查报告。

这份作业中，②③都是典型的书面表达作业，表面上看比较合理，既督促学生不忘课业，又鼓励学生走向社会。但仔细分析就不难看出一些问题：

让每个学生都去游玩名胜古迹而不考虑学生家庭的实际情况，让每个学生都参与社会调查而不考虑学生的能力差异，这样的作业在现实的可行性上会大打折扣。而学生为了完成这样的作业，为了不挨教师的批评，可能就这样做：没去参观过的，就胡乱编造一通；没去搞过社会调查的，就随便从网上抄一篇交给教师应付了事。出现这种糟糕的情况，根源在于教师没有深刻理解书面表达基础是学生的生活积累和语言实践经验，这两者中任何一种的匮乏和不适宜，都无法支撑学生进行真实的表达，不合理的情境和任务不仅无法促进学生书面表达能力的提高，反而会助长弄虚作假的不良学习风气。

（二）内容、形式单调

"书面表达"的内容是包罗万象的，形式也应该是丰富多彩的，但是现实中，出于对备考的热衷，大部分书面表达作业窄化成写"大作文"，尤其是议论文，或者针对"微写作""语言运用"等考试板块进行表达方式、简明连贯得体等语言表达技能的针对性训练。

以高中统编教材的教学为例，教材"单元学习任务"中出现了诸如读后感、点评、文学评论、诗歌、小小说、申论、调查报告、文献综述等近二十种书面表达任务，但绝大多数没有落实在日常教学中。有的老师认为小小说、调查报告、辩论提纲、读后感等高考不考，不愿意"浪费时间"；有的老师认可这些书面表达形式有利于调动学生学习积极性，就象征性地布置一下，既没有指导，也欠缺评价，基本流于形式，而大部分学生看到老师的态度，也就糊弄一下了事。

究其原因，是老师对书面表达能力发展与学生语文核心素养培养的关系认识不够清楚。书面表达的过程，离不开语言的积累与建构、思维的发展与提升，也伴随着审美鉴赏和文化理解的发展，不同形式、不同内容、不同情境中的书面表达实践，可以多角度地激活学生的言语经验，促进其灵活、有个性地进行思维和表达，有利于学生语文核心素养的全面发展。

（三）重结果，轻过程

目前，书面表达作业总体上呈现的还是一个"布置—验收"的结构，布置任务，验收任务完成情况。

这是一个常见的作文修改作业，老师只是布置了任务——"修改你的考试作文"，而没有提出具体的要求，至于如何完成目标也没有加以指导，对修改成功更没有提供标准。这就是典型的重结果轻过程的书面表达作业。学生在作文讲评课上，可能更加全面深入地理解了作文题，了解了同学们在行文中出现的一些共性问题，甚至聆听了范文的朗读。但是，这些学习内容仍然不足以支持每个学生顺利完成"修改自己的作文"这个作业。重结果轻过程的书面表达作业布置，往往使作业的完成带有盲目性，增加了学生的试错成本。重结果轻过程的作业评价更会消弭表达能力提升的规律和个性，打击学生的学习积极性。设计利于观察、便于分析、有指导功能的书面表达作业，体现过程性评价要求，也是现今书面表达方面作业设计的难点。

三、侧重满足具体语言情境要求的书面表达作业设计建议

在语文教学中，书面表达作业具有沟通读写实践、促进语言建构的重要价值，对增强学生学习效果、提高课堂教学效率有着非常重要的促进作用。这就需要教师对不同时段的作业，尤其是课后作业的形式和内容进行精心的设计，突出情境化、综合性、层次性和选择性，从而有效提升学生的书面表达能力。

（一）多路径设计的情境化作业

建构情境化作业就是将作业与学生在课堂上所学到的知识、日常生活经验和社会经验相结合，较为常用的路径如下：

1.照搬或改造教材提供的任务

例如：统编普通高中教材语文必修上册第二单元的人文主题为"劳动"，对应的学习任务群是"实用性阅读与交流"，教材的"单元学习任务"中就设计了评选优秀新闻作品的任务。如以下作业案例所示：

作业案例4

我们每天都会接触各种新闻，新闻在生活中无处不在。一些重大事件，如党的十九大召开、中华人民共和国成立七十周年、防控新冠疫情等，都是新闻报道的焦点，会涌现出大量新闻作品。选择一份报纸或一个新闻网站，浏览一周的内容，从中挑选出三四篇你认为比较优秀的新闻作品。小组合作，从新闻价值、报道角度、结构层次、语言表达等方面草拟一份优秀新闻评选标准。每个小组按照标准评选出一篇优秀新闻作品，合作撰写一份推荐书，阐述推荐理由，与新闻作品一起在班级展示、交流。

这个单元大任务创设了社会生活情境，布置了一两个小任务，来实现对单元教学目标的落实。其中拟写优秀新闻评选标准、撰写新闻作品推荐书都属于书面表达任务，教师可以将其布置为本单元学习过程中的作业，也可以布置为单元学习结束后的拓展性作业。

再如：统编义务教育教材语文八年级下册第一单元的"写作实践"板块，共有三个写作任务：一是仿照《安塞腰鼓》中的修辞手法描写一个场景；二是模仿本单元课文中的心理描写方法，写一个心理描写片段；三是模仿《背影》《秋天的怀念》用平实的语言叙写平凡的事件，传达真挚的情感这种写作方法，写一篇作文。这三个写作任务涉及书面表达的技巧，以及内容与形式的匹配。教师可以将这三个任务做任意叠加，改造成一个更为复杂的书面表达作业，以期实现本单元写作能力的进一步提升。

2.梳理、整合学习资源，生成情境化作业

例如：某教师为统编普通高中教材语文选择性必修"外国作家作品研习"任务群教学设计了一个书面表达作业。如以下作业案例所示：

作业案例5

放眼中西方文学史的长河，对于女性反抗母题的书写从古到今绵延不断。在第二课时的作业中，我们已经整理了以窦娥、繁漪、美狄亚、娜拉为代表的女性发出的反抗宣言，并由此了解了她们的反抗原因、反抗困境和价值追求。那么分别作为中国与西方、古代与现代的女性代表，她们的反抗方式和反抗结局有什么不同呢？这背后又蕴含着怎样的文化意义呢？请同学们结合先前的梳理内容，任选一个话题，写一篇探究性的小论文。

话题一：结合《窦娥冤》和《美狄亚》，比较中西悲剧中女性不同的自救模式，探究其反映的不同民族文化心理。

话题二：在结局上，《美狄亚》是一悲到底的单一结局，而《窦娥冤》则是"善有善报，恶有恶报"的双重结局，探究不同结局背后反映的不同文化体系下的审美追求。

话题三：《玩偶之家》中娜拉和《雷雨》中繁漪都是现代社会有强烈时代反抗精神的妇女形象，探究她们形象的异同点及原因。

话题四：美狄亚与娜拉都是文学史上有名的弃妇形象，作为被抛弃的女性，她们都以自己的方式进行了有力的反抗，探究娜拉对美狄亚的继承与发展。

在教学中，师生一起梳理、整合、补充了教材中的中外戏剧文本，创建了本任务群学习资源包，包括《窦娥冤》《雷雨》《美狄亚》《玩偶之家》等以女性为主角的经典作品，形成了一个内容丰富、具有思辨内涵的学科认知情境。教师依托此情境，开发出了这样一个有助于引导学生深入理解文本、提升审美探究能力的书面表达作业。

3. 依托社会生活中的真实情境设计任务

关注具体文体写作的书面表达作业是师生都比较熟悉的作业类型，比如写一篇游记，写一篇纪念馆或博物馆的参观记，写一篇议论文，写一段读后感，写一篇介绍校园环境的说明文等。这些作业能很好地帮助学生掌握必要的写作知识，熟练典型的写作技能。如果我们能在这些类型的作业设计中加入情境因素，以凸显书面表达的目的、对象和场合等，则更有利于学生写作知识的结构化以及写作经验的自主建构，在"解决问题"中更好地发展书面表达能力。

例如：在"写一篇游记"的作业中，增加"我的独得之乐"的主题；在纪念馆或博物馆参观记的作业中，规定"我眼中的中华文化"的写作背景；在议论文写作作业中，补充"体现现实针对性"的要求；在介绍校园环境的说明文作业中，结合真实生活中的"校庆"主题墙绘制，或"老校友交流"等主题教育活动等。

（二）设计与阅读结合的综合性作业

在倡导大单元教学、专题教学的今天，教师们越来越认识到读写结合是语文学科核心素养培育的极佳方式，好的书面表达作业，往往能达到以读促写或以写促读的作用。这就要求教师的作业设计具有一定的综合性、进阶性。也就是说，作业既能体现对知识与技能方面的巩固、培养，又含有对过程与方法的指导；既包含对文体、语体的关注，又能促进对相关表达知识的理解与运用。如以下作业案例所示：

作业案例6

在开展"陶渊明主题"群文学习时 [包括《归去来兮辞》《归园田居（其一）》《饮酒（其五）》《和陶渊明田居六首（其四）》等作品]，某教师设计了下面的课后作业：

1. 将陶渊明的诗句中的虚词"而"的意义与用法归类，将归类的过程与结果写成一段说明文字，用以指导高一新入学的同学学习文言文。

2. 在提供的群文中任选一首诗，用现代汉语改写成散文。（不得改变原意）

3. 从群文中任选作品（不得少于 2 首），结合作品中的重点词语（如"樊笼""悠然"等）阐释你对陶渊明诗文"恬淡自然"的创作风格的理解。不少于 500 字。要求：（1）对"恬淡自然"的内涵用下定义或做诠释的方式进行解说，（2）从两个以上的角度对作品进行阐释。

这项作业是群文学习后的大型作业，三个学习任务都以学生的阅读活动为基础，以书面表达为结果，任务涵盖素养和关键能力的不同方面，体现了很好的综合性。任务 1 引导学生积累、梳理古汉语常用词的知识，并创设真实的交流情境，用写说明小段的方式将这些知识的理解和运用提升到对文言文学习方法和规律的认识上，在语言建构与运用、思维发展方面有积极意义。任务 2 是对文学作品的改写，涉及文体转换的表达技能，更为学生表达个性化的阅读体验提供了空间，有利于培养学生的创造性表达能力。任务3指向对诗文的创作风格的理性分析，任务描述和要求说明都不仅明确了作业完成的结果，更提供了完成作业过程中运用的知识与方法，比如"结合作品中的重点词语""对'恬淡自然'的内涵用下定义或做诠释的方式进行解说"；同时通过添加指定任务要素来提高学科思维和审美活动的强度，促使学生实现现有阅读理解能力的进阶发展，如"下定义或做诠释""从两个以上的角度对作品进行阐释"等。

作业案例 7

在统编义务教育教材语文九年级上册第四单元的大单元教学中，某教师设计的单元终结性作业是"创作并修改自己的小小说"，引导学生通过阅读本单元的中外小说，学会用小小说的创作方式表达自己的思想感情。单元学习过程性中，为达成这个书面表达目标，相应的作业主要有下面几个：

1. 读《故乡》《孤独之旅》，运用多角度的转折和伏笔绘制小说情节图。

2. 选择合适的叙述视角续写《于勒回来了》；为自己的小说选择合适的叙事视角，并根据叙述视角调整情节。

3. 发挥想象，续写宏儿和水生长大后的情景；为自己的小小说设计人物档案。（包括主要人物、次要人物）

这组作业很好地体现了读写结合、综合性强的作业设计理念。每项作业的前半部分，体现了"读懂小说"的教学意图——关注情节的设计与主题的表达，从创作的视角理解作品，关注人物塑造与主题表达；每项作业的后半部分则体现了引导学生从阅读体验中获得方法，用以指导自己的小小说创作——设计有波澜的情节，选择恰当的视角叙述故事，精心安排主要人物和次要人物等。除了读与写的有机结合，这组作业设计选择了小说读写中情节、人物、主题等最重要的文体知识，尝试落实情节设计、视角选择等典型的小说创作方法，布置改写、续写、个性化创作等一系列写作实践活动，力图提高学生的知识迁移能力。作业中读写结合紧密，很好地激发了学生的创作热情，提高了学生的学习获得感。

（三）提供选择性，鼓励个性化

由于学生的学习基础、学习能力及兴趣爱好的不同，在学习效果方面不可避免地会出现一些个性化的差异。如果教师不能针对这种学习差异，进行有针对性的作业设计，势必会影响课堂教学的效率。尤其是书面表达能力，与学生对社会生活的观察能力、情感体验的丰富程度、感受和思考能力、语言基础等多方面因素都有很密切的关系，学生的个性化差异就更明显了。因此，在设计书面表达作业时，教师要尽可能地照顾到学生的差异化需求，为学生提供一定的选择性，并鼓励学生个性化地表达自己的感受与感悟。

作业案例 8

在学习《赤壁赋》一文时，针对文言文学习基础薄弱的学生，教师布置了巩固语言知识的书面表达作业——结合注释和参考资料，准确、通顺地翻译全文；针对文言文学习中等水平的学生，教师布置了含有鉴赏能力培养目标的书面表达作业——在理解全文的基础上，选取文章具有感情色彩的段落，写一段对内容和表现方法进行点评的文字；针对文言文学习能力较强的学生，教师布置了具有探究价值的书面表达作业——对比阅读《念奴娇·赤壁怀古》《前赤壁赋》《后赤壁赋》，在同一地点的游览中，作者先后写下的词与赋中所表达的思想感情有无矛盾之处？写一篇文章，表达你的观点并做简要分析。

类似这样的作业，教师在设计时，要本着贯彻"以人为本"的教学理念，实施具有层次性、针对性的课后作业设计。如针对学习基础好、学习能力强的学生，教师就可以多布置一些具有拓展性、探究性的作业。而针对学习基础薄弱、学习能力相对较低的学生则多布置一些难度适中、基础性较强的作业。这样做不仅充分体现了因材施教的教学原则，更能使学生扬长避短，在自己的基础上得到相应的发展。

整本书阅读是语文学科的重要课程内容，具有时间长、内容多、要求高等特征，学生学习的个性化更明显，差异性也更高。在整本书阅读作业的设计中，教师有必要尊重这种差异和需求，设计更贴近学生阅读实际的书面表达作业。如以下作业案例所示：

作业案例 9

针对《红楼梦》整本书阅读，在"人物专题"学习过程中，某教师设计了三组作业，并提供了具体的完成要求。

第一组：

（1）"金陵十二钗"分别指的是哪几位女子？她们主要的特点各是怎样的？她们命运的共同之处是什么？请用思维导图的方式呈现你的阅读结果。

（2）有人认为薛宝钗是儒家思想的践行者，史湘云一身魏晋风流，林黛玉则是士大夫的化身。你同意以上的说法吗？请结合小说情节以及人物经历谈谈你的看法。

第二组：

（1）你愿意给《红楼梦》里的谁做丫鬟（或者小厮）？写一段记叙、描写、抒情议论相结合的文字表达你的意愿。

（2）你如何理解《红楼梦》中小人物的生存之道？写一段以说明、议论为主要表达方式的文字表达你的理解。

第三组：

（1）依据《红楼梦》前80回，自选角度，对人物进行分类，绘制人物关系分类图，并用1～3句话概括人物分类的依据。

（2）小组利用课余时间展示并交流每个成员完成的人物关系图，选出最好的一张，全组成员在关系图空白处用一句话进行点评（可提出优点或建议），张贴在班级"语文学习角"中。

作业要求：

（1）前两组作业为必做作业，第三组为选做作业。

（2）前两组作业中，可以从每组两个任务中选择一个完成，也可以两个作业都完成。

上面的作业设计较为明显地体现出提供选择性、鼓励个性化表达的设计理念。第一组作业指向对小说核心人物的理解，组内第一个任务比较基础，适宜基础薄弱、阅读期待低的学生，意在巩固必要知识；第二个任务提供了探究情境，有利于引导阅读能力强或兴趣浓厚的学生更好地理解红楼人物。第二组任务指向对小说其他人物的理解，组内的两个任务分别满足不同思维特征的学生的表达需求，并提供了相应的表达策略指导。第三组任务指向对阅读经验的梳理和整合，属于阅读策略与方法方面的指导，组内第一个任务是对学生个体的要求和引导，第二个任务则鼓励学生之间用书面表达的方式互学互助，互帮互促，为凝聚力强、阅读氛围浓郁的小组提供了展示的机会。由于这个内容对初读《红楼梦》的学生来说普遍有难度，可以在后续的阅读中逐步完成。这个作业作为选做作业，是为一小部分较为优秀的阅读者设计的，鼓励并引导他们在理解小说内容的基础上更加关注阅读方法，获得更丰富、深刻的阅读体验。

（四）做好评价设计，提高作业效能

作为一种过程性评价的工具，作业内容应与教学目标保持一致，教师应参照教学目标设计作业。在设计培养学生的书面表达能力的作业时，由于教师对教学目标的确定或者流于笼统或者过于追求全面，就会导致相关的作业设计缺乏明确的要求或必要的限定，以及作业的反馈面面俱到、缺乏针对性等问题。因此，教师进行书面表达作业设计时，要强化评价意识，明确作业的目标，选择或开发适切的评价工具，采用多种评价形式，从而提高作业的效能。如以下作业案例所示：

作业案例 10

某教师在开展"网络热词的探究"跨学科主题教学中，设计了"撰写调查报告"的书面表达作业。明确作业设计目标为"通过撰写调查报告，深入理解网络热词与人们日常生活的关系"，并在作业布置伊始，就向学生展示了评价表：

调查报告评价表

评价项目	评价标准		自我打分	教师评价
标题	明示观点或话题，且对读者有吸引力			
	只明示观点或话题			
	语义不明，表达有语病			
主体内容	调查目的	明确指向近三年常用的网络热词的特征		
		表现出一定的目的性		
		没有明确的目的		

续表

评价项目		评价标准	自我打分	教师评价
主体内容	数据分析	数据清晰、准确，选择精当； 能对数据进行全面、深入分析，逻辑严谨		
		数据准确，选择合理； 能对数据进行分析，形式简单，分析的全面性或深刻性有欠缺，有逻辑		
		数据统计有误或选择不合理； 分析简单或不做分析，数据与结论之间欠缺联系		
	结论	准确，呈现出深刻的认识，有启示意义； 有合理性，认识较为浅表化、概念化		
		结论不合理		
语言表达		符合调查报告的语体风格，规范严谨		
		基本符合调查报告的语体风格，流畅清楚		
		不太符合调查报告的语体风格，表达不够清楚		

评价项目表体现了此项书面表达作业的具体内容和要求，同时还具备写作指导的功能，评价方式则有利于学生的自查自省和后续的反馈交流。这样的书面表达作业无疑有利于学生在清晰把握作业达成目标的基础上，自觉而有据地开展调查研究，并在明确的写作要求指导下，减少撰写过程中的盲目性、不确定性的尝试，更有质量地完成调查报告。

在设计书面表达作业时，除了作业布置时要有评价意识，及时提供评价工具和明确评价要求之外，在后续的作业评价实施中，教师还要注意运用好评价数据，帮助学生认识、分析自己的表达特点的优势与不足，开展分层评价、同学间互评等多种评价活动，切实有效地提高学生的书面表达能力。

第三节
侧重历史文化语境中
文学作品评析的作业设计

教育部在 2014 年颁布了《完善中华优秀传统文化教育指导纲要》和《关于全面深化课程改革、落实立德树人根本任务的意见》，为基础教育领域深入贯彻"立德树人""传承和弘扬中华优秀传统文化"制定了方案。这些文件的总体精神突出表现为要求学生能够在历史文化语境中独立思考，探索传统文化的当代价值。

一、侧重历史文化语境中文学作品评析的作业概述

中华传统文化是中华民族在五千多年的社会实践中形成的思想理念、传统美德和人文精神的集合，体现出中华民族特有的思维方式和精神标识，是坚持和发展中国特色社会主义的文化之根与精神之源。在中学阶段的语文课程中加强中华传统文化内容的教学，能够让学生深入了解中华民族的起源及其价值观、世界观和民族精神，帮助学生培养社会主义核心价值观，形成对中华文化及其发展的文化自信。

（一）核心概念

历史文化语境：指历史上某个时期社会的思想导向，即文化艺术作品生成所依赖的时代背景、文化背景、心理背景等社会环境因素的总和。它不仅包括语言因素，也包括非语言因素，如时间、空间、情景、对象、话语前提等与语词使用有关的各种因素。历史文化语境是作家创作实践活动及其作品产生赖以生存的土壤与条件，经典的文学作品都会反映特定历史时期的整体文化风貌，传达出作品的价值取向及其思想内涵。

文学作品评析：指对文学作品进行分析和评价的过程。它旨在深入研究和理解文学作品的内容、形式、风格、主题、人物等方面，并对其价值、意义和影响进行评估。

（二）文学作品评析的课标要求

《普通高中语文课程标准（2017年版2020年修订）》明确指出："普通高中语文课程，应使全体学生在义务教育的基础上，进一步提高语文素养，形成良好的思想道德修养和科学人文修养，为终身学习奠定基础，为传承和发展中华文化、增强民族凝聚力和创造力发挥独特的功能，为培养德智体美劳全面发展的社会主义建设者和接班人发挥应有的作用。"还提出："能将具体的语言文字作品置于特定的交际情境和历史文化情境中理解、分析和评价。"《义务教育语文课程标准（2022年版）》明确指出，"课程内容"的"主题与载体形式"包括："1.中华优秀传统文化。围绕创造性转化和创新性发展要求，确定中华优秀传统文化内容主题，注重弘扬讲仁爱、重民本、守诚信、崇正义、尚和合、求大同等核心思想理念；弘扬有利于促进社会和谐、鼓励人们向上向善的中华人文精神；弘扬自强不息、敬业乐群、扶危济困、见义勇为、孝老爱亲等中华传统美德。主要载体为汉字、书法，成语、格言警句，神话传说、寓言故事、历史故事、民间故事、中华民族团结一家亲的故事，古代诗词、古代散文、古典小说，古代文化常识、传统节日、风俗习惯等。2.革命文化。围绕伟大建党精神，确定革命文化内容主题，注重反映理想信念、爱国情怀、艰苦奋斗、无私奉献、顽强斗争和英勇无畏等革命传统。主要载体为老一辈无产阶级革命家和革命英雄人物的代表性作品及反映他们生平事迹的传记、故事等作品，反映党领导人民革命的伟大历程和重要事件的作品，有关革命传统人物、事件、节日、纪念日活动等方面的作品，阐发革命精神的作品，革命圣地、革命旧址和革命文物等。3.社会主义先进文化。围绕社会主义核心价值观，确定社会主义先进文化内容主题，突出爱党、爱国、爱社会主义相统一。主要载体为反映社会主义建设事业中取得的重大成就、涌现出来的模范人物与先进事迹的作品；反映当代中国从站起来、富起来到强起来的奋斗历程和重大事件，以及体现中国式现代化新道路和人类文明新形态的相关作品；反映和谐互助、共同富裕、改革创新、劳动创造美好生活等方面的作品。"

（三）文学作品评析的学业水平表现

对第四学段（7 ~ 9 年级），《义务教育语文课程标准（2022 年版）》明确了文学作品评析的学业水平要求："能通过口头或书面方式，向他人推荐中华优秀传统文化经典、革命文化和社会主义先进文化作品；能概括文学作品中的典型形象特征和典型事件，并归纳总结出一些文化现象，了解基本的中国古代文化常识；能根据具体情境要求，选择合适的文本样式记录经历、见闻和体验，表达感受、认识与观点。"

对于文学作品评析的学业水平要求，《普通高中语文课程标准（2017 年版 2020 年修订）》指出："表现出对中华优秀传统文化的兴趣，喜欢学习汉语和汉字，喜欢积累优秀古代诗文，能主动梳理和探究语言材料中蕴含的中国传统文化内容。能在自己的表达中运用富有文化意蕴的语言材料和语言形式，增强语言的表现力。能理解各类作品中涉及的文化现象和观念，能理解和包容不同的文化观念，能运用所学的知识对学习中遇到的一些文化现象发表自己的看法。""喜欢欣赏文学作品，借助联想和想象丰富自己对文学作品的体验和感受，能品味语言，感受语言的美；能运用多种形式表达自己的体验和感受；能对具体作品做出评论。在鉴赏中，能坚持正确的价值观，体现高雅的审美追求。""有通过语言学习深入理解、探究文化问题的浓厚兴趣和意愿，能在阅读和表达交流中探析有关文化现象；能结合具体作品，分析、论述相关的文化现象和观念，比较、分析古今中外各类作品在文化观念上的异同。能主动参与语言文化问题的讨论和相关的社会实践活动，能综合运用所学的知识，对自己感兴趣的某些语言、文学、文化现象及社会热点问题进行专题探究，尝试撰写相关调查报告或专题研究报告，发展自己的文化理解与探究能力，主动吸收先进的文化，传承中华优秀传统文化。"

二、现有历史文化语境中文学作品评析的作业分析

中学语文教材中的很多课文语言凝练优美，内涵丰富，除了具有思想教育价值，还具有文学审美价值，对培养学生的语文核心素养具有较大的价值。要引导学生在历史文化语境中对文学作品进行评析，教师在设计语文作业时就要充分考虑给学生以恰当的引导，提供充足的相关资料。

（一）缺少背景知识介绍，学生难以理解作品

作业案例1

某教师认为统编普通高中教材语文必修上册第一单元的现代诗《立在地球边上放号》(作者郭沫若）篇幅较短，想让学生自主进行阅读理解，于是设计了预习作业，要求学生自学这首诗并在下次语文课上进行交流。第二天在课堂上交流自学感受时，学生们笑成一片，普遍表示不喜欢这样的作品。

诗歌教学首先要注重培养学生的审美感知力，使学生初步发现诗歌的审美价值，体会诗歌的感情。诗人通过诗歌中的意象传达自己的情感。学生要体会诗歌所抒发的情感，就要先把握、感知诗歌的意象。郭沫若是一个主观性较强的诗人，强烈的自我表现和丰富的想象力是他的诗歌的主要特色。他早期的诗歌显示出一种狂飙特质——意象的惊奇卓绝、想象的天马行空、情感的喷射爆发，这与传统中国诗歌追求的中和之美相去甚远，表达的爆发性情绪突破了传统审美尺度，富有中国传统诗歌少有的狂放与粗粝。那只狂躁、叫嚣、气吞宇宙星辰、自我撕裂的天狗，是全新而陌生的审美对象；那

种"一切的一，一的一切"回环往复的跌宕气势突破了学生的阅读经验，导致学生对诗歌中和之美的阅读期待受挫，进而对郭沫若的诗作狂躁喷射的特质产生隔阂，甚至抗拒，本能地拒绝接受和鉴赏。教师忽视了这样的学情，对学情产生了误判，造成示例中的结果。如果教师预先对郭沫若的创作风格及其写作的时代背景进行简明扼要的介绍，那么学生对他的作品会有不同的理解与认识。

（二）教师思考欠全面，造成学生理解片面

作业案例 2

　　某教师在讲授《祝福》一课后，让学生课后通过网络观看电影《祝福》，为此还设计了下面的练习作业：

　　在电影《祝福》里有这样一个情节，祥林嫂捐了门槛，仍然被禁止参与祭祀活动，于是她拿起菜刀，跑到土地庙里怒砍门槛。电影增添这个情节是否妥当？

　　该教师设计这项作业用意是好的，想借电影中新增的情节，让学生通过比较，更深入地理解作品的主题。但该教师的考虑不够周全，并不十分清楚设计这项作业的意义所在，因为他给学生暗示了一个非常肯定的结论，那就是增加这个情节不妥当。只要仔细研读该作业题，就会发现在电影中增添此情节未必不妥当。因为电影的拍摄有它自己的用意，而且改编自原作的电影剧本，会呈现出与原作不完全相同的艺术效果。该教师设计这一作业的本意在于引导学生讨论电影增加的这个情节对于小说中"祥林嫂"的形象而言是不妥当的。可是因为思考欠周密，该作业设计在文字表述上不够严密，存在引人误读的余地。

三、侧重历史文化语境中文学作品评析的作业设计建议

　　教师在了解作者基本资料的基础上，引导学生把他们归入时代语境，了

解他们的作品所受到的社会影响以及所产生的社会影响，触摸文学发展脉络。这样设计出的作业才能激发学生的探究兴趣。

（一）借助预习，引导学生查找资料，形成对作者作品的全面认识

作业案例3

某教师在引导学生学习"诗化小说"时，做了这样的作业设计：

1. 课前预习：阅读萧红的《呼兰河传》、鲁迅的《故乡》等作品。

2. 通过网络平台搜集资料，梳理诗化小说的发展历程，列举每个时期的代表作家和作品，以图表等形式直观呈现。

3. 完成思考探究题：从这些诗化小说中能窥见作者对社会、对现实所寄寓的期望吗？你能发现诗化小说中浓郁的故乡情怀吗？

教师引导学生通过深入分析资料，发现作者之间创作风格的继承性。萧红师承鲁迅，沈从文受到屠格涅夫的影响，而汪曾祺又受到沈从文的影响，"荷花淀派"作家群师承孙犁，……可以清晰地看到现当代中国诗化小说的发展脉络。这些作家在诗化小说的创作道路上不断开拓创新，使中国诗化小说日渐成熟。通过回顾和梳理作品中的地域特色，让学生进一步理解萧红《呼兰河传》中的北方小城、鲁迅《故乡》中的绍兴小镇、沈从文《边城》中的湘西小镇、汪曾祺《受戒》中的江南水乡、孙犁《荷花淀》中的河北白洋淀地区都是作者魂牵梦绕的故土家园。作者描摹故乡的风俗民情，展现故乡人们的生存状态，既是对现实的诗意书写，也在这诗意的抒写中注入了自己的社会理想和人生理想。最后让学生以小组为单位，探究诗化小说的主题和情感倾向及其所蕴含的深层思想、人生观和对人性的书写。

历史记忆随着社会变动而产生和变化，时代内涵因社会变动，重点也有所不同，学生对这变和不变背后蕴含的丰富文化精神、爱国情怀、坚定的理想信念等价值容易忽略。教师在设计语文作业时，要引导学生重视对作品背景的了解，从文本中的文字入手，穿透文字表象，深入挖掘文本的深层内涵，注重挖掘语文作业的深度，让学生在分析和理解文本的过程中体会作品中蕴含的精神内涵，深化学生对文学作品的理解。

（二）教师给出背景材料，引导学生深入思考

古语有言：文如其人。作者大多具有独特的写作风格，有的委婉含蓄，有的忧国忧民，有的疾恶如仇。作者往往会依托当时的社会背景进行创作。所以教师可以从作者的写作风格与写作背景入手进行分析，以增强学生对文章的理解与掌握。

作业案例 4

在《桃花源记》的教学中，某教师先从作者与当时的社会背景出发向学生详细讲解与本文相关的背景知识，如：①文章作者陶渊明是东晋人，是田园派诗人的代表，有"隐逸诗人之宗"的称号；②《桃花源记》创作于晋宋交替之时，当时的社会背景为：王朝腐败，军阀混战，赋税繁重，黎民百姓受尽压榨和剥削。陶渊明对这种社会现实不满，在《桃花源记》中创造了一个与当时的黑暗社会完全相反的世界，以此来寄托自己对理想生活的美好愿望。然后布置作业：

预习课文，初步理解文章主旨以及作者所表达的思想感情。

对蕴含传统文化的作品进行语文教学或作业设计，教师方面存在的问题主要是形成了对文化传承方式单一化的认知。"传承"指对文化的传授和继承，涉及教师的教和学生的学两方面，传承的效果表现为：一是学生对古诗词等人文经典的背诵、识记，二是在人文经典的学习过程中传统文化对学生产生深刻的影响，优秀的文化品格渗透在学生的言行举止中。但在教学中，教师更多地注重让学生进行大量的识记与背诵，忽视了采用多种方式让学生进行文化传承，致使学生对文化的理解浅表化。"理解"指顺着文本内容和教师的讲授，引导学生详细地分析经典作品，深入理解其中的文化内涵。这就强调教师在教学设计中，要深入挖掘古诗词中的文化素养，促进学生的文化理解。不仅要讲透古诗词的内涵，还要挖掘文化背后折射出的民族情感与价值观，在作业设计中也要遵循这样的设计原则。

（三）从课堂问题入手，激发学生的学习兴趣

学生在课堂学习的过程中总会产生一些问题，教师只有抓住其中的关键

问题，才能进一步引导学生理解文章的深层含义。教师以课堂教学中学生出现的问题为切入点来设计课后作业，有利于学生巩固课堂所学的知识，促进教学目标的实现。

作业案例5

在《孔乙己》中有这样的句子：孔乙己是站着喝酒而穿长衫的唯一的人。某教师在课堂教学中依据该句子提出问题，设计作业：

①孔乙己站着喝酒代表了什么？有什么特殊意义？②他穿长衫可表明什么？③为什么作者要说孔乙己是"唯一的"？④文中的孔乙己为什么要穿长衫站着喝酒？这些描写体现了孔乙己怎样的性格？

利用具有启发性的提问作为教学切入点，可有效吸引学生的注意力，激发其学习和探究的兴趣，从而增强其学习的主动性与积极性。另外，这种教学切入方法还可引导学生认真阅读文章内容，自主进行思考和探索，增强其分析问题与解决问题的能力，提高课堂教学的效率。

对学生语言运用能力的培养，是语文学习的关键任务。语言运用能力包括"口头表达"与"书面表达"两个层面。教师要立足于常态教学活动形成相应的科学认知，在作业设计上从更高的维度出发，重视"口头表达作业"和"书面表达作业"的设计，努力完善学生语言运用能力体系的构建模式，使学生的语文素养结构得到进一步巩固和优化。

思考与实践

1. "情境"指的一定是由教师虚拟出的社会环境吗？

2. 如何检测"口头表达作业"对学生思维品质的影响？

3. "书面表达作业"是否可以与"口头表达作业"结合在一起？

4. "历史文化语境"对学生来说有些难以理解，如何与其他学科的学习融合在一起？

第四章

强化思维能力发展的
中学语文作业设计

概览

1.思维是人脑对客观事物概括和间接反应的过程。强化思维能力发展有利于培养学生的自主学习能力、终身学习能力，也是推动时代发展、造就创新型人才的必然要求。本章基于形象思维、逻辑思维及思维品质，结合语文课程标准和具体的语文作业案例，阐述强化思维能力发展的作业设计的原则。

2.形象思维是思维能力的要素，在语文作业中增强培养形象思维能力的内容，有利于培养学生的创造力和自主学习能力，提升思维能力。本章第一节阐述了形象思维的内涵、要素、课标要求，同时结合现有的语文作业的状况提出了增强形象思维的语文作业设计的有效建议。

3.逻辑思维是思维能力中的抽象思维，在语文作业中进行逻辑思维能力的培养，有利于发展学生的实证、推理、批判与发现的能力。本章第二节阐述了逻辑思维的内涵、意义、课标要求，同时结合现有的语文作业的状况提出了发展逻辑思维的语文作业设计的有效建议。

4.思维品质是思维发展与提升的关键要素，在语文作业中进行思维品质的培养，有利于发展学生适应终身发展的必备品格，并最终落实核心素养。本章第三节阐述了思维品质的内涵、要素、课标要求，同时结合现有的语文作业的状况提出了提升思维品质的语文作业设计的有效建议。

案例导入

战国七雄，为何只有秦统一天下？六国为何先后灭亡？对于这一论题，历史上众说纷纭，莫衷一是，其中最具代表性的是苏轼父子及元人李桢的论述。那么到底谁的论说更为合理呢？请同学们认真阅读四人的《六国论》，完成下列各题。

（1）查阅三苏以及李桢创作《六国论》的背景。

（2）绘制每篇文章的思维导图，梳理论述思路。

（3）参考教师提供的发现逻辑谬误的思维工具，审视每篇文章的论点、论据、论证过程，发现其中的论述谬误。

（4）每篇文章都不够严密却能成为史论经典，请从写作意图、古人说理方式的角度谈一谈你的看法。

（5）广泛查阅六国灭亡的相关资料，以"六国灭亡之我见"为题写一篇文章，发表自己的见解。字数不限。

苏洵的《六国论》是统编普通高中教材语文中的史论名篇，是落实思维能力培养的重要载体。作业以探究六国灭亡原因为主任务，引导学生梳理文本的论述思路并对其进行审视，发现其中的论述谬误，进而引发对史论文章价值、古人说理方式的深入思考。在此过程中，通过问题引导、提供支架，学生经历了阅读、概括、分析、思辨、创新的过程，层层深入，读写结合，从而切实提升自身的思维能力。

本章从形象思维、逻辑思维、思维品质三方面入手，在阐释内涵、分析课标要求的基础上，通过具体的语文作业案例说明怎样进行强化思维能力发展的语文作业设计，帮助教师提升语文作业设计质量，帮助学生落实核心素养。

第一节
增强形象思维能力的
作业设计

《义务教育语文课程标准（2022年版）》与《普通高中语文课程标准（2017年版2020年修订）》都指出，思维能力是中学语文课程培养的核心素养之一，形象思维是思维的重要组成部分。培养形象思维能力，能够让学生获得对语言和文学形象的直觉体验，丰富对现实生活和文学形象的感受与理解以及语言表达。

一、增强形象思维能力的作业概述

作业是课堂教学的延伸。教师在设计作业时，大量采用能增强形象思维能力的内容和形式，引导学生在完成作业的过程中锻炼自己的形象思维能力，有利于学生发展思维能力，落实语文核心素养。

（一）形象思维的内涵

形象思维也称艺术思维。彭华生教授认为："形象思维是一种以客观形象为思维对象、以感性形象为思维材料、以意象为主要思维工具、以指导创造物化形象的实践为主要目的的思维活动。"[1] 形象思维是一种可感、可知且可培养的思维形式，其思维过程分为三个环节：首先，客观形象、感性形象被摄入人脑并在人脑中留下印象，成为表象。其次，摄入主体在脑海中将这些表象进行分析、综合，进而形成具有个性色彩的意象。最后，思维主体通过回想、联想、想象等思维方式展示意象内容，并再次创造物化形象。卫灿金教授将表象、回想、联想、想象、情感视作形象思维的五个要素，其中，表象、回想、联想、想象是形象思维的认知因素，情感是形象思维的非认知因素。培育这五个要素是培养形象思维能力的有效途径[2]。

综上所述，形象思维是认知主体通过感官将客观对象的信息储存于大脑中构成表象，并运用分析、比较、综合、概括、想象、联想等方法对表象进行加工，进而形象地反映客观事物的基本特征或内在本质的思维活动。

（二）形象思维能力的构成要素

形象思维活动由三个基本环节组成，分别是积累表象、加工表象及基于已有表象进行再创造。形象思维能力包括积累表象、加工表象及基于已有表象再创造的三种能力。

1. 积累表象的能力

表象是形象思维的起点，是"思维主体在较长时间所记忆的一切客观事物的感性形象的总称，是人的头脑反映客观世界的最基本的形式，也是形成理性意象和创造性再造意象的基础与前提"[3]。形象思维活动中涉及的表象材料有视觉、听觉、味觉、动觉及嗅觉等表象，其中视觉表象与听觉表象具有重要地位。提高积累表象的能力，需要提高感知事物进而在头脑中初步形成表象的能力，需要具备通过增强记忆力提升储备表象的能力，需要通过广泛阅读提高表象积累数量和质量的能力。

2. 加工表象的能力

通过对表象进行加工，可将感性的表象转化为理性的形象。具体而言，思维主体通过对形象的分析、综合、概括，将表象转换成具有意义的新形象。加工表象的能力，包含分析与综合形象的能力、比较与概括形象的能力、想象能力、联想能力。提升加工表象的能力，可从这四种具体的能力入手。

3. 基于已有表象再创造的能力

基于已有表象再创造是形象思维的高级阶段，也是其完成阶段。根据个人的理解和感受，将加工的表象进一步组合，形成新的形象。该形象已非先前眼中所见的表象，而是通过个人加工形成的具有个人认知特点的新形象。因为在加工表象的过程中，每个人的加工能力和加工方式不同，最后在头脑中形成的新形象自然会有差别。

（三）形象思维能力的课标要求

《义务教育语文课程标准（2022年版）》和《普通高中语文课程标准（2017年版2020年修订）》都对中学生的形象思维能力发展提出了明确的要求。由于学段不同，其要求也同中有异。两个学段都强调形象思维的培养要突出形象性。不同之处在于，初中学段侧重从观察、感知生活中直接获取表象，高中学段侧重从品味语言的言语活动中间接获取表象。两个学段都认为形象思维的认知方式主要是联想与想象，应在文学作品的学习中培养联想与想象能力。不同的是，初中学段侧重直接从生活中获取表象后发挥联想、想象，而高中学段侧重从阅读中获取直觉体验后再发挥联想、想象。两个学段都认为应该丰富学生的语言经验、提升语言的表现力。不同的是，高中学段更注重个体的、丰富的语言感知及表达经验的建构。

因此，教师要基于学情，在具体的语言实践活动中，培养学生的想象能力、联想能力，以及感受文学形象和表达形象的能力。

二、现有增强形象思维能力的作业分析

一些教师逐渐意识到形象思维对发展学生思维能力的重要性，开始重视在作业中设计一些发展形象思维能力的内容，但是很少能兼顾到形象思维能力的各要素。总结起来，现有相关的作业设计存在以下三方面的问题：

（一）忽视积累表象，导致学生表象储备匮乏

"表象积累越多，联想就越丰富；联想越丰富，思维就越敏捷。"[4] 可见，学生进行联想、想象的基础在于其头脑中表象的积累。而现有的作业设计却往往忽视引导学生进行表象积累，致使学生在调用表象作为思维材料去完成任务时却无表象可用。如以下作业案例所示：

作业案例 1

请以"小人物的微光"为题，写一篇 600 字左右的文章。要求：选取典型事件，注重凸显细节，语言生动。

请以"雪后景如画"为题，写一段文字，描绘你所见到的景致。要求：特点突出，描写生动。150 字左右。

上述题目直接让学生对某一人物或景物进行描写，且要求描写生动、有感染力。可是学生对人物或事物缺乏观察，不能获取其表象并对其进行加工改造，因而无法抓住事物的特点、本质，导致描写言之无物或绘之无神。在设计作业时，教师可以给学生提供图片、视频资料，还可以引导学生自己去观察。例如，为了增加学生对表象的积累，让初中学生写题为"小人物的微光"的记叙文。如以下作业案例所示：

作业案例 2

请同学们观察身边的小人物，写一篇以"小人物的微光"为主题的 600 字左右的文章。要求：选取典型事件，注重凸显细节，语言生动。

（1）关注身边的小人物，确定要描写的人物。

（2）细致观察小人物的表现，捕捉精彩瞬间进行拍照；或进行交流采访，录制视频，记录主要事件。

（3）细致整理影像、文字资料，明确小人物的特征及体现该特征的典型事件及其细节。

（4）构思谋篇，组织语言，完成写作。

学生采访时，细心观察"身边小人物"，并与其进行充分的交流，获取了丰富的表象。在此基础上，再去发现"身边小人物"的特征，并反复细致观察此特征，那么写出真切传神的文章就并非难事了。

（二）追求标准化答案，限制学生联想、想象的空间

联想与想象是发散思维的重要方式，能够引发由此及彼、由已知到未知，从而产生新感知、新意象的思想活动。通过作业来提升学生的联想、想象能力，就要在作业中为学生留出自由思考的空间。可现有相关的作业设计多围绕考点设置标准答案，体现出严重的功利化色彩。如以下作业案例所示：

作业案例 3

阅读王维的《使至塞上》，完成下列题目。

（1）题目中"使"的意思是：＿＿＿＿＿＿＿＿＿，"征蓬出汉塞"中"征蓬"的意思是：＿＿＿＿＿＿＿＿。

（2）王国维说："一切景语皆情语。"诗中第三联"大漠孤烟直，长河落日圆"写了哪些景物？表现了诗人怎样的情感？

一些教师在设计古诗词鉴赏作业时，比较注重对诗句的翻译、对作品表现手法以及作者所表达的情感的考察，往往忽视引导学生对作品本身的形象之美、语言之美、情感哲思之美进行联想与想象的内容，经典的古代文学作品只是变成了冷冰冰的作业题存留在学生的记忆之中，而失去了其本身丰富的美感和强烈的感染力。为了训练并提升学生的联想与想象能力，教师在设计作业时应给予学生更多的自主阅读、自主创作的机会。如以下作业案例所示：

作业案例 4

反复朗读、体味马致远的《天净沙·秋思》，发挥联想与想象，根据自己头脑中呈现的画面，动手在纸上画出一幅与诗歌意境相符的画面。

认真品读苏轼的《念奴娇·赤壁怀古》，闭眼想象诗歌所呈现的画面，用自己的语言描述画面。

学生完成此类作业时，既理解了诗歌的内容和意境，又在再造画面的过程中发展了联想、想象能力，激发了学生阅读、表达的热情，可谓一举多得。

（三）轻视情感渗透，致使学生情感体验薄弱

情感是形象思维的非认知因素，也是发展学生形象思维不可或缺的重要组成部分。然而，部分教师知晓作品中蕴含着真挚的情感，但鉴于应试的要求，进行作业设计时将这种情感训练搁置一旁。在学习统编义务教育教材语文八年级上册中的抒情散文《白杨礼赞》时，某教师设计了这样的作业。如以下作业案例所示：

作业案例 5

阅读茅盾的《白杨礼赞》，完成下列题目。
（1）作者开篇说："我赞美白杨树！"作者是从哪些方面表达自己的赞美之情的？
（2）文章最后一段提到楠木，这样写的用意是什么？
（3）白杨树有哪些审美象征含义？

以上案例要求学生概括白杨的特征、探究文章的主旨、分析写作手法，只注重对内容、技巧层面的分析，而忽视了学生在阅读中的情感体验，使阅读变得冰冷，学生会因此而丧失学习语文的乐趣。要增强学生的情感体验，朗读是有效的途径。在设计该课作业时，可以增加朗读这个环节。如以下作业案例所示：

作业案例 6

阅读以下内容，完成下列各题。
当你在积雪初融的高原上走过，看见平坦的大地上傲然挺立这么一株或一排白杨树，难道你就觉得它只是树？难道你就不想到它的朴质，严肃，坚强不屈，至少也象征了北方的农民？难道你竟一点也不联想到，在敌后的广大土地上，到处有坚强不屈，就像这白杨树一样傲然挺立的守卫他们家乡的哨兵？难道你又不更远一点想到，这样枝枝叶叶靠紧团结、力求上进的白杨树，宛然象征了今天在华北平原纵横决荡，用血

写出新中国历史的那种精神和意志？

（1）阐释以上四个反问句的含义。

（2）用坚定、自豪的语气大声朗读上述内容，简要谈谈自己的感受。

让学生大声朗读课文《白杨礼赞》的第七段中由四个问句构成的排比句，能引导学生切身感受到作者赞美的不仅仅是白杨树，还有像白杨一样的北方农民、北方农民中的战士，以及像白杨一样不屈不挠的抗日精神和坚强不屈地书写新中国历史的意志。这样，学生才能真正领悟作者的情感，并将其内化为自身情感的一部分，丰富自己的情感体验，从而增强形象思维能力。

三、增强形象思维能力的作业设计建议

综上所述，对于增强学生形象思维能力的作业设计提出如下建议：

（一）要注重引导学生观察，并补充背景素材，增加表象储备

人的表象储备并非凭空得来，而是以经验和知识为基础。所以，教师在设计作业时，可以引导学生去观察，教给他们科学观察的方法，为他们提供真实的思维材料。比如让学生写作一篇描写"校园之秋"、表达独特感受的散文。在布置作业前，教师可以引导学生多角度观察校园，捕捉景物的特点。如此，积累的表象鲜明、多样、立体，写作时就不会出现"巧妇难为无米之炊"的问题。如以下作业案例所示：

作业案例 7

一年四季，风景各异。秋天的校园，别有一番风味。请以"校园之秋"为题，写一篇散文，表达自己的独特感受。

（1）游览校园，选取"校园之秋"的典型景物，拍照记录并进行描绘。

要求：

①所选的景物不少于 3 个；可从时间、空间的不同视角观察景物；

②参照照片，描绘出每个景物的特点；

③注意情感的一致性；

④字数 150 字左右。

（2）拟写"校园之秋"一文的写作提纲。

要求：

①开头和结尾；

②中间标注好结构层次；

③每一部分标注出所使用的修辞。字数 250 字左右。

（3）完成"校园之秋"一文的写作，表达自己的独特感受。字数不少于 500 字。

实地观察的机会终究有限，教师可以根据题目需要，补充文字支撑材料以及图片、图表、视频等多媒体信息，调动学生的感官，使学生对习作的关键内容留下深刻的印象。

（二）要注重建立联系，运用对比，提升学生的联想、想象能力

1. 提升联想能力

"联想就是由一事物而想起另一事物。"可见，联想即客观事物间的联系在大脑中的反映。初中阶段最常见的联想类型为对比联想和相似联想。教师在设计作业时，要着眼于让学生进行两种事物在性质、特点或逻辑关系方面的对比和迁移，以增强学生的联想与想象能力。如以下作业案例所示：

作业案例 8

阅读鲁迅的《从百草园到三味书屋》，请对比幼年鲁迅从"百草园"到"三味书屋"生活上的变化。

了解题目要求后，学生需要进行许多有意义的定向联想。学生可以从生活阶段性的角度出发，认为"百草园"到"三味书屋"的生活变化，是鲁迅从幼年生活到少年生活的转变；可以从人的成长规律的角度进行解读，认为变化是作者从稚嫩到成熟的过程；可以从生活状态的角度进行解释，认为变

化是鲁迅从自由到受约束的过程。

在完成作业的过程中，学生进行的富有意义的联想，是在对"百草园"和"三味书屋"生活变化的对比中生成的。采用对比法可以提升学生联想的灵活性，并有效增强学生的联想能力。

2.增强想象能力

想象能力"是人脑在联想的基础上加工原有意象而创造出新意象的思维活动"。可见，想象是联想的高级阶段。教师应该让学生发挥联想，从不同角度对事物相同或不同方面的意义进行解读，然后在充分尊重语境的前提下，学会丰富自己看待事物的视角，以提升想象能力。如以下作业案例所示：

作业案例 9

反复阅读《林黛玉进贾府》，然后在纸上画出林黛玉的行动轨迹路线图。

《红楼梦》的这一回中有大量的场面、活动和人物外貌等描写，非常琐碎，不少学生读此如在云里雾里。黛玉拜见贾母，进入贾母院中的一串行动轨迹看似复杂、烦琐，但用线条标示出来后就非常清楚；之后，黛玉去贾赦院、荣禧堂、贾母后院的行程也都可以用这种方式画出来。如此，学生既锻炼了想象力，还可以了解荣国府的布局，可谓一举两得。

阅读《红楼梦》时，教师还可以布置类似的作业，如：

作业案例 10

阅读第十七回《大观园试才题对额 荣国府归省庆元宵》、第四十回《史太君两宴大观园 金鸳鸯三宣牙牌令》、第四十一回《栊翠庵茶品梅花雪 怡红院劫遇母蝗虫》，绘制大观园的空间方位图，并分别标示出众清客与刘姥姥游览大观园的路线。

（三）要注重文本品读，调动个性化的情感体验，强化情感体悟

情感是形象思维能力发展的动力，它将表象、联想、想象有机地联系起

来，使整个思维活动富于情感色彩。教师在设计作业时要重视挖掘文学作品中的情感因素，让学生体会文字背后隐藏的情感，把握抒情的方式，从中培养学生的形象思维能力。如以下作业案例所示：

作业案例 11

查阅杜甫的生平资料及《登高》写作的具体背景，思考：在这样的环境中去登高，诗人的感情色彩应该是怎样的？请结合诗句和背景材料具体回答。

学生从本诗描绘的悲凉、冷寂的画面联想到诗人当时的处境，能够迅速体会到诗人内心的孤寂、惆怅。通过品读最后两句诗，还能够体会到诗人穷困潦倒、老年多病的哀愁寂寥的感情。学生结合写作背景及作品抒发的情感，唤起自身的情感领悟，再通过综合分析加深对诗中形象的理解。

学完《登高》，教师还可以给学生布置一个拓展延伸类的作业，例如：

作业案例 12

请具体谈谈《江汉》抒发的情感是怎样的？

如此，学生再次遇到相关的语言文字，按照语言文字的示意进行形象思维时，大脑会再造出相应的形象，并激发出与该形象相匹配的情感。大脑中的形象更加丰满立体，形象思维也就更为灵动深刻。

（四）要注重语言、形象的储备，通过组织语言，展示形象思维的成果

在写作的过程中，学生要有清晰、具体的表象，然后从自身的语言积累中提取恰当的语言对形象思维的结果进行表述。这需要多次唤起大脑中有关表象与生活的经验，引起联想，让人物、事件、景物，甚至情境和细节变得清晰，然后用准确的语言把内隐的思维外化出来。根据语文课程标准的提示，教师可以设计改写、补白、续写文学作品等类型的作业。如以下作业案例所示：

作业案例 13

如果于勒没有落魄，而是发了财回来，他们相见会是怎样的情形？菲利普夫妇又会是什么态度？要求依据文本，有理有据地进行想象。

学生进行改写，需要在对小说原有的情节、主题、人物完成合理推论的基础上，进行大胆的补充创造。这样能使自己的形象思维能力得到锻炼。除了情节，还可以改写叙述的视角、顺序、结构等。

又如，文学作品中人物形象或场景的典型性、语言文字的跳跃性及行文中的留白处都给读者留下了广阔的想象空间。设计作业时，教师可以挖掘出可供学生进行联想、想象的地方，设置悬念，让学生进行补写训练。如以下作业案例所示：

作业案例 14

《红楼梦》第四十四回：贾母这边说声"请"，刘姥姥便站起身来，高声说道："老刘，老刘，食量大似牛，吃个老母猪不抬头。"自己却鼓着腮不语。众人先是发怔，后来一听，上上下下都哈哈地大笑起来。史湘云撑不住，一口饭都喷了出来；林黛玉笑岔了气，伏着桌子只叫"嗳哟"；宝玉早滚到贾母怀里，贾母笑得搂着宝玉叫"心肝"……

薛宝钗在现场，但作者没有描写她的反应，请推想薛宝钗会有怎样的反应，并做简要描述。

薛宝钗是《红楼梦》中具有代表性的人物，学生要在符合人物形象的前提下，体会作品的言外之意，结合具体语境进行想象、补充，并用准确的语言描绘宝钗在此情境下的具体表现。这样能极大地发展学生的想象能力。

第二节
发展逻辑思维能力的
作业设计

逻辑思维是语文学科核心素养中思维发展的关键要素之一，它能够发展学生实证、推理、批判与发现的能力。《义务教育语文课程标准（2022 年版）》与《普通高中语文课程标准（2017 年版 2020 年修订）》都明确指出要发展学生的逻辑思维能力。

一、发展逻辑思维能力的作业概述

语文作业作为语文课堂教学的延续，是培养学生理性思维和理性精神的阵地。设计能发展逻辑思维能力的语文作业可以促进学生思维能力的提升，是落实语文核心素养的必然要求。

（一）逻辑思维的内涵

在语文学习活动中，逻辑思维能力体现为：能够辨识、分析、比较、归纳和概括基本的语言现象和文学现象，并能有理有据地表达自己的观点和阐述自己的发现；运用基本的语言规律和逻辑规则，判别语言运用的正误，准确、生动、有逻辑地表达自己的认识；运用批判性思维审视语言文字作品，探究和发现语言现象和文学现象，形成自己对语言和文学的认识。换言之，学生需在了解逻辑思维规律、掌握逻辑思维方法的前提下，将之运用到语文阅读与表达的综合实践活动中，最终提升对语言文字作品的理解能力、有理有据且逻辑清楚的表达能力以及运用批判性思维进行审视并通过探究形成自己的认识的辨识能力。

（二）发展逻辑思维能力的意义

随着知识经济及社会信息化的发展，各国对人才的能力要求普遍提高，其中思维能力和理性精神已成为 21 世纪的公民应该具备的重要能力和品质。由于长期的应试教育的影响，标准答案成为评价学生学业水平的主要依据，使得学生盲目要求标准答案，而不愿通过独立思考得出个人的结论，久而久之造成了独立思考能力的缺失。这让教师们再次认识到培养逻辑思维能力的急迫性与重要性。另外，逻辑思维能力对于增强学生思维的条理性和深刻性、提高学生的理性思维水平起到重要作用。作业作为课堂教学的延伸，语文教师理应在语文作业设计中让学生了解逻辑思维知识、经历逻辑思维的过程，进而提升其理性思维能力，帮助学生成为时代创新人才。

（三）逻辑思维能力的课标要求

语文课程标准对学生的逻辑思维能力提出了明确的要求，初中阶段强调能初步运用思维方法，在区分观点、材料的前提下进行理解，能进行观点明确、有理有据的表达。在此基础上，高中阶段不仅要求学生具备基本的理解、表达能力，更强调在准确理解的基础上进行审视、探究与形成独立认识的能力，运用信息解决新问题的能力，广泛搜集资料有力论证观点的能力，更强调理解与表达的独立性、准确性、深刻性、多元性和个性化。

二、现有发展逻辑思维能力的作业分析

当前，一些语文教师已经有意识地设计一些语文作业去提升学生的逻辑思维能力，其中有些对于巩固学生概括、分析材料的阅读能力与明确观点、有理有据的表达能力较为有效，但仍不能满足增强学生逻辑思维能力发展的需要，现将发展逻辑思维能力的作业中存在的问题择其要者列举如下：

（一）缺乏对逻辑思维知识的补充

逻辑思维能力是学生掌握和运用逻辑思维形式、方法，遵循思维的基本规律，运用已有概念、知识进行判断、推理的认识过程。因此，提升学生的逻辑思维能力需要有相应的思维知识作为平台。然而，目前培养逻辑思维能力的作业设计却存在忽视逻辑思维知识补充的问题。

比如，"核心概念"是中心论点中对全文思路起统领作用的词语。在议论文写作以及辩论活动中，核心概念是最基本的逻辑单位。围绕核心概念进行论述前，阐释核心概念能确保文章围绕同一核心对象确定论证方向，避免论证过程中出现概念转移、概念模糊而失去论说的有效性，是进一步发展推理、判断、分析、综合等逻辑思维能力的前提。但是教师在布置、评价相关作业时，往往要求学生解释概念，却没有给学生补充阐释核心概念的方法。先看这样一个作文题：

作业案例 1

智慧是一种经验，一种能力，　种境界。和人自然一样，智慧也有它自己的样子。请以"智慧"为题写一篇不少于 800 字的议论文，题目自拟。

学生要写出新颖、深刻的议论文，首先需对核心概念"智慧"有多角度、多层次的理解，但是题目并未提供思考的路径或范例。

下面的题目则要明确得多：

作业案例2

　　"本手、妙手、俗手"是围棋的三个术语，本手是指合乎棋理的正规下法；妙手是指出人意料的精妙下法；俗手是指貌似合理，而从全局看通常会受损的下法。对于初学者而言，应该从本手开始，本手的功夫扎实了，棋力才会提高。一些初学者热衷于追求妙手，而忽视更为常用的本手，本手是基础，妙手是创造，一般来说，对本手理解深刻，才可能出现妙手。否则，难免下出俗手，水平也不易提升。

　　以上材料对我们颇具启示意义。请结合材料写一篇文章，体现你的感悟与思考。

　　这个作文题的核心概念是"本手""妙手""俗手"。作文题设计者先从本义——作为围棋术语的层面做了说明，再从"初学者"的角度强调了三者的关系。而本题第二段导语"以上材料对我们颇具启示意义"则引导写作者将思考延伸到做人做事上面，进而发现：本手是基础，妙手是在本手扎实的基础上进行合理的创新、突破。若是脱离实际，一味求新，投机取巧，就很容易失败，即出现俗手。这道2022年全国高考作文题重在考察考生包括思辨性思维在内的诸多能力，题目的设计不仅为能力的考察规定了范围，更提供了一种由表及里、由此及彼的思维方式，引导考生思考和表达，这样的题目有利于促进学生逻辑思维能力的发展。"核心概念从众多可能意义中剥离出来，并赋予它只有在本文语境下才成立的特定意义。"[5]把握好核心概念，写作时就更容易搭建出逻辑清晰且辩证的结构层次。

（二）忽视对逻辑思维活动进行过程性引导

　　现今虽有不少语文作业重视培养学生的逻辑思维能力，学生在完成作业的过程中也的确需要进行相应的逻辑思维活动，但这些作业在设计时仍然以要求式为主，没能为学生的逻辑思维活动提供必要的过程性指导。如此，学生知道应"做到什么"，却不知道该"如何做到"，他的逻辑思维能力自然得不到有效提升。如以下作业案例所示：

作业案例3

有人认为"兼听则明",也有人认为,在大数据时代每天都有各种各样的"声音"向我们涌来,"兼听"更容易让人产生疑惑,甚至迷失自我。以上关于"兼听"的看法,引发了你怎样的联想和思考?请写一篇议论文,题目自拟,不少于700字。

这一作业设计提出了写作的具体要求,但缺乏对问题的引导与拆解。在改进设计时,可以通过明确观点、阐释核心概念、正向论述、引入质疑、回复质疑、升华主体等步骤的拆解,逐个落实逻辑思维活动的每一步,从而提高能力。如:

(1)你的最终观点是什么?可否围绕你的观点确定一个标题?

(2)在这个观点下,你可以举出哪些实例?

(3)你能否紧扣观点,围绕事例进行说理?

(4)概括可能出现的反驳观点,再提供对反驳的反驳。

(5)综合来看,你的观点、你的论证意义何在?请总结升华,使读者印象深刻。

(三)偏向于逻辑思维训练或单方面的人文主题训练

语文教材中的每个学习单元,都肩负着落实语文核心素养的责任,同时又承担着展开人文主题学习的任务。具体到逻辑思维能力的培养,每个单元的学习既要注重训练逻辑思维能力,又要理解文本内容,培养学生的人文素养。目前相关的作业设计,多着力于其中一点,或是逻辑思维能力得不到训练,或是走向机械训练的误区,且与语文课程标准主张在真实的语言运用情境中提升关键能力的理念相悖,故亟须改变。

偏向于逻辑思维训练的语文作业,例如在学习《师说》后,只让学生梳理文中对比论证的语句,总结对比论证的方法。如以下作业案例所示:

作业案例 4

认真阅读《师说》一文，梳理文中的对比论证，完成下面的任务单。

对象	古之圣人	今之众人
行为	从师而问焉	而耻学于师
结果	圣益圣	愚益愚
观点：从师学习的重要性		

偏向于人文主题探讨的语文作业，例如在学习《谈骨气》一文后，作业只涉及对文章论述过程的梳理，让学生了解中国人是有骨气的，要做一个有骨气的人。如以下作业案例所示：

作业案例 5

认真阅读《谈骨气》，完成下面的任务。

（1）本文的论点是什么？

（2）为了证明论点，作者用了哪些材料？请简要概括。

（3）学完课文，你从中获得了哪些启示？请结合文本内容做简要说明。

以上两个作业案例将对经典论说名篇的学习窄化为掌握论证方法、把握论证思路，却忽略了对作品中所蕴含的人文价值的理解，如韩愈针砭时弊的文人担当与吴晗进行骨气教育的热情。如此进行语文作业设计，既让学生对于逻辑思维训练意兴索然，也错失了借此对学生进行知责于心、责任于身的情怀教育的大好时机。

三、促进逻辑思维能力发展的作业设计建议

通过对语文课程标准中逻辑思维内涵的解读，参照《普通高中语文课程标准（2017 年版 2020 年修订）》对逻辑思维水平的描述，针对现有相关的作业设计存在诸多问题的状况，对促进逻辑思维能力发展的语文作业设计提出如下建议：

（一）要注重建构学生的逻辑思维知识

教育中的"知识"可分为两种类型：一种是以语言文字、数理逻辑和图形图像等符号形态存在于物质媒体或电子媒体之中的"公共知识"；另一种是以生命化的形态存在于人的大脑中的"个人知识"[6]，包括记忆的知识和内化的知识。前者没有个体对知识的加工和理解，常会导致有知识无能力；后者是学习者在对"公共知识"进行能动加工、主动建构并融合自身感受体验的基础上形成的知识及能力，故能促进素养的形成或完善。因此，教师既要让学生了解逻辑思维领域的公共知识，包括概念、判断、推理等，还要用语文学科视野对它们进行转化，使之成为具体的语文学习活动。

在布置增强学生论证能力的语文作业时，应该让学生经历推理的过程，进而掌握逻辑推理知识，为议论文写作提供思维工具。如以下作业案例所示：

作业案例6

学会推理方法，完成下列任务。

（一）下面是小李与爸爸的对话，请把小李的推理过程列出来，指出其中的逻辑谬误，并总结出相应的推理形式。

小李：爸爸，我同桌有一部手机，我室友也有手机，同学们都有手机。我也要有一部手机。

爸爸：别的同学都能考满分，你怎么不能？

1. 请写出小李的推理过程。

（1）归纳推理

同桌有手机（事实1）+室友有手机（事实2）→同学们都有手机（结论1）

（2）演绎推理

同学们都有手机（事实3）+同学都有，我也要有（前提）→我也要有手机（结论2）

2. 小李的推理过程存在哪些漏洞？

（1）同桌、室友都有手机，不能推出同学们都有手机，这是不完全归纳推理。

（2）同学们都有手机，不能推出"我"也要有。因为通过爸爸的反问，发现"同学都有，我也要有"这个前提不对。

3. 请总结出归纳推理与演绎推理的推理形式。

归纳推理：

前提：事实1+事实2+事实3+……

结论：找出共同点，得出结论

演绎推理：

大前提：确定普遍原则

小前提：举出特殊事例

结论：做出肯定结论

（二）运用上面学到的推理知识，修改下面的论述。

文段1：优秀的人当心怀家国情。古有"居庙堂之高则忧其民，处江湖之远则忧其君"的大文人范仲淹，不恼于自身处境，心系天下；今有"疫情就是命令，防控就是责任"的众多防疫工作者，在疫情肆虐的一线为人民坚守。心中无国家的人，不能称为"优秀"，而优秀的人总是心怀家国情。

文段2：心怀家国情，能让我们成长成才。心中有国才有家，有家才有人，因而心怀家国情，才能无畏向前。拥有家国情，便有了前进的方向和动力，才能让我们慢慢前进，更加优秀。

上述作业案例中，学生在问题支架的引导下梳理推理过程、发现其中的逻辑漏洞，然后自己归纳出归纳推理与演绎推理的推理形式。在此过程中，学生通过加工、建构，将逻辑思维领域的"公共知识"转化为自己的逻辑思维知识与能力。在此基础上，创设新的情境，让学生运用所学去解决具体问题，使学生在运用、体验中巩固所学，深化认识。

（二）要注重让学生经历思维能力的培养过程

对于学生思维能力的提升，语文课程标准强调要关注对学生思考过程的引导。因此，教师在设计增强逻辑思维能力的语文作业时，要把学习情境任务转化为阅读与鉴赏、表达与交流、梳理与探究的语文学习活动，让学习活动推进情境任务的展开，进而让学生经历逻辑思维活动的全过程，有效提升学生的逻辑思维能力。比如，为发展学生运用批判性思维对现象进行审视、探究并提出自己观点的能力，组织学生进行辩论就是不错的选择。布置这一学习任务时，教师不能简单地给学生提供辩题，然后让学生一辩了之，而应把辩论这个学习任务转化为查阅资料、选好初步立场、制定辩论的规则、撰写辩论稿、拟定辩论评分表等具体的语文学习活动。

具体做法如下：首先，紧扣主题，在班级内讨论并选出辩题，激发学生参与辩论的兴趣。根据辩题，学生查阅资料，完成学习任务单，选好初步立场。

作业案例 7

辩题：＿＿＿＿＿＿＿＿＿＿＿＿＿＿＿＿＿＿＿＿＿＿＿＿＿＿＿＿＿

角度	正方道理、事例	依照强弱等级进行排序	反方道理、事例	依照强弱等级进行排序
角度一				
角度二				
角度三				

因此，本人的初步立场为：

其次，制定辩论赛的规则。教师通过审阅学生的自主思考学习单，将持相同立场的学生分别组成正、反方两大阵营，并通过内部推举产生辩手，其他成员则分别成为本方"援助团"成员。与此同时，要明确辩手及"援助团"的职责。为了更好地训练学生证明己方观点、找出对方论辩中的逻辑谬误来驳斥对方观点的能力，与传统辩论赛不同，教师要预先说明各位辩手的职责：一辩负责立论，综合自己与其他同学的理由，运用道理论证证明己方观点；二辩为一辩提出的道理提供具体的事例支撑；三辩负责查找对方一辩、二辩的逻辑漏洞并予以反驳；四辩回应对方提出的反驳，巩固、总结己方观点。"援助团"负责对本方的发言进行补充。

再次，查阅资料，辩手及"援助团"成员通过充分讨论，依照要求撰写辩论稿。如此，既可以最大限度地调动全体学生参与学习的积极性，也使辩论前的准备更为充分，为最终实施辩论奠定基础。

作业案例 8

辩题：＿＿＿＿＿＿＿＿＿＿＿＿＿＿＿＿＿＿＿＿

己方论点：＿＿＿＿＿＿＿＿＿＿＿＿＿＿＿＿＿＿

核心概念界定：

我方立论的依据（道理、事例）/"援助团"补充的理由	对方可能提出的反驳	我方对反驳的回应
1.		
2.		
3.		

最终结论：

　　最后，实施辩论，学生根据"辩论赛评分表"，评选出获胜方及最佳辩手。通过设计辩论赛评分表，让学生对辩论过程进行科学评价，帮助学生较为清晰地了解论证水平与理想训练目标之间的差距。更为重要的是，学生经历了一个自我反思、自我修正的过程，这对于帮助学生形成审慎细致的逻辑思维能力大有裨益。

（三）要做到逻辑论证与人文精神的统一

　　从初中到高中，语文课程标准都指出要理解作品的立场、观点，学习思考与表达的具体方法。《普通高中语文课程标准（2017 年版 2020 年修订）》还特意强调，要适度地引导学生学习必要的逻辑知识，但要避免进行不必要的、机械的训练。可见，教师在设计增强逻辑思维能力的语文作业时，应做到逻辑论证与人文精神的统一，不能偏废。

　　比如，对统编普通高中教材语文必修上册第六单元的作业设计既要聚焦于"学习之道"的人文主题，又要注重对比喻论证、对比论证等论证方法的学习。如以下作业案例所示：

作业案例 9

　　阅读《劝学》，完成下列各题。

　　（1）列出《劝学》中的比喻论证，分析其围绕"学习"的话题分别证明了哪些道理。

　　（2）观察设喻和所论证的道理，总结如何运用比喻论证。

　　（3）分析整篇设喻的特点与效果。

　　（4）我国古代的论说文存在以喻代议的倾向，为什么会出现这种现象？

　　学生阅读《劝学》，在积累文言基础知识的前提下，首先列出其中的比喻论证，解读出作者借此想要表达的观点，积累关于学习的认识与思考，从中获得对于学习的启示。然后，分析如何设置比喻论证，在此基础上，学生对文本的论证效果进行审视、评价，既从中汲取营养，也看到不足之处。最后，探究采用此种论证方法的深层原因，了解古人的思维方式，深化对传统文化的理解。

第三节
提升思维品质的
作业设计

思维品质是语文学科核心素养中思维发展与提升的关键要素，是提高学生语文核心素养最有力的抓手。《义务教育语文课程标准（2022 年版）》与《普通高中语文课程标准（2017 年版 2020 年修订）》都明确指出，学生要在语文学习的过程中，通过语言运用来提升思维品质。

一、提升思维品质的作业概述

思维品质作为思维的外在表现，对学生思维能力的发展与提升具有重要作用。作业作为教学的重要环节之一，落实培养学生思维品质的任务是其应有的功能。在作业中加大设置能培养学生思维品质的内容和形式，能引导学生发展思维能力，落实语文核心素养。

（一）思维品质的内涵及其要素

思维品质是人在思维活动中所表现出的个性特征，是思维能力的具体表现形式，被认为是发展智力和能力的突破口，可以通过训练得到培养和发展。林崇德认为思维品质的构成因素很多，但最主要的特征有五种，分别是：深刻性、敏捷性、灵活性、批判性和创造性。[7]

"深刻性"指的是思维活动的广度、深度和难度，它表现为不仅能联系宽广的知识面，多角度地思考问题，扩大思考范围，还能深入挖掘事物的本质，探寻规律，也能以此为基础进行严密的逻辑推理，预知未来发展状况。深刻性集中体现为概括能力和逻辑推理能力。"敏捷性"表现为语文思维活动的准确、迅速，由思维的敏捷性派生出直觉思维，即依据对事物现象及其变化的直接感触做出的判定，未经思考或没有通过逻辑上的分析，常会产生异乎寻常的灵感式表达。"灵活性"即思维活动的灵活程度，个体在解决问题时不局限于单一的角度、方法、层次，而是以发散性思维观照问题的不同方面，善于综合分析，思维结果具有多样性。"批判性"指思维活动中独立分析和批判的程度，是思维活动中善于严格估计思维材料和精细检查思维过程的智力品质 [8]，意味学习者能独立思考、敢于质疑，对解决问题的条件、方法等进行不断的分析与验证，客观、辩证、审慎地分析问题，不断对自己的思维过程进行审视、修正。"创造性"指学习者在思维活动中善于创造性地发现、解决问题，善于将原有知识与经验进行高度概括、系统迁移、分析重组，生成新的结果。

（二）思维品质的课标要求

《义务教育语文课程标准（2022 年版）》指出，在思维的深刻性方面，学生要能区别观点与材料，并能解释二者间的关系，进而把握材料的主要内容；在思维的批判性方面，学生要能形成有根据的判断，从而具备基本的评价能力；在思维的灵活性方面，学生要能多角度获取信息并以恰当的方式表达出来，具备多元解读与多样表达的意识；在思维的创造性方面，学生要能独立表达自己的见解。可见，强调学生基本具备理解、判断、独立表达的能力，处于思维品质水平的初级阶段。

对于思维品质的要求，《普通高中语文课程标准（2017 年版 2020 年修订）》强调学生要理解深入，判断客观独立，能从多角度分析表达，并运用所学解决问题，在这些方面的思维品质水平不断进阶。在思维的深刻性方面，针对阅读，要求从概括、理解主要内容，进阶到精准概括、深入理解；针对表达，要求从清楚到合理，再到具体，最终进阶到准确。在思维的独创性方面，要求将获取的信息根据利用的充分程度的不同划分为不同的水平。还要求分析、概括多个文本，逐步发现其异同。另外，要求从清楚表达到创意、个性化、多样化地表达。在思维的批判性方面，从有根据地做出评价，到敢于质疑，再到能有根据地反驳、补充解释文本，最后达到对文本进行全方位的审视后做出可靠判断。在思维的灵活性方面，要求能多方面、多角度地获取、解读信息，并能进行多样化的表达。

二、现有提升思维品质的作业分析

现有相关的作业中有些已开始重视采用利于学生提升思维品质的内容和形式，但是整体上远不能满足学生对于发展思维能力、提升智力水平的要求，亟待优化、提升。现将其存在的主要问题分述如下：

（一）形式单一，内容机械僵化，忽视设计的开放性

现有相关的作业设计在内容与形式上都不够灵活，多追求唯一答案。如以下作业案例所示：

作业案例1

关于学习，以下不属于《劝学》(统编教材节选) 论述内容的是（   ）

A. 学习的意义   B. 学习的方法   C. 学习的态度   D. 学习的具体内容

《论语·学而》："学而时习之，不亦说乎?" 其中的 "习" 怎么翻译？

这些语文作业关注的是对课文内容的记忆，学生完成该类作业没有挑战，易养成思维的惰性。其答案是封闭的，不能激发学生的探究热情，无助于学生思维品质的提升。在设计作业时，教师可以设计更具开放性的题目。

如以下作业案例所示：

作业案例 2

《劝学》论述了学习的意义、方法、态度。请从以上某一方面的内容入手，简要说一说当今中国在学习上的不同。

《论语·学而》："学而时习之，不亦说乎中"中的"习"可翻译为"学习""诵习""温习""演习"等，你认同哪一种说法？请具体说明理由。

与案例 1 相比，案例 2 中的提问增加了开放性，需要学生多方查阅资料，深入地思考，独立进行分析和评估，然后做出判断。由此，学生的思维由简单的识记走向深入、多元的思辨，其思维品质得到了有效的训练。另外，教师还可以设计一些实践性作业，如举办演讲、辩论会等来丰富作业的形式。

（二）目标不合理，缺乏进阶性

现有相关的语文作业在目标设置上仍存在一些问题。比如，文言文学习方面的作业设计多停留于积累与巩固文言基础知识的层面，虽然也会涉及对内容的理解和对语言艺术的分析，但是整体上仍处于浅表层面，没有对多层目标进行架构。如以下作业案例所示：

作业案例 3

阅读《爱莲说》，回答下列问题。

（1）用现代汉语翻译下列句子。

①中通外直，不蔓不枝，香远益清，亭亭净植。

②莲之爱，同予者何人？

（2）本文写了几种花？主要写哪种？

（3）作者赞美莲花，意在赞美怎样的品质？

以上是为初中文言名篇《爱莲说》设计的作业，共有 3 个小题，各小题之间明显缺乏进阶的梯度。首先，是纵深思维的缺失。受到应试的影响，题目只注重对文章的结构和大意的梳理与概括，强调对文章的主题、情感的感性化分析，对问题进行"标签化"评判，致使学生的认识深度与广度受限，缺乏质疑精神与评判能力。其次，是灵活思维的缺失。作业将具有丰富内涵的文本直接看作孤立的文言知识点，将对文本的真切解读转化为毫无活力的问题，学生只需依照答题技巧按部就班地作答即可得出雷同的答案，没有分析、概括、推理的综合思维过程，思维严重缺乏灵活性。

　　针对上述问题，可将该作业修改为：

作业案例 3（修改）

　　阅读《爱莲说》，回答下列问题。

　　（1）周敦颐笔下的莲具有"三美"，请概括莲的特征，然后通过想象还原莲的形象并画在纸上。

　　（2）请解读出莲所隐喻或象征的君子品质。

　　（3）本文运用了哪些艺术手法？请结合文本具体说明。

　　（4）同样都写莲，请比较周敦颐的《爱莲说》与叶圣陶的《荷花》在内容与情感表达上的异同。

　　（5）莲的品质对你有哪些启示？请分条陈述。

　　学生通过回答以上五个问题，对文章进行了形象概括、内涵理解、艺术特征揭示、对比评鉴、迁移运用等多维度、多层次的解读，增加了阅读的深度，扩展了阅读的广度。

（三）多注重提出要求，而忽略提供路径与工具支持

　　目前，许多教师在设计语文作业时只向学生提要求，并不为学生提供完成这些作业所需的内容与方法，致使学生面对语文作业而感到茫然无措，最终放弃或草草了事。这样的作业无从产生巩固、提升课堂所学的效果。如以下作业案例所示：

作业案例 4

要求式：阅读汪曾祺的《端午的鸭蛋》《昆明的雨》《蜡梅花》，仿照行文思路，选择一个事物，拟写提纲[9]。

读完材料，然后就直接拟写提纲，对于大多数学生来说都是困难的事。教师应为学生提供思维支架，提供相关内容及必要的方法指导，让学生依托合理的学习过程完成作业。这样能使学生产生较多的获得感，容易出现完整清晰的思维过程。如以下作业案例所示：

作业案例 5

指导式：阅读汪曾祺的《端午的鸭蛋》《昆明的雨》《蜡梅花》，完成下面的学习任务。[10]

（1）列表梳理三篇文章的主体内容：写作对象、文化现象、场景与经历、感受与认识。

（2）选择其中一篇文章，分析写作对象与感受认识的内在关联。

（3）聚焦自己的生活，选择一个触发感悟或思考的写作对象。

（4）综合三篇文章的主体内容，整理自己的写作素材包。

（5）围绕自己的感悟与思考筛选素材，拟定写作提纲。

又如，《兰亭集序》第二段中作者感慨"岂不痛哉"，这时设问"作者因何而痛？"学生都能指出是为当时社会上"悟言一室之内"或"放浪形骸之外"醉生梦死的行为而痛。但其中还隐藏着更深层次的原因，学生并没有触及。这时，就需要作业设计者提供支架材料，即因东晋朝廷偏安一隅、中兴无望，士族人士普遍奉行消极的生死观。只有提供支架，学生才能真正了解王羲之痛心疾首的原因，也才能对他在那个年代表现出的可贵精神做出理性的评价。

三、提升思维品质的作业设计建议

通过厘清思维品质的内涵，梳理语文课程标准中对中学生提升思维品质的要求，针对目前的相关的语文作业设计上存在的不足，现对提升思维品质的作业设计提出如下建议：

（一）要注重创设开放、多元的问题情境

语文课程标准指出，要在真实的语言运用情境中提升思维品质。另外，通过对思维品质内涵、要素及各要素间关系的解读、分析可知，学生的理解概括、迁移运用、质疑评价、快速反应及个性化的新颖的阅读表达均需要在开放、多元的问题设计中进行。因此，进行提升思维品质的作业设计，就需要创设开放、多元的问题情境，给学生思维品质的发展提供成长空间，让学生的思维活动得以自由驰骋。

作业案例6

自《红楼梦》成书以来，贾探春一直都是饱受争议的人物。喜欢她的人赞她知书守礼，有"补天之才"，是红楼中最美的人物；厌恶她的人则批评她"鄙夷生母、不认亲舅、疏远胞弟"，最是势利无情。请认真研究原著，回答下列问题。

（1）你认为贾探春到底是个怎么样的人？请依据原著概括出探春的形象。

（2）如果用一个字来整体评价探春的形象，你会用哪个字呢？请结合文本简要说明理由。

为了把握探春的复杂形象，该题创设了给探春下"一字评"这样一个真实的问题情境，提出"用一个字来整体评价探春的形象"的任务。为完成任务，学生要大量研读原著中关于探春的相关内容，还会查阅一些相关的论文和资料，然后才有可能准确概括出探春的形象特征。之后，还要综合研判探春各形象特征间的逻辑关系，把握住其形象特征的主体方面、独特方面，才能给出自己的"一字评"。在完成该题的过程中，学生多方面、多角度地占有材料，最终得出不同的结果，体现了思维的灵活性；学生先概括其复杂的形象特征，然后思考各形象特征间的关系，对人物的理解更加深入，体现了思维的深刻性；学生在此过程中自主分析，独立评价，体现出思维的独创性和批判性。

作业案例 7

渔夫拒剑是一段广为流传的历史故事，渔夫是一位义士，明知伍子胥身份而冒死救他渡江，拒剑之后，更为了消除伍子胥的疑虑而自尽。本文将渔夫改写为一个普通渔人，这一改写带来了怎样的文学效果？谈谈你的理解。

这是 2022 年全国高考语文试题小说阅读中的一个题目。在《江上》这篇小说中，作者对历史故事"渔夫拒剑"的情节和人物性格做了很大的改动。题目引导学生从文学作品中的人物、情节和主题等角度探究这种改动的效果，考察了学生在特定情境中调动知识经验进行信息关联、质疑评价的能力。这样的题目非常有助于提升学生的思维品质，值得教师们在日常阅读教学中广泛借鉴。

（二）要注重设置具有进阶性的问题，将思维引向深入

关于思维品质的培养，《普通高中语文课程标准（2017 年版 2020 年修订）》划分出五个层级的质量水平，层层递进。这就需要教师在设计作业时设计具有进阶性的问题，使学生思维品质的各个方面都得到提升。如以下作业案例所示：

作业案例 8

贾谊的《过秦论》是古代论说名篇，也是颇具争议的文章。有人认为它结构严谨，论述严密，是论述文的典范；也有人认为它观点草率，判断虚假，于史无证，论证牵强，有致命的弱点，难堪论说范文的大任。那么，从论述的角度来说，我们应该如何评价这篇文章呢？阅读该文，完成下列任务。

（1）贾谊认为秦国灭亡的原因是什么？他又是如何论证自己的观点的？

（2）文章在论证过程中有无漏洞？如果有，请列举并简要说明。

（3）为什么破绽明显的文章还能成为古代论说名篇？

该作业要求学生对古代论述名篇进行深入、具有思辨性的解读，三个环节层层递进。第一个环节引导学生明确观点，准确概括论述过程，认识到这

是一篇论证严密的论说名篇；第二个环节引导学生查找文章在论点、论据、论证过程中的思维漏洞，认识到这同时是一篇漏洞百出的文章；第三个环节引导学生查阅资料、了解文章的写作背景，认识到写作漏洞源于作者的写作意图。在此过程中，学生通过深入理解、精准概括文章内容，体现出思维的深刻性；根据所查阅的背景资料，审视文章的论述过程，得出有依据的结论，体现出思维的批判性；在多方查阅资料的基础上，从不同的角度分析文章存在漏洞的原因，体现出思维的灵活性。另外，学生解构经典，颠覆固有认知，提出创见，体现出思维的独创性。

（三）要注重问题引导，搭建解决问题的路径与支架

关键能力与必备品质的培养并非一蹴而就，因而教师在设计作业时要将复杂问题拆解为若干小问题，引导学生分别加以解决，让学生经历思维的过程。如以下作业案例所示：

作业案例 9

课上阅读单元课文《阿长与〈山海经〉》《老王》《台阶》《卖油翁》，并以它们为例，感知人物特点，理清思路，概括人物形象，品读细节，体会作者情感，深化理解。课后完成以下写作任务：

请同学们观察身边的小人物，借鉴第三单元选取典型事件、运用细节描写来表现人物特点的方法书写小人物的动人之处，写一篇以"平凡人物也动人"为题的 600 字左右的文章，参与校报征文活动；优秀文章也将在语文组微信公众号上进行展示。[11]

（1）关注身边的普通人，确定要描写的人物。观察他 / 她的表现，思考人物特点，简要记录整理他 / 她的主要事件。要求：分组进行观察概述；4 人一组，分工合作。推荐分工：观察（拍照），交流采访，记录整理主要事件。

（2）明确所写人物的主要特点，确定要写的典型事件；明确事件的详略安排和组织材料的线索；完成"平凡人物也动人"的习作提纲。

（3）观察典型事件，明确能表现人物特点的细节。捕捉人性美，拍摄动人瞬间，简要记录一个或多个细节，进一步进行观察。选取一个细节，写一段 200 字左右的片段。

（4）选取一个典型事件，运用人物描写（语言、外貌、动作描写等）和侧面描写，写一段 300 字左右的片段。

（5）从词语运用角度简单修改上节课后写的片段，完成"平凡人物也动人"的习

作。提示：要合理设置线索串联主要事件，自主嵌入关键语句，表现自己对所写人物的情感。最好能在文章结尾处添加平凡人物的动人品质对自己的影响。评选优秀作品上传微信公众号进行展示，并推送给校报。

该题把"平凡人物也动人"的征文写作作为总任务。为了完成这个复杂任务，它被分解为观察、撰写提纲、捕捉细节、选取典型事件、语言润色五个步骤，引导学生一步步完成任务。在此过程中，学生通过观察获得多角度、多方面的素材，准确把握小人物的特征，再把从经典文本中学到的写作方法迁移到自己的写作中去，用自己的语言描写平凡人的动人之处，学生的思维品质也得到了有效的提升。

综上所述，现有基于学生思维能力发展的语文作业设计还存在诸多问题，未能充分发挥它所具有的复习、巩固新知与深化认识的功能，无助于学生语文核心素养的提升。为此，本章针对现有作业存在的突出问题，在阐释形象思维、逻辑思维与思维品质内涵的基础上，结合语文课程标准的要求，对相关的作业设计提出了系列的改进建议，期待这些作业能对学生思维能力的发展与提升有所助益。

思考与实践

　　通过本章的介绍你对强化思维能力发展的语文作业设计有了一定的认识，请尝试回答下列问题。

　　1. 从发展学生的形象思维、逻辑思维、思维品质等方面，结合自己的教学内容，设计一份作业。

　　2. 结合自己所教内容，侧重从搭建思维支架的角度设计一份作业，体现出思维培养的过程性。

　　3. 从读写融合的角度设计一份作业，体现出对学生形象思维的培养。

■ 本章参考文献

[1] 彭华生.语文教学思维论 [M].广西：广西教育出版社，1996：33，41.

[2] 卫灿金.语文思维培育学 [M].北京：语文出版社，1994：151-152，160.

[3] 杨春鼎.形象思维学 [M].长春：吉林人民出版社，2010：111.

[4] 温寒江，连瑞庆.开发右脑——发展形象思维的理论和实践 [M].杭州：浙江教育出版社，1997：60.

[5] 郑桂华.议论文写作中核心概念的"展开"[J].中学语文教学，2014（7）：29-33.

[6] 陈佑清，曹阳.能动参与文化性活动：学生素养发展的基本机制 [J].课程·教材·教法，2018（12）：81.

[7] 林崇德.思维是一个系统的结构 [J].宁波大学学报（教育科学版），2006（5）：1-7.

[8] 林崇德.培养思维品质是发展智能的突破口 [J].国家教育行政学院学报，2005（9）：21-26，32.

[9][10] 吴欣歆.核心素养背景下作业发展功能的实现 [J].中学语文教学，2022（1）：4-8.

[11] 高青、邓涛、赵庆梅，等.平凡人物也动人——统编版语文七下第三单元作业设计案例.

第五章

促进审美能力发展的
中学语文作业设计

概览

1. 审美能力，也称艺术鉴赏力，是审美主体感受、鉴赏、评价和创造美的能力。而语文学科的审美能力具体包括学习者对语言文字作品的美感体验能力、对文学作品的鉴赏能力，以及运用语言文字进行审美表达与创造的能力。

2. 学习者在语文学习活动中，通过审美体验、评价等活动形成正确的审美意识、健康向上的审美情趣与鉴赏品位，并在此过程中逐步掌握表现美、创造美的方法。

3. 本章的作业设计以中国语言文字作品的内容美、形式美、情感美、思想美等为审美对象，以丰富语言文字作品的美感体验、促进文学作品鉴赏能力的发展、提升审美表达与创造能力等为目标进行作业设计。

4. 丰富语言文字作品美感体验的作业设计旨在全方位调动学习者的感官，触发学习者的联想和想象，引导学习者在阅读中通过感受、理解语言文字作品，初步感知和体验作品所蕴含的丰富美感。

5. 促进文学作品鉴赏能力发展的作业设计旨在引导学习者从多个角度赏析作品，在赏析的过程中发展知觉能力、想象能力、领悟能力、回味能力，认识作品的美学价值，发现作者独特的艺术创造，全面提升文学鉴赏能力，提升思想境界和审美情趣。

6. 提升审美表达与创造能力的作业设计旨在引导学习者运用语言文字表现和创作能够反映自身思想情感和审美追求的文学形象，提高语言文字表达的效果及美感，提升文学创新意识。

案例导入

秋光正当时，请大家在保证安全的前提下利用周末走进自然天地，比如自家小院、附近公园，或者郊外乡村，去观秋色，听秋声，品秋味，欣赏美景，放松身心。

请你通过完成以下任务来记录这个美好的秋日。（在任务1、任务2中选择一个完成；在任务3、任务4中选择一个完成）

任务1：拍摄秋日vlog

拍一个小视频或几张照片，配上合适的音乐，再配上一段解说词或朗诵。朗诵文段可以从统编普通高中教材语文必修上册第七单元选取，也可以是自选的关于秋的诗词或文章。时长不超过2分钟。

任务2：定格秋日之景

画一幅以"秋景"为主题的画，配上一段文字。可以从课文中节选，也可以自己创作。

任务3：鉴赏秋日之文

阅读《故都的秋》，或者阅读其他关于秋的诗词或文章，从语言、形象、构思、意蕴、情感等角度撰写赏析文字，不少于500字。

任务4：记录秋日情思

将你置身于秋景中的感受与思考写成散文语段，要求体现秋的画面之美并融入自己的情思，不少于500字。

（设计者：北京景山学校孟贵贤）

　　该作业为学习完统编普通高中教材语文必修上册第七单元后所设计的周末作业。该单元中的文本为古今散文名篇，包括《故都的秋》《荷塘月色》《我与地坛》《赤壁赋》《登泰山记》，人文主题为"自然情怀"。因此本单元的一项重要学习目标便是引导学生从多个角度欣赏作品，获得审美体验，认识作品的美学价值，发现作者独特的艺术创造，进而在审美感悟与鉴赏中，提升审美表达与创造的能力。

　　学习完本单元的内容恰逢深秋，教师设计了以"秋季秋味"为审美体验情境，促进学生审美能力发展的语文作业。这是一组涵盖实践性、综合性任务的作业，突出了语文与生活的联系。其任务内容丰富多样，有的偏重于审美感悟，有的侧重于审美鉴赏，有的侧重于审美表达；任务形式也较为丰富，包括视频摄影、图画绘制、写赏析文字、写作散文等，同时本组作业还体现了语文作业设计的层次性和选择性，可以很好地激发学生参与的兴趣。学生在完成作业的过程中，获得了更丰富的审美体验，提高了文学作品鉴赏能力，也提升了审美表达与创造能力。

　　本章主要从丰富审美体验、提高文学作品鉴赏能力、提升审美表达与创造能力等角度入手，在分析语文课程标准理念、对焦学业水平要求等维度的基础之上，通过具体的案例分析展现设计此类作业的方法和路径，从而帮助学习者更好地落实"审美鉴赏与创造"核心素养。

第一节
丰富语言文字作品
美感体验的作业设计

从语言文字作品中获得美感体验是中学生所具备的语文学科素养中审美能力发展的基础。只有丰富对语言文字作品的美感体验，才能不断提升中学生在语言文字作品中获得美感的能力，进而促进中学生对语言文字作品鉴赏能力的发展以及审美表达与创造能力的提升。

一、丰富语言文字作品美感体验的作业概述

设计丰富语言文字作品美感体验的作业是落实中学生语文学科核心素养审美鉴赏与创造能力的基本环节。目前，传统的语文作业设计对此仍然缺乏足够的关注。在进行旨在促进审美能力发展的语文作业设计时，教师应当充分考虑语言文字作品本身的美感，合乎语文课程标准的相关要求。

（一）内涵及意义

语言文字作品，指用语言文字符号记录下来，表达作者思想情感的创

作成果。中学语文教材中的课文都是以汉字汉语为载体的各类作品，包括诗歌、散文、小说、戏剧，议论文以及说明文、新闻等应用文。

美感体验，也可称为审美感受能力，是指学习者凭自己的生活体验、文学修养和审美趣味，有意识地感知语言文字作品之美，包括对其外在形式特征的感知和对其内在情感意蕴的感知，从而产生一种独特的心醉神迷的瞬间经验状态，主要是兴奋愉悦的情感状态。

中学语文教材中的课文为培养和发展中学生的美感体验打下坚实的基础，因为汉语言文字作品具有独特而丰富的美感。其中的美感独特性根源于汉字和汉语是极具特色的文字和语言。汉字是世界上唯一一种根据词汇意义构造形体的表意文字。汉语与汉字相适应，其语素是单音节的，一切意义都由词根来承担，所以汉语的词义十分丰富。汉语音节结构简单整齐，带有声调，具有音乐美，韵文也极为发达。在语文课程中，教师引导学生阅读作品并分析其中的汉字汉语现象，能使学生充分体验到汉字汉语的丰富和优美，在此基础上增进对中华文化的审美认同。

汉语言文字作品丰富的美感具体体现为内容美、形式美、情感美、思想美等。内容美指作品在题材、主题、情节等方面的美感，其中以形象美最为突出，即作品经由语言文字描摹出的独具美感的艺术形象。形式美则指作品在艺术形式上的美感，语言、结构、体裁等都是艺术形式，其中又以语言美和结构美最为突出。情感美指作品借由语言文字传递出的丰富情感意蕴。思想美则指作品中所蕴含的深刻思想和精神价值。只有明确了语言文字作品美感的具体所指，作业设计才能具有明确的指向性。

从语言文字作品中获得美感体验是学习者进入审美活动的出发点，是审美能力萌生和发展的基础，也是进行审美鉴赏、审美表达与创造的前提。美感体验可以通过训练而得到丰富和发展。因而在课堂教学之外，教师设计能丰富语言文字作品美感体验的作业，可以促进学生语言文字作品鉴赏能力的发展以及审美表达与创造能力的提升。

（二）美感体验的课标要求

《普通高中语文课程标准（2017 年版 2020 年修订）》指出，语文课程的一项重要目标便是"增进对祖国语言文字的美感体验。感受祖国语言文字独特的美，增强热爱祖国语言文字的感情"。《义务教育语文课程标准（2022 年版）》也指出，语文课程的总目标之一是"感受语言文字的美，感悟作品的思想内涵和艺术价值"。在语文学习的过程中，语言文字作品是重要的审美对象，语言的学习与运用是培养审美能力和提升审美品位的重要途径。

从语文课程标准相关任务群的要求来看，语文作业设计要丰富学习者对语言文字作品的美感体验，可以从审美主体和审美对象两方面着手。从审美主体的角度而言，可以采用多种方式和途径调动学习者的主动性、积极性和参与性，激发学习者的联想与想象，提供真实的情境和富有启发性的任务，引导学习者走进作品，通过语言文字所呈现的情境，体会作者的情感态度。从审美对象的角度而言，作业设计应该涵盖不同时代、不同风格、不同类型的语言文字作品，通过作业指向对作品内容美、形式美、情感美、思想美等方面的感知和体验。具体而言，可以从作品的语言、形象、故事、场景、构思、意蕴、情感、主题等多角度进行设计。

（三）美感体验的学业水平表现

丰富语言文字作品美感体验的语文作业设计贯穿于初中和高中学段。教师在设计这类作业时应当充分考虑学段的特点和学业质量的要求。例如，在初中学段，丰富语言文字作品美感体验的作业的设计目标，应当指向对作品主要内容的把握和理解，通过朗读、概括、讲述等不同的表现方式展示学习者对于作品的美感体验；在高中必修阶段，丰富语言文字作品美感体验的作业的设计目标，应当指向对作品语言之美、形象之美和情感之美的感知，在感知中展开合理的联想和想象，进而体会作品的思想和情感之美。只有明确语文课程标准的相关要求，作业设计才能更加符合语文课程标准的精神和理念，才能更好地对标学业水平的质量要求，从而体现语文学习的阶段特点和层次特点。总之，丰富语言文字作品美感体验的作业设计应当从语言文字作品本身的美感入手，指向对作品主要内容的理解和美感体验，进而全方位调动学习者的感官，触发联想和想象，引导学习者在阅读语言文字作品中通过多种途径和任务逐渐深入感受语言文字作品蕴含的丰富美感。

二、现有丰富语言文字作品美感体验的作业分析

从相关的语文作业的现状来看，目前指向丰富语言文字作品美感体验的作业数量较少，且形式较为单一。一方面教师设计的相关的语文作业对于语言文字作品美感的挖掘还很不足，另一方面相关的语文作业对于学习者审美体验的调动也非常欠缺。具体表现为如下问题：

（一）对联想和想象能力的调动不足，缺乏沉浸式的审美体验

目前有关丰富语言文字作品美感体验的作业设计很多直接指向对文学作品的语言、文字、思想、主题的整体感知，缺乏能充分调动学习者联想和想象能力的内容和形式，难以引导学习者进入沉浸式的美感体验。如以下作业案例所示：

> **作业案例1**
> 阅读毛泽东的《沁园春·长沙》，说一说这首词在语言、文字、思想、主题等方面蕴含哪些美感。

以上案例是《沁园春·长沙》一课的预习作业，教师设计的本意是希望学生在学习之前能够初步把握这首词的美感意蕴。但是这样的作业设计直接指向了审美结果的呈现，缺少对学生联想和想象进行调动的内容和形式，学生无法经由作业引导充分调动联想和想象，进而获得沉浸式的美感体验。因此学生的美感体验是被动的而非主动的，获得的审美结果也必将大打折扣。

（二）对学习者的积极性、参与性激发不足，缺乏审美体验的主动性

美感体验的过程具有很强的主体参与性，学习者只有主动自发地参与到学习任务中，才能充分激发美感体验。但是目前很多语文作业设计形式单一，内容生硬传统。如以下作业案例所示：

作业案例 2

　　阅读郭沫若的《立在地球边上放号》一诗，说一说你读出了一个怎样的抒情主人公形象。

　　以上是某教师布置的《立在地球边上放号》一课的预习作业，其本意是希望学生在学习之前能够初步感受诗歌抒情主人公的形象，但是这样的作业设计对学习者积极性和参与性激发不足，无法引导学生主动参与美感体验。

　　另外，美感体验需要通过一定的途径表现出来，同时可以通过经验分享得以丰富。而目前相关的作业设计缺乏多元有效的呈现方式，学习者朋辈之间的美感分享与审美经验交流都不够充分。

（三）任务的情境性、启发性不足，审美体验缺乏真实情境和有效引导

　　美感体验需要在一定的情境中进行，尤其需要真实的情境。而目前相关的作业设计或是缺乏对任务的情境性设计，或是创设的情境不够真实，自然无法借助情境真正启发学生去进行美感体验。

　　上文提及的案例 1、案例 2 都缺乏对任务的情境性的关注和设计，学生在进行美感体验时只能经由诗词内容本身，而无法将诗词的阅读置于真实且自然的情境之中，因而无法在诗词阅读与情境的碰撞中自主生成丰富且切实的美感体验。

（四）没有充分结合语言文字作品的个性化审美特点进行设计，缺乏文本针对性

　　目前，有关丰富语言文字作品美感体验的语文作业中大部分都不是充分结合语言文字作品的个性化特点来进行设计，缺乏文本针对性。对语言文字作品的个性化美感挖掘得不够充分，使学生在进行美感体验的过程中浅尝辄止，无法充分体会语言文字作品中丰富且极具独特性的美感。如以下作业案例所示：

阅读《庖丁解牛》中的语段，体会其中寄寓的哲学思想。

以上是某教师布置的《庖丁解牛》一课的课后作业，其意图是希望学生能够把握庄子思想的哲学之美。但是由于对作业内容的表述较为笼统宽泛，况且对于学生来说哲学是个十分抽象的概念，让学生完成好这一作业任务显得勉为其难。这一作业设计显然无从达到让学生理解该文本具有独特的审美特点的目的。

三、丰富语言文字作品美感体验的作业设计建议

通过对语文课程标准中对于美感体验相关要求的解读，参照学业质量在不同学段的要求，同时充分考虑现有作业设计存在的问题，针对丰富语言文字作品美感体验的作业设计提出一些建议：

（一）通过多种语文活动，提高学习者美感体验的参与程度

朗诵是引导学生进入审美情境、丰富美感体验的重要方式。到了高中学段，教师应该更加重视朗诵在丰富学生的美感体验中的作用。在作业设计中，教师可以借由朗诵的方式，设计一系列任务，引导学生逐渐深入地领悟作品的内容和情感，获得更为丰富的美感体验。如以下作业案例所示：

任务 1：观看方明老师的《沁园春·长沙》朗诵视频和课文的朗读视频，思考朗诵与朗读的区别，完成表格填写。

	性质	手段	语调	对象
朗诵				
朗读				

任务 2：阅读《沁园春·长沙》朗诵脚本，了解脚本符号的具体作用。

任务 3：为自己推荐的诗歌撰写"朗诵脚本"，并录制朗诵视频。

作业案例 5

朗诵北岛的诗歌《你好，百花山》的原稿与修改稿，从节奏韵律、意象选择、抒情方式等角度感受两个版本的审美差异，填写下面的表格。

	节奏韵律	意象选择	抒情方式
原稿			
修改稿			

（摘引自 语文教学通讯 2021 7-8A，程载国，浙江省余姚中学）

以上两项作业设计充分发挥了朗诵在美感体验中的重要作用。作业案例 4 通过体会朗诵和朗读这两种不同的演绎方式，引导学生对于朗诵有更为全面、准确的认识，在此基础上让学生设计朗诵脚本、录制朗诵视频。作业案例 5 通过朗诵两个版本的《你好，百花山》，引导学生在朗诵中体悟不同版本在节奏韵律、意象选择、抒情方式上的差异，不仅能丰富学生的美感体验，也能让学生在美感体验中对诗歌的语言文字有鉴别和比较的意识。

（二）围绕"联想和想象能力"的提升进行作业设计，重在提升学习者的美感体验能力

文学作品大多生动形象、感染力强，其优美的意境、立体的人物形象、深邃的思想意蕴，足以引发种种联想和想象。教师在进行相关的作业设计时可以充分利用文学作品的这一特点，启发学生从联想和想象中得到美的体验。

作业案例 6

留白补写，情味至深

王锡爵曾评价归有光的《项脊轩志》："温润典丽，如清庙之瑟，一唱三叹。无意

于感人，而欢愉惨恻之思，溢于言语之外。"请尝试以第一人称写下对此情此景的所思所感，体味作者的心境。(参考阅读资料：《先妣事略》《寒花葬志》)

在《项脊轩志》中，归有光对情感表达极为节制，没有做过多的铺叙和渲染，只是点到为止，因而给读者留下了巨大的想象空间。此项作业设计便充分利用了作者运用的"留白"艺术，学生在尝试以第一人称写下对此情此景的所思所感时，便可以在联想和想象的推动下深切体味作者的心境，进而获得美感体验。

（三）通过多种途径创设美的体验情境，引导学习者进入沉浸式的美感体验

中学生缺乏丰富的生活经历和社会体验，在阅读语言文字作品时无法调动自身经历和体验去获得美感。因而在进行作业设计时，教师应当通过多种途径创设美的体验情境，引导学生进入沉浸式的体验中。如此一来便能在语言文字作品的阅读与审美之间搭建起桥梁，让学生在身临其境中萌生更丰富的美感体验。如以下作业案例所示：

作业案例 7

沉浸体验，创意设计

济南是山东省省会，自然风光秀丽，自古享有"家家泉水，户户垂柳"之誉。济南也是中华文明的重要发祥地之一，古今许多杰出的作家和学者先后在济南生活游历或求学为官，故有"济南名士多"的佳誉。

任务 1：请你介绍一处济南的自然风光，要求提供景观照片或者绘图，并附上一段解说文字（不少于 200 字）。

任务 2：除了《济南的冬天》，还有很多关于济南的名家作品，请你向同学们推荐一篇你喜欢的作品。要求：朗诵名家作品，并附上一段推荐文字（不少于 200 字）。

任务 3：济南将要参与"中国最美名城"的评比，请你充分结合济南的自然风光和人文特点，为济南制作一段城市文化推广宣传片（视频不少于五分钟）。

此项作业设计是《济南的冬天》的课后实践性作业。该作业案例充分结合济南的城市特点，通过三个任务的设计，创设了沉浸式的体验情境。学生可以在品味自然风光、人文历史的过程中，充分激活自己的美感体验。

（四）围绕不同类型作品的美感特性进行设计，重在丰富学习者的美感体验

各种类型的语言文字作品都蕴藏着丰厚的美感，都可以激发学习者的美感体验。例如，文学类作品充满感性诗意之美，论述类作品闪耀着理性思辨之美，实用类作品则体现务实简约之美。在作业设计中，教师除了要关注文学作品的美感体验，还应兼顾其他类型的语言文字作品如论述类、实用类等作品的美感体验。如以下作业案例所示：

作业案例 8

比较下面两个文段，体会科普作品与散文随笔不同的语言风格，并填写表格。

文段一：地球是宇宙中的一个地方，但绝不是唯一的地方，也不是一个典型的地方。任何行星、恒星或星系都不可能是典型的，因为宇宙中的大部分是空的。唯一典型的地方在广袤、寒冷的宇宙真空之中，在星际空间永恒的黑夜里。那是一个奇特而荒芜的地方。相比之下，行星、恒星和星系就显得特别稀罕而珍贵。假如我们被随意搁置在宇宙之中，我们附着或旁落在一个行星上的机会只有 10^{33}（10^{33}，在 10 之后接 33 个 0）分之一。在日常生活当中，这样的机会是"令人羡慕的"。可见天体是多么宝贵。（《宇宙的边疆》）

文段二：感情的美近于火焰的美，浪涛的美，急风暴雨之美，或是风和日暖、鸟语花香的美；理性的美却近于钻石的闪光，星星的闪光，近于雕刻精工的美，完美无瑕的美，也就是智慧之美。情感与理性平衡之所以最美，因为是最上乘的人生哲学、生活艺术。（《傅雷家书》）

文段	句式特征	语言特征	表达效果	表达功能
文段一《宇宙的边疆》				
文段二《傅雷家书》				

此项作业设计就充分关注了科普文章的独特之美，并将之与散文进行比较阅读，学生可以在不同类型语言文字作品的阅读和比较中，体验到独特的美感，既能感受到科普文章所蕴含的理性科学之美，也能深入体会散文的感性与深情之美。

（五）充分结合语言文字作品的个性化审美特点，增强美感体验的文本针对性

正所谓"各美其美"，不同的作品都有其独特的、其他作品无法替代的美学意蕴。例如，有的作品辞藻丰富，说理畅达；有的作品言简义丰，寓意深刻；有的作品音节和谐、文字精练；有的作品骈散结合，恣意洒脱；有的作品意境深婉，风格细腻；有的作品境界开阔，感情深沉。在进行作业设计时，教师应当充分挖掘每篇作品中最独特的审美价值，体现不同作品的审美特征。如以下作业案例所示：

作业案例9

金岳霖先生在《中国哲学》一文中这样评价庄子："他的哲学用诗意盎然的散文写出，充满赏心悦目的寓言，颂扬一种崇高的人生理想，与任何西方哲学不相上下，其异想天开烘托出豪放，一语道破却不是武断，生机勃勃而又顺理成章，使人读起来既要用感情，又要用理智。"阅读《庖丁解牛》中的语段，体会其想象和夸张背后寄寓的哲学思想。

——摘引自北京景山学校高一备课组《庖丁解牛》课后学案终稿

作业案例10

"意则期多，字则唯少"是我国古代作家写文章的标准，言简义丰是理论文章语言的一大特点。请你从《社会历史的决定性基础》《改造我们的学习》《人的正确思想是从哪里来的》《实践是检验真理的唯一标准》《修辞立其诚》《怜悯是人的天性》《人应当坚持正义》中任选一篇文章，任选一处词句，简要说一说其言简义丰之美。

作业案例9结合了庄子作品中多寓言的特色，作业案例10则充分把握了理论文章"言简义丰"的特点。在作业设计中充分结合作品的个性化审美

特点，能够增强学习者进行美感体验的文本针对性，从而确保在美感体验中充分融入作品的特性。

（六）有意识地指向对美感体验的表达，重视审美分享与交流

对语言文字作品的美感体验，不仅需要阅读与写作，更需要分享和交流。丰富多样的审美表现与表达方式，能够进一步激发学生的美感体验，提高审美能力。

前文提到的作业案例7不仅充分结合济南的城市特点，创设了沉浸式的体验情境，更是通过绘画、文字撰写、视频拍摄等不同形式给学生提供了表达独特美感体验的途径，同时可以通过介绍自然风光、荐读名家作品、观看城市推广宣传片等完成对自己的美感体验的分享与交流。

第二节
促进文学作品鉴赏
能力发展的作业设计

鉴赏文学作品是学习者审美能力发展的支撑点，既是其美感体验不断丰富和积累的必然结果，也是提升审美表达与创造能力的重要基础。

一、促进文学作品鉴赏能力发展的作业概述

设计促进文学作品鉴赏能力发展的作业是落实语文课程标准中语文学科核心素养之一"审美鉴赏与创造"能力的关键环节。教师在进行相关的语文作业设计时，应当准确把握文学作品鉴赏能力的内涵，结合语文课程标准中的相关要求来实施。

（一）内涵及意义

文学作品的鉴赏能力指对文学作品鉴别、欣赏的能力。学习者在感受美、体验美的基础上，欣赏、鉴别、评价文学之美。鉴赏文学作品是学习者审美能力发展的支撑点，既是美感体验不断丰富和积累的必然结果，也是提

升审美表达与创造能力的重要基础。通过鉴赏文学作品，学习者能够进一步深化文学功底和文化内涵，开阔文化视野。在鉴赏文学作品的过程中，学习作者运用的写作手法，感悟作者所传递的情感和内涵，实现精神的洗礼和升华。

文学作品鉴赏能力是多种能力的综合，其中知觉能力、想象能力、领悟能力、回味能力等在鉴赏中起到特别重要的作用，需要着力培养。此外，提升语感、掌握文学知识、了解作者的背景、了解文学体裁都是促进文学作品鉴赏能力发展的有效路径，在相关的语文作业设计中可以适当运用。

（二）鉴赏能力的课标要求

从语文课程标准的相关要求来看，文学作品的鉴赏过程，包括对作品的理解、欣赏、鉴别、赏析、评价等主要环节，最终指向拥有高雅的审美品位。从教学实施的要求来看，语文课程标准强调，在语言文字作品学习与鉴赏的过程中，学习者是审美主体，文学作品是审美对象。培养鉴赏能力的基本途径是广泛阅读和深入钻研优秀的文学作品。在语文教学中进行文学鉴赏必须尊重文学自身的规律，根据各种文学作品的基本特点和具体作家作品的独特风格，因文施教，披文入情，以至情通理达。

促进学习者文学作品鉴赏能力发展的作业设计应当引导学习者从文学作品的语言、构思、形象、意蕴、情感等多个角度赏析作品，在赏析的过程中要注意培养学生的知觉能力、想象能力、领悟能力、回味能力，进而获得美感体验，认识作品的美学价值，发现作者独特的艺术创造。根据需要，可选用杂感、随笔、评论、研究论文等不同的形式，让学生写出自己的鉴赏感受和见解，并通过多种媒介与他人分享，积累、丰富、提升文学鉴赏的经验。同时教师还要引导学生将文学阅读体验与现实生活和自我反思联系起来，以提升思想境界和审美情趣。

（三）鉴赏能力的学业水平表现

文学作品的阅读与鉴赏贯穿于初中、高中的语文学习，在进行促进学习者文学作品鉴赏能力发展的作业设计时，教师应当明确各个学段阅读鉴赏能力的阶段特征，结合语文课程标准中对不同学段阅读鉴赏能力的学业质量要求，设计出符合学情和能够促进学习者审美素养科学发展的作业。

具体来说，在初中学段，教师设计促进学习者文学作品鉴赏能力发展的作业宜从作品的词语使用、精彩段落和语言表达入手，在词语鉴赏的基础上，分析作品运用的表现手法，从而感知作品的形象，进而理解、鉴赏作品的情感和主题。在高中学段，教师设计促进学习者文学作品鉴赏能力发展的作业宜从词句、手法的鉴赏，进阶到对文学作品进行不同角度、不同层面的鉴赏；由对单篇作品的鉴赏，进阶到对多篇作品的鉴赏与比较；由对文学作品主题思想的理解鉴赏，进阶到对文学作品主题思想的质疑和思辨，并能有理有据地发表自己的观点。

二、现有促进文学作品鉴赏能力发展的作业分析

整体来说，对于鉴赏能力发展的重视程度在中学语文作业设计中得到了较为充分的体现。但在具体设计中仍存在以下两大问题：

（一）直接指向鉴赏能力考察，缺少对鉴赏过程的引导

鉴赏能力的发展不是一蹴而就的，而是在鉴赏过程中不断得到提升的。而目前很多相关的作业设计重在直接指向鉴赏能力考察，缺少对鉴赏过程的有效引导。如以下作业案例所示：

作业案例1

鹧鸪天·桂花

李清照

暗淡轻黄体性柔，情疏迹远只香留。何须浅碧深红色，自是花中第一流。
梅定妒，菊应羞，画栏开处冠中秋。骚人可煞无情思，何事当年不见收。
思考题：这首词刻画了怎样的"桂花"形象？试简要赏析。

——摘引自北京景山学校高一备课组《鹧鸪天·桂花》课后学案初稿

　　以上是学习完《鹧鸪天·桂花》的课后作业题。教师设计的意图是希望学生借助课上所学鉴赏词作中"桂花"的形象。但从学生们的作答情况来看，他们不清楚题干指向，不知道赏析什么、该如何赏析。因此在作业设计中对鉴赏过程进行有效的引导是十分必要的。对该作业设计加以完善后如下：

　　完善后的作业设计增加了对鉴赏过程的具体引导。题干中明确要求学生逐步掌握鉴赏的对象及重点目标，细化了学生鉴赏的切入点，学生只要分析出桂花的特点就能借助对应关系把握住词人所寄托的情感。

（二）呈现模式化特点，鉴赏流于形式而未深入作品

　　文学类作品的美感丰富且独特，各篇作品的鉴赏重点和核心各有不同。但是目前的促进文学作品鉴赏能力发展的作业设计在一定程度上呈现出模式化特点。如以下作业案例所示：

　　案例 2 指向撰写文学评论，但是在设计中并未真正体现不同作品的鉴赏重点，容易使学习者的鉴赏仅仅是流于模式和形式，不会真正深入作品本身进行深度品鉴。我们不妨做如下修改：

　　优秀的古诗词往往具有深刻的意蕴和独特的艺术匠心，学习欣赏时应当重点关注，细加品味。例如：曹操的《短歌行》运用比兴手法和典故表述心志，陶渊明的《归园田居》用白描呈现日常生活画面，李白的《梦游天姥吟留别》用瑰丽的想象表现梦境，杜甫的《登高》中蕴含着身世之悲和忧国之情，白居易的《琵琶行》把抽象无形的音乐化为具体可感的形象，李清照的《声声慢（寻寻觅觅）》中别出心裁地运用叠词等。从统编版普通高中教材语文必修上册第三单元所学的诗词中，就你感触最深的一点，任选一首撰写文学短评。

　　修改后的作业设计充分揭示了各首诗词独特的艺术匠心，能够引导学生在聚焦鉴赏重点的基础上撰写文学短评，如此方能使鉴赏深入文本，避免流于浮泛。

三、促进文学作品鉴赏能力发展的作业设计建议

　　通过各类作业引导学生对文学作品进行鉴别、欣赏，能够进一步深化学生的文学功底和文化内涵，帮助他们开阔更广的文化视野。但目前相关的语文作业设计存在着引导不足以及形式单一等问题。有鉴于此，我们对于促进文学作品鉴赏能力发展的语文作业设计提出如下建议：

（一）应重视对鉴赏方法和过程的引导，逐步提高学习者的鉴赏能力

　　语言的品鉴是鉴赏文学作品的重要环节。在对学习者进行鉴赏能力培养的过程中，可以引导学生关注文学作品的语言。如以下作业案例所示：

　　人物语言是塑造人物形象的基石，也是人物形象魅力的源泉。阅读《窦娥冤》《雷雨》《哈姆莱特》《祝福》《林教头风雪山神庙》《装在套子里的人》，细细品味其中的人

物语言描写，完成表格。

	人物	典型语言	人物形象	语言对形象塑造的作用
窦娥冤				
雷雨				
哈姆莱特				
祝福				
林教头风雪山神庙				
装在套子里的人				

关于文学作品的鉴赏，评点和批注是传统且有效的鉴赏方式，在中学语文作业设计中可以适当融入，以引导学习者充分利用评点和批注的方式来鉴赏文学作品。如下面的作业案例所示：

作业案例4

学习评点与批注，掌握传统的鉴赏方式

任务1：自行查阅相关评点文章，如毛宗岗评点《三国演义》、金圣叹评点《水浒传》、李卓吾评点《西游记》、脂砚斋评点《红楼梦》，梳理做评点与批注的基本方法。

任务2：认真阅读《记念刘和珍君》《为了忘却的记念》《包身工》《荷花淀》《小二黑结婚》《党费》，任选其中一篇文章，用旁批的形式就有感触之处做评点和批注。

任务3：小组交流，合作整理"批注本"并在班级语文互动平台进行展示与分享。

评点的时候要注意文体的特征，譬如诗歌评点可以从意象、意境、情感、风格、韵律、节奏、隐喻等角度思考；小说评点可以从形象、情节、环境、细节、主旨、结构、虚构、叙述等角度展开，散文评点可以从文气、笔调、情趣、意味、材料、哲理、线索等角度切入。

（二）关注不同类型文学作品和作家的独特风格，使学习者在鉴赏中感受深厚的美学价值和独特的艺术创造

文学类作品类型丰富，涵盖小说、散文、戏剧、诗歌等不同体裁；而且不同的作家也呈现出独特的文学风格。因此在进行促进文学作品鉴赏能力发展的作业设计时，应当充分考虑文学作品的类型和作家的独特风格。如下面的作业案例所示：

作业案例5

古人云："一诗之气力在首尾，而尾之气力视首更倍，如龙行空，如舟破浪，常以尾为力焉。"（冒春荣《葚原诗说》）结尾的好坏，往往可以作为衡量诗歌优劣的重要标准。反复品读《短歌行》《归园田居（其一）》《梦游天姥吟留别》《登高》《琵琶行》《念奴娇·赤壁怀古》《永遇乐·京口北固亭怀古》《声声慢》的结尾，分析它们的构思和写法，说说妙在何处。

作业案例6

《孔雀东南飞》是汉乐府诗，它继承了《诗经》开创的现实主义传统，可诗歌的结尾却富有浪漫主义色彩。请思考这样的结尾是削弱了诗歌的悲剧性还是增强了悲剧性，并说明理由。

作业案例7

白居易的《长恨歌》，重新演绎了唐玄宗与杨贵妃之间缠绵悱恻的爱情故事。诗歌并未沿袭历史线索至马嵬兵变结束，而是化用传说，为他们的爱情悲剧续上了一个神异的结局。你觉得这样的结局是否减损了真实历史的悲剧意味？谈谈你的理由。

案例5紧紧围绕诗歌作品结尾句的重要意义和作用进行设计，学生在完成作业的过程中能够以"尾句的气力"为核心，充分鉴赏诗歌在构思和写法上的妙处；案例6则围绕汉乐府诗歌的现实主义特点进行思辨式阅读鉴赏，学生在完成作业的过程中能够对乐府诗的现实主义风格及诗歌的悲剧色彩有更深入的理解；案例7围绕《长恨歌》所叙述的爱情悲剧来展开品读鉴赏，学生在完成作业的过程中能够对传说的化用有更切实的体会和更深入的思

考，进而体会《长恨歌》独特的美学意蕴：即"把悲剧送到仙界上去"，"明明是悲剧"却"不过分地哭哭啼啼"，做到了"中庸有度"。

以上作业案例均关注到文学作品的类型和作家的独特风格，这种紧密围绕作品特色和作家风格的鉴赏作业可以使学习者在鉴赏中感受到深厚的美学价值和作家独特的艺术创造。

（三）适当借助文学批评理论，引导学习者深入阅读，提升鉴赏能力

围绕一些文学作品产生了一些经典的文学评论文章，在相关的语文作业设计中可以适当借助这些评论文章和文学批评理论。如下面的作业案例所示：

作业案例 8

刘勰用"志深而笔长，梗概而多气"评价建安文学，请结合曹操的《短歌行》，谈一谈你对这一诗风的理解。

作业案例 9

苏轼评价陶渊明的诗"质而实绮，癯而实腴"，请就《归园田居（其一）》谈谈你的理解。

作业案例 10

有学者曾评价过《扬州慢（淮左名都）》中的名句"过春风十里，尽荠麦青青"，说该句"正与杜甫'城春草木深'同意"。请简要阐述你对该评论的理解。

作业案例 11

选自人民文学出版社《李清照集校注》中的课文《声声慢》中的"三杯两盏淡酒，怎敌他、晚来风急"一句，在朱彝尊、汪森编的《词综》中则作"三杯两盏淡酒，怎敌他、晓来风急"。你认为是"晚来风急"好还是"晓来风急"好？为什么？

以上作业设计都借助了经典的文学批评理论，在文学批评理论的助推下

引导学生对作品的艺术特色深入进行鉴赏，可以提升他们的鉴赏能力。

（四）应提供丰富多元的审美鉴赏表达途径，鼓励学习者进行个性化鉴赏表达

对文学作品的鉴赏和表达都带有个性化特征，在设计相关的作业时要考虑学习者审美鉴赏表达的个性化差异，为他们提供丰富多元的审美鉴赏表达途径。如下面的作业案例所示：

作业案例 12

请从"周朴园与鲁侍萍相认"的情节中选择一个片段，以周朴园和鲁侍萍这两个角色演一场对手戏。要求：①撰写并修改舞台剧本；②排演并在班级内进行演出。

作业案例 13

穿越时空的对话

《记念刘和珍君》和《为了忘却的记念》体现了鲁迅一以贯之的社会思考，但因为环境的变化，作品具有不同的表达方式和风格韵味。假如这两个时期的鲁迅相遇，围绕爱国青年们的生死选择，他们之间会有怎样的一场对话？请以情景剧的形式进行模拟。要求呈现情景剧剧本，并依据剧本进行演绎。

以上两项作业设计中的审美鉴赏表达独具创意，任务不仅涵盖以剧本修改或撰写为例的传统的文字类鉴赏表达，此类鉴赏表达能够切实落实中学语文课程标准中有关语言的积累与建构的学科核心素养，在写作中提升思维和审美；还包括戏剧、情景剧等以表演为途径的鉴赏表达，而此类鉴赏表达则能调动多种感官，引导学生在活动中获得审美体验和鉴赏能力进阶。在作业设计中提供丰富多元的表达途径，能够鼓励学习者依据自身能力特点进行个性化的审美鉴赏表达。

（五）应充分关照现实生活和学习者的自我反思，重视提升学习者的思想境界和审美情趣

文学类作品鉴赏的最终旨归是提升学习者的思想境界和审美情趣，这便要求教师在相关的作业设计中关注学习者的现实生活及其自我反思。如以下作业案例如示：

作业案例 14

数风流人物，还看今朝

1936 年 2 月，毛主席率领红一方面军从陕北出发，准备东渡黄河，进入山西西部。在陕北清涧海拔千米、白雪覆盖的塬上，他面对茫茫雪野、苍茫大地，胸中豪情激荡，写下了《沁园春·雪》一词。请阅读《沁园春·雪》完成以下任务：其中任务 1 必做，任务 2、任务 3 选择一个完成即可。

任务 1：请你结合全词，鉴赏结尾句"俱往矣，数风流人物，还看今朝"所蕴含的丰富情感。

任务 2：你心目中的"风流人物"是什么样的？请介绍一位你心目中的风流人物，并为其写一首小诗，抒发自己的情感。在写作过程中，注意句式和节奏。

任务 3："数风流人物，还看今朝"，你觉得我辈当如何成为风流人物？请将你的思考写成一首小诗，在写作过程中，注意句式和节奏。

该作业设计不仅包括对传统诗词的鉴赏，更是在设计中关照了学习者的现实生活及其自我反思。学生在完成作业的过程中不由自主地思考"风流人物"的精神品质以及如何方能成为"风流人物"，而此过程就是助力学习者精神成长和审美情趣提升的关键环节。

第三节
提升审美表达
与创造能力的作业设计

审美表达是审美鉴赏的基础及重要内容，需要调动学习者的情感、智力和能力，以促进审美创造活动的开展。审美创造是审美活动的高级阶段，也是美发生的最终主体根源。

一、提升审美表达与创造能力的作业概述

提升审美表达与创造能力的作业设计是落实"审美鉴赏与创造"这一语文素养的核心环节，也是审美能力发展的最终指向。在进行提升审美表达与创造能力的作业设计时，应当准确把握审美表达与创造能力的内涵，结合中学语文课程标准中的相关要求进行设计。

（一）内涵及意义

审美表达力是学习者从审美鉴赏力抵达审美创造力的重要桥梁，它融合了学习者的情感、智力和能力，为学习者进行审美创造奠定了坚实的基础。

审美表达力具有不同的层级，包括再现表达力、再造表达力和创造表达力。三者之间并不是独立的，而是互相关联、逐步深入与递进的。

再现审美表达力是审美表达的初级阶段，它强调对象的原初认识与理解，关照对象与审美主体的一致性和真实性，强调再现的精确性、细微性和逼真性。如语文经典诵读便是以模仿学习为主，在模仿表达的过程中感受古典诗词的韵味，呈现节奏、韵律的美。审美再造表达力是基于审美鉴赏与审美再现的更高层级的审美表达力。比如语文课本剧表演活动，将文本解读、艺术设计、舞台表演等有效结合，让学习者在研磨与思索道具的安排、布景的设置、语言的推敲等过程中，诠释对文本内涵的理解，把握角色特征，感受角色塑造的美好形象。审美创造表达力是审美主体调动各种审美心理因素，有创造性地表达美的能力。审美创造是审美活动的高级阶段，对于学生深入理解美、鉴赏美、创造美具有重要的作用与价值。

提升审美表达与创造能力的作业设计是落实"审美鉴赏与创造"这一语文核心素养的培养的核心环节。教师可以按照审美再现、审美再造、审美创造的发展路径进行相应的语文作业设计。

（二）审美表达与创造能力的课标要求

在《普通高中语文课程标准（2017 年版 2020 年修订）》中，"审美表达与创造能力"课程目标包括三个方面的内容：一是学习者能够用祖国语言文字表达自己对已存在的美的体验、思考与判断，也就是美的再现；二是学习者能够用语言文字发现创造更好的美，也就是美的再造与创造；三是学习者能够运用更好的语言文字形式取得更好的美的表达效果。因此，在进行提升学习者审美表达与创造能力的作业设计时，教师首先应当有意识地调动学习者的情感、想象、联想等心理因素，激发学习者的审美体验，丰富其生活体验和情感积累，为审美表达与创造奠定雄厚的基础；此外，还应当引导学习者观察和感受自然与社会，激发他们运用语言文字进行表现和创造的主动性和积极性，包括人物形象、景物形象、生活图景、社会场面等；同时，作业设计中还应当有意识地提高学习者语言文字表达的效果及美感，提升创新意识。

（三）审美表达与创造能力的学业水平表现

审美表达与创造能力的发展贯穿于初中、高中的语文学习中。初中学段在进行提升学习者审美表达与创造能力的作业设计时，教师应当引导学习者关注情境，选择合适的文本样式。高中学段进行提升学习者审美表达与创造能力的作业设计时，教师应当由初中学段的关注语境、关注文本样式的得体性转向文学作品的创作，引导学习者用诗歌、散文、小说、戏剧等文学形式表达自己的思想和情感，在审美表达与创造中涵养高尚的审美情趣与审美品位。

综上，教师在进行提升审美表达与创造能力的作业设计时，应当体现学段差异和层次特点，从具体情境入手，引导学生关注文体的得体性与适用性；激发学生通过不同的文学表现形式实现美的再造与创造，在此过程中力求语言文字能够产生更好的效果和美感，传递高尚的审美情趣与审美品位。

二、现有提升审美表达与创造能力的作业分析

目前，多数教师有培育学生的审美表达与创造能力的意识，比如通过设计各种类型的写作作业，激发学生的审美表达，提升其审美创造能力。但在具体的作业布置中，还存在如下问题：

（一）未充分考虑审美表达与创造能力的阶段性差异，缺乏梯度和选择性

审美表达与创造能力的发展具有显著的阶段性特征，在进行语文作业设计时应当考虑此特点。但是反观目前的作业设计，普遍存在阶段性特征不明显、未充分考虑学习者个体差异的问题。因此，学习者在完成作业的过程中，无法充分展现审美表达与创造能力。如下面的作业案例所示：

作业案例 1

请借鉴《沁园春·长沙》《立在地球边上放号》《红烛》《峨日朵雪峰之侧》的意象选择和情感表达，创作一首诗歌。

作业案例 2

　　请借鉴《再别康桥》《大堰河——我的保姆》《雨巷》的情感表达方式，创作一首诗歌。

　　统编普通高中教材语文必修上册第一单元和选择性必修下册第二单元的课文都选用了现代诗歌，因此很多教师在这两个单元的作业设计中都布置了新诗创作的任务（如案例 1 和案例 2），但是从具体设计内容来看，作业都是直接指向诗歌创作，而未能体现出审美表达与创造能力的阶段性差异。作业设计中应当按照审美再现、审美再造、审美创造的发展路径进行设计，可将作业案例进行如下修改：

作业案例 1（修改）

　　请从《沁园春·长沙》《立在地球边上放号》《红烛》《峨日朵雪峰之侧》中任选一首诗歌，借鉴它的意象选择和情感表达，将它改写为古诗。

作业案例 2（修改）

　　请借鉴《再别康桥》《大堰河——我的保姆》《雨巷》的情感表达方式，创作一首诗歌。

　　修改后必修阶段为诗歌改写，指向审美再造；选必阶段则为诗歌创作，指向审美创造，如此方能体现从审美再造到审美创造的阶段差异和发展路径。

（二）未充分创设审美表达情境，无法激发学习者进行审美表达与创造的主动性和积极性

　　审美表达与创造能力的产生依赖于真实的表达情境，因此语文作业中的表达情境设置显得至关重要。而目前有关的作业设计或是缺少情境，或是情境不够真实、自然，无法真正激发学习者进行审美表达与创造的主动性和积

极性。如下面的作业案例所示：

作业案例 3

1. 请以"激动"为主题，创作一段抒情文字或一首小诗。
2. 请以"心跳得那么快"为开头，创作一段抒情文字或一首小诗。

这两个题目都为学生提供了联想与想象的空间，都需要学生唤起自己的审美体验，进行审美创造。但第一个题目"激动"比较抽象，情境内容不太丰富；而在"心跳得那么快"中，"心跳"是"激动"的具体表征，"那么快"提示了"激动"的程度，"心跳得那么快"直接再现了一种具体的体验。作为抒情文字，尤其是诗歌的"唤起者"，第二个作业创设的情境明显更有助于学生进行审美创造。

（三）对语言文字的表达效果及美感关注不足，无法有效提升学习者审美表达与创造的质量

审美表达与创造存在质量的高低之分，学习者只有充分关注语言文字的表达效果，才能有效提升审美表达与创造的质量。然而目前相关的作业设计没有提供有效引导和参照标准，使学习者无法自主监控表达与创造的质量，也无法进行针对性的完善和提升。如下面的作业案例所示：

作业案例 4

阅读《水缸里的文学》，分析"河蚌仙女"的故事在全文中有什么作用。

作业案例 5

阅读《水缸里的文学》，第④段对河蚌仙女梦想的描述与第③段的童话故事相比有什么不同？这样写有什么作用？

这两项作业都含有对《水缸里的文学》一文中重点内容的理解，从语

文阅读能力培养来说是必要的；但从对语言文字的表达效果及美感的角度来说，案例4对学生的引导不足，案例5则紧扣本文叙述描写的重点，引导学生关注两段描述内容的异同，在细腻的品味中，提高学生对语言的敏感度，进而深入理解语言表达形式与内容的紧密联系。这种基于审美体验和审美探究而设计的作业，更有利于提高学生的审美表达与创造能力。

（四）任务较为单一，无法满足不同学习者具有差异的审美表达与创造的需求

审美表达与创造的形式极具个体差异性，不同的审美表达主体有不同的表达需求和表达途径，这就要求相关的作业设计要坚持多样性、可选择性。但是目前相关的作业设计任务仍略显单一，无法真正满足学习者的表达和创造需求。例如针对审美表达与创造，初中经常布置"文配画"作业，而高中则经常布置写诗作业。其实，无论是初中还是高中，对语言文字的审美表达可以通过多种形式进行，比如：学生对一篇作品有了审美学习感悟，可以鼓励他自主推荐相似作品并写点评；鼓励学生用集体创作的形式（歌谣、文创、角色扮演等）表达自己的审美感悟；或进行各种体裁之间的穿插改写等。

三、提升审美表达与创造能力的作业设计建议

基于以上对于提升审美表达与创造能力的作业的现状的分析，可以提出如下建议：

（一）应遵循审美再现、审美再造、审美创造的发展路径，设计符合审美表达与创造能力发展规律的作业

审美表达力具有不同的层级，包括再现表达力、再造表达力和创造表达力，在作业设计中应当遵循审美再现、审美再造、审美创造的发展路径，如下面的作业案例所示：

向英雄致敬——编辑《红色经典文集》

从统编版普通高中教材语文必修以及选择性必修共五册里选出属于红色经典的篇目，编辑成一本《红色经典文集》，请按以下步骤开展工作：

任务 1：找出五册教材中的"红色经典篇目"并按照一定标准，对这些课文进行分类。

任务 2：给每个板块拟定一个人文主题。

任务 3：拟定书名，要求能够概括全书的内容，有文学性，字句不能过长。

任务 4：为文集撰写序言，要求体现本书的思想内容和艺术特点，500 字左右。

任务 5：设计封面及插图，要求形象生动、符合红色经典的特征，符合文本的特点。

该作业设计涵盖了五个任务，其中任务 1 和任务 2 指向审美再现，任务 3 和任务 4 指向审美再造，任务 5 指向审美创造。这五项任务遵循审美再现、审美再造、审美创造的发展路径，尊重了审美过程的阶段性差异。而教师可以通过对作业的评估精准把握学习者审美能力所处的阶段。

（二）有意识地调动心理因素，激发学习者的审美体验，让审美表达与创造充满真情实感

教师在相关的作业设计中应当有意识地调动学习者的情感、想象、联想等心理因素，激发学习者的审美体验，丰富情感积累，为审美表达与创造奠定坚实的基础。比如：可以有意识地引导学习者观察和感受自然与生活，激发学习者的审美体验，让审美表达与创造充满真情实感，进而激发学习者进行审美表达与创造的主动性和积极性。如下面的作业案例所示：

留心生活之美，用文字寄托情思

在生活中，你是否曾经被一些场景、景象或者瞬间触动过，并且对这些场景、景象或者瞬间记忆犹新？这些场景（景象、瞬间）为什么会触动你？它们在当时或者后

来是否引发你的联想？请从自己的生活经历中取材，写一篇散文，寄托情感、思考或感悟，与大家分享。

摘引自义务教育课程标准（2022年版）课例式解读（初中语文）作者：赵岩 北京市海淀区教师进修学校中学语文教研员

此外在相关的作业设计中，教师可有意识地引导学习者关注当下的时代特征，让审美表达与创造融入时代特色。如下面的作业案例所示：

作业案例8

选择《红楼梦》中的人物和情节，以朋友圈的形式改写，并说明"设计理由"。具体要求如下：

①符合小说情节；②符合人物性格；③鼓励创意，比如可以为人物取"昵称"、设计头像，也可为朋友圈配图。

作业案例9

假如古人也能发朋友圈，你觉得范仲淹游览岳阳楼、欧阳修游览醉翁亭、张岱雪夜游湖心亭之后，他们各自会发怎样的朋友圈，以及会和哪些人物互动交流？

此类作业设计将审美表达与创造与时代特色充分融合。案例8依托名著阅读，以朋友圈为媒介，促使学生进行审美表达；案例9则依托名家名篇，代入古人视角撰写朋友圈。此类融入时代元素的作业设计能够打破学习与生活的界限，引导学生在生活化的情境中提升审美表达与创造能力。

（三）通过多种方式充分评价审美表达与创造的效果和美感，有意识地提升学习者的审美表达与创造的质量

在相关的作业设计中，教师应当通过一定的方式来评价审美表达与创造的效果和美感，从而帮助学习者有意识地提升审美表达与创造的质量。可对上文提到的作业案例2设计如下的评价量表：

作业案例 10

留心生活之美，用文字寄托情思

评价量表：

甲级	能选取恰切的生活场景，自然联想，表达自己独特的思考感悟，写出一篇文质俱佳的散文
乙级	能选取合适的生活场景，通过恰当的联想，表达对生活、成长的思考和感悟，写出一篇散文
丙级	能对生活场景产生联想，写出一篇散文

（设计者：北京市海淀区教师进修学校赵岩）

（四）融入多种审美表达方式，增加审美表达与创造的途径

作业案例 11

走进项脊轩，就走进了归有光的人生，也看到了那些永恒定格的画面，或诗意，或温馨，或甜蜜，或悲凉，如庄生迷蝴蝶的一个晓梦，是望帝托杜鹃的一片春心，"此情可待成追忆，只是当时已惘然"。请为《项脊轩志》设计一款卡片，要求：①运用文章中的物象；②巧用文章中的场景；③妙用文中的词句，写成对联或诗句；④情景交融，让故物与深情形象地呈现于卡片上。

作业案例 12

阅读《赤壁赋》，分析文中的景与情是怎样完美融合在一起的。选取文中一个片段，拟写视频拍摄脚本，挑选合适的音乐和场景，制作一个小视频。

制作人			主题		
标题			时长		2分钟
表现形式：图片 + 解说词 + 音效……					
	图片		**解说词**		**音效**
	素材	时间	引用文本	解说角色	声音	说明
内容一						
内容二						

续表

	图片		解说词		音效	
	素材	时间	引用文本	解说角色	声音	说明
内容三						
内容四						

作业案例 13

央视有一档节目——《经典咏流传》。假如你是经典传唱人，请从《短歌行》《归园田居（其一）》《梦游天姥吟留别》《登高》《琵琶行》《念奴娇·赤壁怀古》《永遇乐·京口北固亭怀古》《声声慢》中选择一篇作品进行演绎。

任务 1：诵读诗词，体悟情志。

任务 2：抓取要点，适度改编。

任务 3：选择乐曲，模拟演绎。

　　以上作业案例中融入了实用性表达、文学性表达、跨媒介表达等多种审美表达方式。这三项作业设计如果能同时提供给学生，允许他们选择其一来完成，则更能为学生个性化地呈现自己的审美表达与创造提供适宜的空间。

　　本章的作业设计旨在促进学生审美能力的发展，其中语言文字作品的美感体验是语文学科审美能力的基础；对文学作品的鉴赏能力是审美能力发展的支撑点，而提升审美表达与创造能力发展的作业设计则是落实"审美鉴赏与创造"这一语文核心素养的核心环节，也是审美能力发展的最终指向。此类作业设计中应当以挖掘有价值的、独特的美为核心要求，以形式多样的审美引导为基本要求，以丰富多样的表达形式为重要依托，最终实现学生在充分的体验和参与中促进其审美能力的发展。

思考 与 实践

　　通过本章的介绍，你对促进审美能力发展的中学语文作业设计具有了一定的了解，请结合阅读所学，思考下列问题：

　　1. 你所任教学段学生的审美能力具有怎样的阶段性特征？如何在作业设计中充分体现审美能力发展的阶段性特征？

　　2. 审美能力具有一定的个体差异性，教师在作业设计中应如何尊重这种差异性以满足不同学生的学习需求？

　　3. 审美能力的提升需要充分调动学生的主动性和参与性，教师在作业设计中应如何激发学生的主动性？

第六章

引导文化传承与理解
能力发展的中学语文
作业设计

概览

1. 文化传承与理解是指学生在语文学习中，自觉继承和弘扬中华优秀文化、革命文化、社会主义先进文化，理解和借鉴不同民族和地区的文化，拓展文化视野，增强文化自觉，提升文化自信，热爱祖国语言文字，热爱中华文化，防止文化上的民族虚无主义。本章将讨论传承中华优秀传统文化，理解多样文化和参与当代文化三个方面的作业现状及改进建议。

2. 语文学科传承中华文化的重点内容是中华优秀传统文化与革命文化。本章第一节主要阐述对中华优秀传统文化和革命文化的理解，归纳课标要求和学业水平表现的重点内容，并结合现有作业设计的情况提出了传承中华文化的作业设计建议。

3. 理解多样文化，旨在引导学生思考丰富多彩的人类文化，培养开放的文化心态，发展批判性思维，增强文化理解力。本章第二节主要阐述对多样文化理解的认识及课标要求，并结合现有作业设计的情况提出了理解多样文化的作业设计建议。

4. 传承中华文化的关键在于将优秀传统文化和革命文化熔铸于社会主义先进文化的建设之中。本章第三节主要阐述对当代文化参与的理解和课标要求，并结合现有作业设计的情况提出了当代文化参与的作业设计建议。

案例导入

结合《愚公移山》及相关材料，回答以下问题：

1.《愚公移山》一文看似短小，却包含着中华优秀传统文化中的一些核心理念与人文精神。请谈一谈你的理解。

2. 愚公移山精神历久弥新，不断绽放出时代光芒。自 20 世纪 60 年代起，黄大发带领群众，历时 30 余年，靠着锄头、钢钎、铁锤和双手，在绝壁上凿出一条长 9400 米、地跨 3 个村的"生命渠"，结束了草王坝长期缺水的历史，黄大发被乡亲们称为"当代愚公"。请结合黄大发的事例，思考在当代多元文化的背景下，我们应当如何坚守文化底色，建立民族的文化自信。

《愚公移山》是统编义务教育教材初中语文中的散文名篇，也是知名的"老三篇"之一。中华人民共和国成立后被选入中学语文教材，其中蕴含的丰富人文精神鼓舞了一代又一代中华儿女。本作业设计以"愚公移山"为线索，设置一系列具有语文学科特色的问题，帮助学生思考中华优秀传统文化、革命文化、社会主义先进文化之间的源流关系，增强学生的文化自信。

本章从中华文化传承、多样文化理解、当代文化参与三方面入手，分析探讨引导文化传承与理解能力发展的中学语文作业设计的内容、表现形式以及现状。在讨论文化内涵、分析课标要求和学业水平表现的基础上，通过具体的案例为教师们提出相关的作业设计的建议，帮助教师完善作业设计理念，帮助学生落实语文核心素养。

第一节
引导中华文化传承的
作业设计

　　中华文化包含了中华优秀传统文化、革命文化、社会主义先进文化等内容。传承中华文化是中国特色社会主义道路自信和文化自信在教育实践中的具体体现。语文作业设计应当坚持工具性与人文性相统一，帮助学生在语言文字中找到与文化连接的情感纽带，让学生热爱祖国语言文字，热爱中华文化。

一、引导中华文化传承的作业概述

　　在中学阶段向学生传承中华文化，是帮助学生建立起对中华民族的文化自信和对我国社会主义先进文化的文化自信的重要途径。教师应引导学生认识中华优秀传统文化、革命文化与社会主义先进文化之间的关系。

（一）内涵及意义

　　中华文化传承，主要是传承中华优秀传统文化与革命文化。《义务教育语文课程标准（2022年版）》与《普通高中语文课程标准（2017年版2020年修订）》均提到了要"继承和弘扬中华优秀传统文化、革命文化、社会主义先进文化"。

1.对于"中华优秀传统文化"的理解

中华优秀传统文化分为三类：核心思想理念、中华传统美德、中华人文精神。如讲仁爱、重民本、守诚信等核心思想理念，扶危济困、见义勇为、孝老爱亲等中华传统美德和促进社会和谐、鼓励人们向上向善的思想文化内容等。中华优秀传统文化还应包含本民族的独特审美文化。传统审美文化植根于核心思想理念，它以中华民族富有个性的审美思想为基石，表达着中华传统美德与向上向善的中华人文精神。与语文学科相关的审美文化载体非常丰富，如诗词歌赋等文学作品和书法艺术，还有与此相关的传统审美理论著作如词话、诗话等。

2.对于"革命文化"的理解

中国共产党一百多年来的奋斗历程和革命实践孕育了伟大的革命理想、革命精神与优良的革命作风，这些都成为革命文化的一部分，如：井冈山精神、长征精神、西柏坡精神、"两弹一星"精神、抗洪精神、脱贫攻坚精神等。

在语文学科中，革命文化的载体主要是反映革命理想和革命精神、革命作风的优秀作品。这些作品主要分为两类：文学性作品以及带有思辨性、理论性的实用性作品。

（1）文学性文字作品

①老一辈无产阶级革命家和革命英雄人物的代表作；

②反映中国革命各个时期的重大事件、代表人物及感人事迹的优秀文学作品；

③反映党领导人民革命的伟大历程和重要成就的文学作品；

④其他反映革命传统、革命精神的文学作品。

（2）实用性文字作品

①阐发革命精神的优秀论文与杂文；

②反映革命传统的新闻、通讯、报告、演讲、访谈、述评等作品。

（二）中华文化传承的课标要求和学业水平表现

语文学科引导学生继承与弘扬中华文化，其载体与立足点是国家的通用语言文字及其作品。《普通高中语文课程标准（2017年版2020年修订）》指出："语言文字是文化的载体，又是文化的重要组成部分；学习语言文字的过程也是文化获得的过程。"

下面从中华优秀传统文化传承和革命文化传承两个方面来分析语文课程标准对相关内容及其学业质量的要求。

1. 中华优秀传统文化传承的课标要求与学业水平表现

对中华优秀传统文化的传承重在对其"核心理念""传统美德"与"人文精神"的传承。在语文课程学习中，对中华优秀传统文化的学习由两方面的内容构成：一是对语言文字及其作品的积累、梳理与运用；二是对语言文字作品的思想内容的把握。

（1）注重语言文字及其作品积累、梳理与运用方面的传承

语文课程标准要求学生在积累、梳理与运用祖国语言文字及准确理解古代作品内容的同时，能从情感上热爱祖国语言文字，对其中的文化内涵抱有兴趣与热情；要了解、探究其中语言文化的民族特性、语言文字独特的美与文化意蕴，对中华优秀传统文化的传承不能局限于工具性的积累、梳理与运用。

这就要求教师在设计相关的作业时关注工具性与人文性的统一。如：在对汉字、词语、名句名篇的积累中要保护学生的学习兴趣，强调引导学生探索美感体验与文化内涵；梳理不同类型的章句内容与语法现象时，要引导学生去发现汉语独特的文化特性及其价值；在不同场合的实际运用中，要引导学生恰当准确地使用它们的文化含义。

（2）注重内容与思想层面的传承

语文课程标准对中学生的要求是：应了解作品中包含的中国优秀传统文化内容；在文学鉴赏和表达中体会本民族独特的高尚审美情趣，运用富有文化意蕴的语言材料和语言形式。而对优秀学生，则希望他们能体会不同时期、不同类型的代表性作品中的文化特点；能够在特定的社会文化场景中考察传统文化经典作品，以客观、科学、礼敬的态度，认识作品对中国文化发

展的贡献；对卓越的学生，则希望能够体会中华文化创造性转化和创新性发展的趋势。

以上内容提示教师在设计相关的语文作业时应当分清"中华优秀传统文化"传承中的不同层面；要将作品赏析与中华优秀传统文化中的核心理念和古典文艺理论的相关内容相结合；要在作业中设计思辨性的任务，帮助学生正确看待作品的时代局限性。

2. 革命文化传承的课标要求与学业水平表现

语文课程标准对革命文化提出了明确的要求，主要集中于对学生精神品格的塑造，没有过多提及可量化的学业表现，涉及的角度主要有三个：

第一，通过阅读革命文学作品，学习革命历史人物身上的崇高精神品质。

第二，通过结合当代生活现实，加深对革命文学作品的理解。

第三，通过学习阐发革命精神的优秀论文、杂文及理论性论著，分析其中论证的深刻逻辑。

以上内容提示教师在设计相关的语文作业时应当更多关注革命人物的经典形象，更多结合学生的生活实际；应当引导学生在学习阐发革命精神的思辨性作品时，既学习其严密的论证方法和风格，也要关注革命精神是如何融入其中的。

二、现有引导中华文化传承的作业分析

通过对当前中学语文学科中涉及中华优秀传统文化和革命文化传承的作业布置情况的调查以及查阅相关的文献和著作，可以看出，由于新版语文课程标准颁布的时间不长，教师对专题作业设计的研究比较薄弱，存在普遍的对中华文化传承的内涵及其表现形式理解不够深入的问题，针对中华文化传承的作业设计较少，更多的是将中华文化传承的内容渗透到材料中以常规作业的形式出现。根据前述的语文课程标准的要求，当前关于中华文化传承的作业设计主要存在四大问题：

（一）语言文字积累类作业重复低效，不能与丰富的语文实践活动相结合

对汉字、词语和古诗文名篇的练习多属于语言文字积累类作业。对语言文字的积累不应只是出于纯工具性的目的而采用机械反复的方式进行练习，要改变与语文实践活动割裂的语言文字积累类作业的设计形式。目前，重复抄写默写汉字、词语和古诗文名篇名句的作业依然普遍存在，如：有的教师要求学生将所学古诗抄写五遍，并在家长监督下默写一遍；如果学生在校默写错误较多，作为惩罚，则要求学生在校外多遍重复抄写古诗。这种作业对帮助学生建立文化自信效能不高，对部分存在严重学习困难的学生甚至产生负效应。究其原因，是这样的作业脱离了语文实践活动，脱离了课堂的学习任务设计，使学生无法在兴趣的引领下自主学习。

（二）语言文字梳理与探究类作业缺乏对文化视角的关注

这里说的文化视角是指中华优秀传统文化的视角。在中学语文教学中，以文化视角为主或辅以文化视角的语言文字梳理类作业非常稀缺。即使有也多是偶一为之，没有做到贯穿全部学习任务群。

目前教师设计的比较成熟的梳理类语文作业主要是对文言语法现象如实词虚词、通假字、古今异义、词类活用、特殊句式等进行分类整理。但是对这些内容的整理主要着眼其工具性的功能。不少教师布置过"整理本单元一词多义的文言实词，为每种词义提供课内例句""将所学过的宾语前置句式的课内例句整理摘抄在作业本上"等作业。很少有教师主动把这些工具性的内容与汉语的民族特性乃至中华文化的审美表达关联起来，去帮助学生更加准确深入地理解中华优秀传统文化。

（三）注重思想内容理解的作业与传统文化核心精神理念的结合较浅

关于这一部分内容，初中阶段和高中阶段应当有所区分。

在初中阶段即义务教育 7 ~ 9 年级阶段，语文课程标准指出，学生对于

中华优秀传统文化中的核心理念、传统美德和人文精神的学习，主要以对语言文字、名句名篇的感受、积累为主。对学生通过阅读分析作品去深刻理解古代思想文化内涵并没有提出明确的要求。但对于传承中华优秀传统文化的审美追求，《义务教育语文课程标准（2022 年版）》专门在"思辨性阅读与表达"中提出："阅读诗话、文论、书画艺术论的经典片段，尝试运用其中的观点欣赏、评析作品。"其中提到的诗话、文论及书画艺术论是中华优秀传统文化中审美思想的精华，统编义务教育教材语文九年级下册新收录的《山水画的意境》《无言之美》《驱遣我们的想象》等篇目都包含了丰富的中华民族审美思想。而针对这一角度设计的作业目前还十分稀少，这应该引起尝试设计传承中华优秀传统文化的语文作业的初中语文教师的高度重视。《普通高中语文课程标准（2017 年版 2020 年修订）》则专门在"课程结构"中设立了"中华传统文化经典研习"选择性必修和"中华传统文化专题研讨"选修两个学习任务群，要求学生"由点到面地体会中华传统文化的精深和丰富，初步认识所读作品在中国文化史上的贡献"；"加强理性思考，增进对中华文化核心思想理念和中华人文精神的认识和理解，体会中华文化创造性转化和创新性发展的趋势"。对于大多数高中生而言，不仅要就单篇古代经典作品的内涵进行思辨性学习，理解其中的优秀传统文化理念与精神；还要广泛阅读其他作品，相互勾连，从历时性和共时性两方面理解中华优秀传统文化的理念与精神。

从目前高中阶段相关的语文作业设计来看，大部分作业仅仅停留在对相关作品内容理解的层面，即使有互文、对比式的阅读，也主要以更好地理解作品内容为目的。至于作品的时代意义，作者思想的文化渊源，其中涉及的民族文化心理、思维方式等文化内涵则很少得到关注和挖掘。

（四）学习优秀革命文化作品的作业较少结合学生的生活和思想实际，形式较为单一

无论是《义务教育语文课程标准（2022 年版）》还是《普通高中语文课程标准（2017 年版 2020 年修订）》，在传承革命文化方面都突出强调学生应结合当下自身的生活实际、思想见闻，深入地理解革命精神，有自己独到的

认识。《义务教育语文课程标准（2022年版）》在学习革命人物的品质精神时，还使用了"体认"一词，也就是要求学生对革命精神与伟大历史进程的理解不能流于形式，说假话、空话、套话，务必要有情感和思想上的亲身体会、切身感受，甚至身体力行。

基于此，《义务教育语文课程标准（2022年版）》和《普通高中语文课程标准（2017年版2020年修订）》都希望学生开展多种形式的学习。除了在课堂上阅读优秀的革命文化作品外，地方教育部门会为中学生群体安排一些传承红色精神的社会实践活动，例如参访革命圣地、革命旧址和观赏革命文物等；在相关革命人物和事件发生的节日和纪念日，学校德育部门也会为学生准备相应的作品或者向学生征集相应活动的作品。传承革命文化的作业形式应当丰富多样，比如：撰写小组研究报告、新闻通讯、演讲稿、访谈记录、述评等。但是在实际的语文教学中，教师设计的传承革命文化的作业很少结合学生的生活实际与思想实际，即使有所结合，形式也非常单一，主要是让学生结合自己的生活实际谈一谈某一种革命精神，或在阅读重要的革命文化作品，参观革命圣地、革命旧址和革命文物后，写作观（读）后感等。由于没有新颖的形式引导学生主动去探索，学生对此很难产生学习兴趣，完成的这类作业多充斥着空话、套话，质量不高。

三、引导中华文化传承的作业设计建议

针对前述相关的语文作业存在的问题，教师可以从以下几方面改进作业设计，以提高中学生传承中华文化的积极性，更好地培育语文学科核心素养。

（一）语言文字积累要注重实践性与人文性相统一

上文已经说明，语文课程标准要求对语言文字的积累在活动中进行，体现实践性；语文课程标准还要求在积累中培养学生对汉语汉字的兴趣与学习热情，渗透人文性。对汉字、词语和诗文名篇的练习等语言文字积累类作业是语文学科日常作业的重要组成部分，那么设计相关的语文作业时，应如何

实现实践性与人文性的统一呢?

首先,教师应当具有积累非一日之功的意识,要提前设计,制定长期和短期相结合的作业目标。其次,要使用多种形式和类型的作业,照顾学生不同的能力水平和学习兴趣的差异;最后,还要和其他学习任务相互配合,甚至将积累的内容融合到其他课程篇目的作业任务中去。如以下作业案例所示:

作业案例 1

《岳阳楼记》积累性作业布置的示意表

积累目标示意			
1. 背默全篇内容;2. 积累文言知识及语法现象;3. 积累文化常识			
时间	预习阶段(1周)	积累阶段(学习中+学习后)(1—4周)	复习阶段(1—4周)
任务示意	古诗文吟诵展示大会	"《岳阳楼记》笔下的力量"座谈会 / 《岳阳楼记》"情·景·思"主题书法展(现场创作)	实践运用与其他任务相结合,即在其他篇章的学习或者任务活动中,加入《岳阳楼记》相关的积累内容的应用
作业示意	以小组形式查阅影音资料,唱诵包括《岳阳楼记》在内的需要积累的古诗文名篇	结合工具书和对文意的感受与理解,对重点课下注释进行有独到见解的补充说明(可以联想),为任务做准备	在教师布置的不同主题下,寻找合适的名段名句,现场创作硬笔书法作品(默写);然后进行班内展示及年级优秀作品展示	
目的示意	激发兴趣;感性认识;熟读成诵	通过积累文言知识及语法现象,感受文本中阔大的景物与作者的情怀	能够理解性地背默文中重点段落及佳句	熟练背默全文,在语文实践中恰当运用

从上述示意表中可以看到,教师拉长了《岳阳楼记》的积累时间跨度,充分地利用了假期和开学初的时间让学生做准备。吟诵的任务难度不大,但是结合新媒体进行设计会出现很多有创意的形式,如歌唱、配乐、配动画朗

诵等，可以充分调动学生的学习兴趣，帮助学生感性认识文章内容。

在学习期间，学生通过完成对课下注释的新认识，来理解文章的整体思想情感。如"衔远山，吞长江"的"衔"与"吞"从注释看仅是"包含"与"吞吐"的意思，很难理解为何"夫巴陵胜状，在洞庭一湖"，记忆积累这两个实词的词义也将因此产生困难。学生可以将"衔"字的常用含义"衔于口中"与注释的"包含"相关联，将"吞"字的常用含义"囫囵吞咽"与注释的"吞吐"相关联，产生对洞庭湖水生动形象的理解，进而理解文意。本文的语言阔大有力，情感饱满，所以用"笔下的力量"来引导学生在作业中对注释做补充，可以帮助学生理解文意，做到实践性与人文性的统一。

学习后的积累过程与复习阶段，具体作业要求在示意表中已经清晰进行了说明。举此例是希望学生在完成积累类作业时，可以逐渐形成正向积极的情感，完成更多的文化性活动，达成语文课程标准的要求。实际教学中，教师可以根据实际情况适当调整作业任务。

（二）从文化视角开展语言梳理探究，引导学生发现汉语的特性

语文课程标准对语言文字梳理与探究提出要求，是希望学生加深对汉字汉语文化内涵的认识和理解，进而积极加以运用，提升自己的文化修养，甚至对祖国语言文字及其民族特性具有一定的理性认识。在现有相关的作业设计中，从文化角度进行语言文字梳理的内容较少，对文言知识和语法现象进行工具性梳理的较多。有鉴于此，教师在设计相关的作业时要加大从文化角度对语言现象进行梳理的内容，在进行工具性梳理时，要注重引导学生理解汉语的民族特性及其对民族文化的意义。如下面的作业案例所示：

作业案例 2

《红楼梦》整本书阅读作业设计

自古以来，中国人就有"君子比德于玉"的传统。东汉许慎的《说文解字》将"玉"字解释为"石之美者"，认为玉具有仁、义、智、勇、洁五德。战国时期屈原的《楚辞·九章·怀沙》中有"怀瑾握瑜兮，穷不知所示"的诗句，借美玉表明自己高洁

的操守；唐朝王昌龄的《芙蓉楼送辛渐》中有"一片冰心在玉壶"一句，借玉壶来寄托自己纯洁赤诚的心志。作为中国古典小说的巅峰之作，《红楼梦》中也有大量与玉相关的人、物、现象。

①请列举几处《红楼梦》中与"玉"有关的人、物、现象。

②请围绕《红楼梦》中你感兴趣的一处与"玉"相关的人、物或现象，分析其所蕴含的深层含义。

③《红楼梦》第九十四回，有"失宝玉"之后"通灵知奇祸"的叙述，有人认为这是封建迷信，对此你怎么看？请表明你的观点，并说明依据。

④"玉"具有重要的文化价值，但在《红楼梦》第十七回"大观园试才题对额，荣国府归省庆元宵"中，贾政及其门客初拟"泻玉"二字，宝玉以为不妥，并改拟"沁芳"二字，你赞同哪一方的观点？请结合文本内容、主题、参阅部分"红学"研究专著（如周汝昌的《红楼十二层》）进行探讨，写成一篇500字左右的小论文，分享到班级微信群进行交流。

（作者为西南大学文学院任明满等）

本作业设计以"玉文化"为主轴，结合了《红楼梦》整本书阅读，设计了一组涵盖基础性和探究性任务的作业。任务①为基础性作业，旨在考察学生筛选信息和再现记忆的能力，此种能力和素养是进行文化传承所必备的。任务②是对任务①的深化，指向对文化深层意蕴的探讨，带有一定的综合性和开放性。任务③在任务②的基础上，指向理解和探究。任务④引发学生的认知冲突，激励学生结合学术资料进行深度的阅读和探究。

在完成此作业的过程中，学生既能够结合《红楼梦》进一步理解"玉文化"的内涵和精神，又能够完成整本书的阅读并产生进行相关探究的浓厚兴趣。

作业案例3
梳理与探究与汉语单音节表义特性相关现象的作业设计

1. 汉语与汉字是单音节表义的独特语言文字，在遣词造句、构建韵律和文字表义形式上具有得天独厚的优势。请试着探索并整理汉语因单音节字表义而产生的独特语言文化现象，并与大家分享。（例如字数、词性、平仄都有严格要求的楹联与诗句，是多音节表义的语言文字无法实现的）

2. 文言文中有一些特殊的语法现象，也与古人惯用单音节汉字表达现代汉语中的多音节含义有关，如名词做状语、使动用法与意动用法等。许多成语中保留了这些语法现象。请查阅相关资料，分类整理含有这些语法现象的成语。（例：包含名词做状语的"旭日东升"、包含使动用法的"沉鱼落雁"、包含意动用法的"幸灾乐祸"等）

3. 当代生活中，也有很多综合利用汉语单音节表义特性和文言文特殊的语法而创造出的当代语言现象，如"科教兴国""振我国威""潮文化"等，请思考这样造词的好处与它们的适用场合。

这则作业以梳理与探究为背景，为学生前置了汉语单音节表义的特性，学生通过梳理对这种语言现象有了基本的了解；这时，引入对文言文特殊的语法现象的整理与积累工作，结合成语来帮助学生学习文言文的特殊语法现象；最后，通过这种文字特性和语法现象在当代生活中的复现，让学生感受祖国语言文字历久弥新的文化价值。

引导学生理解汉语的民族特性及其对民族文化的意义，内容不必过深延展，主要以增强规律性和典型性的认识，注重发展语感，引导学生自主学习为要。《普通高中语文课程标准（2017 年版 2020 年修订）》在"语言积累、梳理与探究"任务群中对此进行了明确的说明："不论是积累、梳理还是探究，都注重发展语感，增强对语言规律的认识，不追求知识点的全面与系统，切忌违背学生自主学习的精神，生硬灌输一些语言学条文。"

（三）注重思想内容理解的作业可进一步拓宽视野，开展审美阅读、思辨阅读

在传承中华优秀传统文化的过程中，教师可以结合教学的重点内容，设计进一步开阔学生文化视野、培养文化审美能力的作业；在较高学段，可以结合对具体文本的理解，联系更多的作品，开展思辨阅读，从而培养学生的理性精神。

统编义务教育教材语文九年级下册加入了一些有关艺术创作论的篇目，如《山水画的意境》《无言之美》。教师在为这些文章设计作业时如果结合已学过的如《湖心亭看雪》（九年级上册）、《苏州园林》（八年级上册）等课文

来进行，可以取得较好的效果。另外，教师在为中学语文教材中众多古诗文名篇设计作业时可以联系古代的"诗话""词话""诗论"等来进行，让学生"阅读诗话、文论、书画艺术论的经典片段，尝试运用其中的观点欣赏、评析作品"。如下面的作业案例所示：

作业案例 4

①《山水画的意境》谈到"意境是山水画的灵魂"；《无言之美》中谈到"说出来的越少，留着不说的越多，所引起的美感就越大越深越真切"。结合《湖心亭看雪》中的景物描写，选择一句，分析其中的审美观念。

②近代学者俞陛云先生在《诗境浅说》一书中评价崔颢的《黄鹤楼》"其佳处在托想之空灵，寄情之高远也"。结合诗句的内容，说说你对这个评价的理解。

（2019 年北京市东城区初三模拟题）

以上两个问题分别使用了教材内外有着传统审美特色的材料，让学生结合所学的课文内容，进行鉴赏，从而体会领悟中国传统的审美观念。教师还可以在课下安排学生尝试进行"古代词话诗话选编"的工作，进一步提高学生学习的主动性。

高中阶段的语文学习要求学生对中华优秀传统文化建立起由点到面的认知。教师可以通过中华优秀传统文化中的核心理念、传统美德与人文精神来勾连不同时代、不同主张的经典作品，由点及面地引导学生认识其中共通的理念、美德与精神。

教师可以将高中语文学习中要求整本书阅读的《论语》与高中语文篇目《陈情表》《项脊轩志》等联系起来，设计作业，引导学生思考儒家孝亲观念的发展与影响。如下面的作业案例所示：

作业案例 5
"孝文化与中华民族的家国情怀" 探索任务中的三次作业

①《论语》中关于孝的论述来自孔子本人的有十余次。除此之外，著名的还有孔子弟子有若的"本立而道生"说。请对材料中孔子与有若论孝的不同重点加以概括，思考有若在孔子谈孝的基础上，对孝的文化意义有何发展。

孟武伯问孝。子曰："父母唯其疾之忧。"

子游问孝。子曰："今之孝者，是谓能养，至于犬马，皆能有养，不敬，何以别乎？"

有子曰："其为人也孝悌而好犯上者，鲜矣。不好犯上而好作乱者，未之有也。君子务本，本立而道生。孝悌也者，其为仁之本与？"

（注：与本次作业同时进行的，还有活动任务中研读先秦诸子与孝亲相关的语言文字作品，如孟子与墨子的作品等）

②结合前次任务中的所得与下面材料的内容，谈一谈从李密的《陈情表》来看，当时的人是如何受到儒家思想影响的。在李密的时代，孝文化又有何发展？

伏惟圣朝以孝治天下，凡在故老，犹蒙矜育，况臣孤苦，特为尤甚。且臣少仕伪朝，历职郎署，本图宦达，不矜名节。今臣亡国贱俘，至微至陋，过蒙拔擢，宠命优渥，岂敢盘桓，有所希冀。但以刘日薄西山，气息奄奄，人命危浅，朝不虑夕。臣无祖母，无以至今日；祖母无臣，无以终余年。母、孙二人，更相为命，是以区区不能废远。

（注：与本次作业同时进行的，还有活动任务中对于汉魏时代孝亲文化的文字材料的讨论，如董仲舒和史传作品中以闻孝名的古人）

③《项脊轩志》中归有光在怀念祖母时提到了一段感人的故事，这段情节中隐藏着家庭与家族的兴衰。请结合前两次任务中的作业与你所查找的材料，思考在时代的演变中，孝所承载的情怀是如何发展的。

一日，大母过余曰："吾儿，久不见若影，何竟日默默在此，大类女郎也？"比去，以手阖门，自语曰："吾家读书久不效，儿之成，则可待乎！"顷之，持一象笏至，曰："此吾祖太常公宣德间执此以朝，他日汝当用之！"瞻顾遗迹，如在昨日，令人长号不自禁。

（注：与本次作业同时进行的，是学生对宋明时代儒家忠孝观的收集，还可以与近代革命志士的相关事迹进行关联，如初中所学的朱德同志的《回忆我的母亲》一文）

这则作业是配合语文学科传承中华优秀传统文化的实践任务而制定的。通过搜集资料、研究讨论等其他环节，学生可以相对完整地认识到孝文化与中华儿女家国情怀的深刻关联。在第一次作业中，学生认识了古人的孝亲观念推己及人的过程。在第二次作业中，学生见证了"孝为大"成为国策与通行的文化价值观；在第三次作业中，学生发现了孝逐渐扩大到家族观念，为国出仕，光宗耀祖成为古人的主要观念，乃至影响到近现代的仁人志士保家卫国的信念。这体现了以由点及面的文化史视野来学习语文的要求。

（四）学习优秀革命文化类的作业要注重结合学生的生活，采取多样的形式

上文已经引证语文课程标准的内容，说明了语文学习中传承红色革命文化重要的一点是能够有真切的感受与体会，这需要学生结合自身的生活实际来认识与理解。从形式上看，语文学习中传承优秀革命文化可以采用诸如撰写小组研究报告、新闻通讯、演讲、访谈记录、述评等多种形式，让学生结合社会生活理解、思考、体悟革命文化的精神和现实意义。

尤其值得关注的是，传承红色革命文化是学校德育部门与诸多学科的共同任务。传承革命文化的实践活动在校园生活中有诸多的资源可以利用，语文学科如果善加利用，可以与之形成合力，促进教育教学一体化的进程。下面的表格中呈现了校园红色德育活动与语文学科的任务作业的对应形式，可作为借鉴。

校园常见的红色德育活动	语文学科对应的任务作业形式
红色纪念日主题纪念活动	讲话稿，演讲稿，新闻通讯等
革命圣地、旧址、遗物的参观活动	研究报告，新闻通讯，述评，解说词等
邀请革命后代或相关人员做讲座	访谈记录，新闻通讯，述评等
学习革命人物精神的志愿活动	新闻通讯，纪实作品等
其他学科组织的革命文化学习活动	演讲、辩论及各种有可能的形式

按照表格思路，教师可以设计很多类型的作业，如：为校园广播站"'九一八'纪念活动"提供广播稿；为革命纪念馆中的某一件文物撰写不同体裁的解说词等。

实际上，革命精神并不仅仅存在于近现代革命史中。抗美援朝精神、"两弹一星"精神、抗洪精神、脱贫攻坚精神、抗疫精神等都是第一批纳入中国共产党人精神谱系的伟大精神，在这些重大的革命事件或革命事业中涌现出了大量具有影响力的伟大人物，都可以成为语文学习中传承革命文化的配套资源。教师结合学生的学习、生活实际将它们融入传承革命文化的语文作业设计中，既可以提高学生对语文学习的兴趣，还能充分发挥语文教育培根铸魂的作用。

第二节
指导多样文化理解的
作业设计

理解多样文化，旨在引导学生思考丰富多样的人类文化，培养开放的文化心态，发展批判性思维，增强文化理解力。它能够帮助学生懂得尊重、包容不同文化，并从中汲取智慧，拓展眼界，同时增强对社会主义先进文化的文化自信。

一、指导多样文化理解的作业概述

理解多样文化，重在使学生拥有"求同存异"的精神。存异指尊重包容其他民族的优秀文化；求同指能够汲取其他优秀文化的精华与智慧，共同发展。《普通高中语文课程标准（2017 年版 2020 年修订）》提出："通过学习语言文字作品，懂得尊重和包容，初步理解和借鉴不同民族、不同区域、不同国家的优秀文化，吸收人类文化的精华。"

（一）内涵及意义

在中学语文课程的学习要求中，涉及"多样文化"的表述仅在《普通高中语文课程标准（2017 年版 2020 年修订）》中的"外国作家作品研习"任务群和"跨文化专题研讨"任务群的学习目标中出现过，具体表述分别为："尊重文化多样性，提升文化鉴别力。""增进对人类文明史上多样文化并进的事实及全球化背景下文化多样性的理解。"基于此，"多样文化"可以理解为"文化多样性"，学习多样文化理解这一内容的要点是引导学生在语文学习中秉持尊重包容、吸收借鉴的态度。

（二）多样文化理解的课标要求和学业水平表现

"多样文化理解"专题覆盖范围广，内容复杂。语文课程标准对义务教育阶段有关"多样文化理解"的内容只是提及而没有做直接的要求，高中阶段则将多样文化理解的载体范围限定为文学作品及经典文化名著，在不同国家与民族的文学、文化经典作品、外国文学理论名著，或文化比较的著作中。进行本专题的作业设计时，教师需要关注两个层面：第一是情感层面，让学生从情感上接纳多样文化的存在，学会尊重和包容不同的文化；第二是理性层面，让学生学会理性地理解、吸收不同文化的精华，在吸收的同时，通过比较鉴别，深化对中华优秀传统文化的理解，增强对中国特色社会主义文化的自信。

二、现有指导多样文化理解的作业分析

通过对当前中学语文作业中涉及多样文化理解的作业布置情况的调查和查阅相关的文献及著作，可以发现，与前面传承中华文化的作业设计情况相同，本板块的专门作业设计比较少，存在两个方面的问题：

（一）阅读外国作家作品的作业中对异质文化的理解较浅

从语文课程标准的表述中可以看到，多样文化理解的第一步是要求学生吸收理解不同文化的精华，之后是进行文化比较，提升鉴别力，增强自身的文化自信。这主要通过阅读外国文学作品来完成。

按照这个标准进行观察，对文学作品本身的人物形象和思想内涵进行深入思考的作业还是比较成熟的，而且各地教研部门编写的作业材料都为教师们提供了相对成熟的作业。如下面的作业案例所示：

作业案例1

老人两手空空的回到了岸上，但他却大声说："没有什么能把我打垮，都是因为我出海太远了。"请你结合文本，说说这句话蕴含的深刻哲理。

（选自北京市西城区《学习·探究·诊断（选择性必修上）》2022版第60页）

此道作业题的设计意图直指文学作品中的人物形象及其展现的精神品格。让学生感受《老人与海》中老人的硬汉精神，从而领略到其他国家民族的文化精神中的优点。

如果从多样文化理解的角度做进一步的探究，本作业还是存在有待改进的地方。比如：硬汉精神固然值得借鉴，但是学生能否从文化情感上尊重与包容这种以身犯险还比较执着甚至执拗的硬汉精神？学生是否理解海明威笔下的硬汉精神在当时美国的文化背景下的价值？如果在课堂学习中能够帮助学生了解不同时代和地区的人群的生活轨迹及文化产生的过程，那么作业中就可以加入相应的材料，帮助学生在思辨中更好地理解多元文化，借此来回应《普通高中语文课程标准（2017年版2020年修订）》的课程目标中"通过学习语言文字作品，懂得尊重和包容，初步理解和借鉴不同民族、不同区域、不同国家的优秀文化"的要求。

（二）在有关外国作家作品的阅读作业中，提示展开文化比较的作业偏少

语文课程标准提倡"尝试探讨不同民族文学之间的共同话题和文化差异，尊重文化多样性，提升文化鉴别力"，做到这一点还是有难度的。观察和访谈得到的结果显示，现有指向文化比较阅读的作业较少，阅读中外作品

的教学大部分止步于对具体内容的理解或表达技巧的赏析。基于作品语言、主旨、构思，以及部分典型内容的文化意蕴的理解与思考还很不足，有的作业设计虽然涉及了文化比较，由于没能为学生提供学习资源和学习方法，最后常常导向贴标签式的结论记忆。有鉴于此，教师在设计相关的作业时可以将外国作家的作品与中国古代和现当代作家的作品关联起来，让学生探讨其中的共同话题，从而体会中外文化的差异。这样做有利于提升学生的文化鉴别力，部分学生甚至可以达到语文课程标准中"在中外文化的比较中，深化对中华优秀传统文化的理解，增强对中国特色社会主义文化的自信"的目标。

三、指导多样文化理解的作业设计的建议

（一）深入文学作品及其人文精神背后的文化背景

学生需要对作品及其人文精神背后的文化背景、文化根源有一定的认识，才能对外来文化真正做到尊重与包容。那么，教师在设计相关的作业时应当引导学生从作品产生和反映的社会生活、意识形态特征出发，理解作品的文化内涵及其意义。如以下作业案例所示：

作业案例 2

《百年孤独》通过布恩迪亚家族第七代人的故事和小镇马孔多的兴衰，反映了拉丁美洲一百年来风云变幻的历史。作者为什么要写家族成员乃至小镇居民都得了"失眠症"？为什么要写他们与失忆做斗争？请你说说自己的看法。

（选自北京市西城区《学习·探究·诊断（选择性必修上）》2022 版第 62 页）

这道作业题的设计相比前述的《老人与海》的作业，更贴近"理解多样文化"的要求。作业在题干中点明作品"反映了拉丁美洲一百年来风云变幻的历史"，帮助学生回忆了课堂学习中对《百年孤独》文化背景的了解。

从这道作业题可以看出，作业设计者对《百年孤独》的文化背景——拉丁美洲的殖民反抗史——有着深刻的认识，并且从"失眠症"切入，用作品

的重要情节，化繁为简地让学生找到探究点，激发了学生的探索兴趣。作为魔幻现实主义的代表性作品，《百年孤独》的许多情节是荒诞离奇的。如果学生不能从其背后的文化背景去了解作者所想表达的深层次的思想情感，那么便不可能真正理解作品中布恩迪亚家族的种种怪诞事件的深刻寓意与文化内涵。

由此可见，如果在作业中能够引导学生对作品的文化背景进行深入的探讨，不仅能够帮助学生理解、包容不同文化，也能够帮助学生更好地理解文学作品本身。

（二）增加古今中外文学作品比较阅读的作业

对古今中外文学作品进行比较阅读是"尝试探讨不同民族文学之间的共同话题和文化差异"的常用方法。教师可以将我国古代经典文学作品、现当代文学作品与外国作家作品关联起来，让学生进行比较阅读，体会其中的异同。这样可以让学生更好地理解中外文化的差异，深化对中华优秀传统文化的理解，同时增强对中国特色社会主义文化的自信。因此，设计对古今中外文学作品进行比较阅读的作业时，教师应该引导学生树立正确的价值观。如以下作业案例所示：

作业案例3

《愚公移山》与《老人与海》比较阅读作业组题
内容异同梳理

	体裁	人物设置	人物设置同异比较	情节安排	情节安排同异比较	表现手法同异比较	……
愚公移山							
老人与海							

按照上表的形式制作作品内容的"异同梳理表"，可以增加更多的项目内容。如人物设置中可以比较主人公的性格品质、次要人物的形象等；情节安排中可以比较照应、对比等手法的作用等。请填写后，进行小组内探讨。

思考与探究一

愚公与桑迪亚哥都勇于向生活中的困难发起挑战，但他们的出发点与信念却是截然不同的。这与作品的文化背景息息相关。请尝试填写下表进行说明。

	愚公	桑迪亚哥
出发点		
信念		
核心精神价值		
文化背景思考		

思考与探究二

《愚公移山》的结局是喜剧的，因为神被人类的执着精神所震撼而命令夸娥氏二子背走了那两座山。这体现了中国传统文化中"人定胜天"的乐观主义精神。《老人与海》的结局却是悲剧的，老人桑迪亚哥在海上经过三天精疲力竭的搏斗，最终只是把一副巨大的鱼骨架子拖上岸。这仅仅是由海明威自身的悲观情绪造成的吗？请结合西方的悲剧精神，谈一谈《老人与海》结局的精神内核与艺术效果。

思考与探究三

思考"愚公移山"精神在中华民族历史中的重要体现及其伟大价值。结合当下全球化的背景，谈一谈作为中华儿女，汲取不同文化精华时应保持何种态度。

上述作业设计从对内容的比较延伸到对人文精神的核心价值与文化背景的比较。内容异同梳理后的思考探究的每一层都深入到了中西的文化层面：思考探究一中，将主人公在小说中的出发点与信念延展到作者所处时代的核心精神价值与文化背景中去考察；思考探究二中，则将作者当时所处的时代精神背景继续延展，扩展到对中西文化原型的探索；思考探究三中，则在归纳中西文化原型与时代积极精神的任务完成后，让学生理性思考我们应当如何汲取不同文化的精华上来。这份作业先是延伸到中华文明的乐观主义精神和西方文明的悲剧精神的时代因素与原型，最后又回归到传承中华优秀传统文化的立场，为学生进行了正确的价值观引导。这是一份对中西文化共同话题及其文化差异进行了恰当探讨的优秀作业设计。

第三节
倡导当代文化参与的作业设计

传承中华文化的重要一环是将优秀传统文化和革命文化熔铸于对当代社会主义先进文化的建设之中。而当代文化的内容来源广泛，鲜活丰富，且处于不断生成发展的过程中，天然带有综合实践的色彩。所以这里采用"参与"这一实践性极强的词语为专节命名。

一、倡导当代文化参与的作业概述

语文学习中引导学生参与当代文化，利于他们深入全面地了解社会主义先进文化如何改变了我们的生活面貌，促进中华民族伟大复兴的历史进程。同时引导学生以社会主义先进文化的立场来看待周边种种社会生活与文化现象，给出自己的分析与建议，表现出对弘扬中华文化的责任感与使命感。

（一）内涵及意义

参与当代文化，是指学生能够关注、参与中国特色社会主义先进文化的传播与交流。在此过程中，学生应能够剖析评价文化现象，不断增强文化自信，建立弘扬社会主义先进文化的责任感。

对于语文学科来说，《义务教育语文课程标准（2022年版）》明确指出了学生进行当代文化参与的载体，具体表述如下："主要载体为反映社会主义建设事业中取得的重大成就、涌现出来的模范人物与先进事迹的作品；反映当代中国从站起来、富起来到强起来的奋斗历程和重大事件，以及体现中国式现代化新道路和人类文明新形态的相关作品；反映和谐互助、共同富裕、改革创新、劳动创造美好生活等方面的作品。"除此之外，《普通高中语文课程标准（2017年版2020年修订）》中的"中国现当代作家作品研习"和"中国现当代作家作品专题研讨"两个任务群中，也明确要求阅读改革开放以来反映社会主义先进文化的优秀作品。

但是，只是阅读现当代作家作品，并不能算"参与当代文化"。现当代作家作品只是学生了解当代文化进程的载体，学生真正参与到当代文化中去才能真正落实语文课程标准对学习这一专题内容的要求。

（二）当代文化参与的课标要求和学业水平表现

"当代文化参与"的语文课程目标要求既强调了语文学科的特质，即要在运用祖国语言文字的过程中来参与当代文化，又突出强调"参与"的实践性。如果仔细分析语文课程标准的相关要求，不难发现"当代文化参与"的学业质量要求集中体现为学科知识能力与社会实践的结合，是所有文化类学习中综合性最高、最为复杂的一类。

语文课程标准对参与当代文化的课程要求与学业表现的表述包含了丰富的内容。简而言之，可以用两个关键词："调查研究"与"开展活动"来概括，显示中学语文学习中学生参与当代文化重在在生活现实中参与：一方面，语文课程标准要求学生采用多种多样的形式来进行调查研究，呈现调查结果；另一方面，语文课程标准要求学生成立各类语文学习共同体（即各类社团），开展综合性实践活动。

与参与当代文化有关的调查研究应该有明确立场与方向，即引导学生剖析、评价文化现象，帮助他们建立起对当代中国特色社会主义文化的自信；

与参与当代文化有关的语文实践活动是为了积极传播社会主义先进文化，帮助学生提高社会责任感，增强为中华民族伟大复兴而奋斗的使命感。

有鉴于此，教师在设计学生参与当代文化方面的作业时必须坚持以下的认识：

第一，当代文化参与的作业设计必须时刻坚持中国特色社会主义文化的正确的前进方向；

第二，当代文化参与的作业设计要以调查活动为重要的开展形式，采取多样的形式和手段开展讨论交流，最终能以多样化的形式呈现成果；

第三，当代文化参与的作业设计可与语文社团活动结合，设计丰富多彩的实践活动。

二、现有倡导当代文化参与的作业分析

从对文献研究与实践案例的整理、观察来看，与"当代文化参与"相关的教学研究论文篇目不多，与此相关的语文作业设计更是寥寥无几；在实际教学中，由于当代文化参与的综合实践性很强，高利害性考试中又很少涉及，导致相关的作业的布置缺乏整体设计和充分的过程性指导。

（一）社会参与度高的作业形式难以落实

语文课程标准所强调的学生"参与"，更多的是指学生要进入社会生活中去，也就是要求学生进行社会参与度高的语言实践活动。然而由于中学生的课业负担重，课余时间极其有限，他们很难有时间组织或者自发去进行社会调查或者其他社会参与度高的语文学科活动。同时，学生的人身安全，社会调查中的各种限制条件也使教师对设计与此类相关的作业望而却步。这些困难都导致了社会参与度高的语文作业较少布置，或布置了也很难落实。

当然，这里面也存在教师主观方面的原因。有些教师认为这种活动与考试重点考察的知识能力关联不大，又非常消耗精力，性价比不高，因此不愿设计实施这样的作业。还有些老师虽然看到了其中的积极因素，但是因为精

力有限，又不知应当如何进行设计和评价，也就知难而退了。以上原因致使社会参与度高的语言文化类作业并未得到重视，更难落实。

（二）指向当代文化参与的作业目标与评价不成熟

《义务教育语文课程标准（2022 年版）》指出要通过社团形式开展当代文化参与的社会活动，《普通高中语文课程标准（2017 年版 2020 年修订）》称这种集体形式为"语文学习共同体"，这种学习共同体扩大了社团的概念，例如临时组成的"读书会"等也可以纳入其中，这样就扩大了参与学生的范围与人数。目前中学生的社团活动一般由学校的德育部门负责，语文教师即使担任指导教师也并不是按照教学计划去推进活动，而是从德育或者兴趣角度对学生进行指导和评价。

中学虽然存在"文学社""话剧社"等社团，但是鲜有站在语文学科立场，从"参与当代文化"的角度确定学习目标、布置作业活动、开展相关评价的学科实践活动。这样当教师希望组织有相关兴趣的学生进行活动时，会出现活动组织较为松散、目标与评价不清晰等情况。

三、倡导当代文化参与的作业设计建议

（一）依托教材，灵活而循序渐进地布置社会参与度高的作业

导致社会参与度高的作业布置很少的原因有：时间问题、安全考虑、与考试评价中语文知识能力提升的相关性低、过于复杂牵扯教师学生精力等。教师可分别从这四方面思考设计这类作业的可行性方案。

从时间角度考虑，教师可以参考教材的相关要求，确定此类学习活动的频率。统编义务教育教材语文 7—9 年级设置了"综合性学习"板块，其中提及社会参与活动的次数为每学期一至两次。

为了控制参与范围并高效开展活动，初中阶段的综合性学习活动可以优先与家庭成员和校园工作人员合作。高中阶段可以逐渐与正规的政府部门、社会机构和团体进行合作，调查的开展形式也可以是线上问卷等形式。

从提升学生的语文核心素养与关键能力考虑，教师应当认识到这种丰富的语言实践活动本身就是培养学生核心素养的题中应有之义。如果希望此类活动的开展能够与提高学生的语文核心知识和关键能力相辅相成，教师可以选取与活动主题相关的材料，设置合适的作业内容。

需要注意的是，中学阶段"当代文化参与"的学习内容、作业主题和载体应该符合学段要求，不能盲目追求高大上，而应从学生身边的文化现象、从本地区关注度较高的语言文化事件入手，引导学生运用语文的思维方法开展学习研讨。如以下作业案例所示：

作业案例1

统编义务教育教材语文七年级下册的综合性学习中有"正眼看招牌"的调查任务，要求学生选择一条街道的商铺，调查招牌的不同特点。调查背景中提到"商店的招牌是街市的'眼睛'。好的招牌能吸引人的注意，还能引起人们购物的兴趣。到街上走走，会看到有的招牌设计比较讲究，风格独特，有浓浓的文化感。可能也有一些招牌，比较粗糙，没有特色，存在用字不规范，出现错别字，或者汉语拼音有错漏等毛病"。

这个调查活动从主题到内容都比较符合学生的生活实际和学科能力发展水平，但不一定适合所有地区的学生。教师在布置当代文化参与的作业时，应充分考虑社会参与的各种条件，对教材中的活动任务因地制宜地做出调整。

比如上述"正眼看招牌"这项作业，在实际生活中，有些区域的学生所在的街道能提供的样本，可能不能满足任务的要求。如果扩大搜寻范围，又在很大程度上增加了学生和家长的时间成本。另外，一般街道上的招牌可能不具有很强的典型性，对七年级学生来说，分析它们背后的文化特色有一定的难度。

作业案例1（修改）

教师可以将此案例修改为：请你向家中长辈或学校老师进行采访，征集不同生长年代、不同生长地域、不同性格的长辈们心中记忆最深的中国招牌（品牌），并请他们谈一谈与这个招牌（品牌）有关的故事或者他们对这个招牌（品牌）印象深刻的原因。选出你认为较好的 2—3 个招牌及其故事（理由）进行编辑，并以口头讲述或文字表达的形式与大家分享交流。

修改后，这次调查的对象转向学生熟悉的长辈，时间也非常灵活，便于活动的实施。调查的内容，将不同年代的中国人与他们心中的招牌联结在一起，也就将当代中国不同时代的文化秉性展现在学生面前，对七年级学生产生了更强的文化吸引力。这样，学生就在一次时间灵活、过程可控的"招牌"文化调查中，完成了当代文化参与。学生使用语言文字的形式向大家分享调查所得，也为学生提供了写作素材，提升了学生的语文能力。

统编普通高中教材语文必修上册第四单元"家乡文化生活"中布置了进行"家乡文化生活现状调查"的调查任务。在任务的活动提示中编者提供了丰富的可供选择的调查主题，对行前的"调查路线规划"，调查中的"记录第一手信息来源"，和调查后的"图表整理"等细节分别做了提醒，并在最后附有调查报告结构表，供学生学习。

不过在实际布置的过程中，准备调查主题、锁定调查重点、提前勘察路线等细致的工作需要设计者有充足的知识背景和组织工作的经验。教师如果审核每一组学生所确定的各项细节势必牵扯大量精力，而学生如果仅凭热情直接进行调查设计并执行，活动的质量和成果的取得将缺乏保障。

所以，在实际操作中最好由教师确定统一的主题，并为学生提供一份调查报告范例，以便学生模仿。在执行的过程中可以拆分调查内容，分为几次进行。这样每一次的内容都容易上手，有利于调查的持续开展。

下面展示一个在学生家乡因地制宜开展当代文化参与的作业设计：

作业案例 2

2019 年 1 月，一篇《布置寒假作业的创意清单，孩子太爱啦！》的文章刷爆了微信朋友圈，温州市第二外国语学校高一语文备课组设计的寒假作业受到了特别的推荐。作业设计如下：

温州，这座温暖的城市；江心屿，这座温暖的岛屿。自从一千多年前的一位"温州市长"（永嘉太守）谢灵运登上江心屿并赋诗后，历代文人墨客纷至沓来，为她写下了一千多首脍炙人口的诗篇，从而使她成了天下无双的"诗之岛"。

这些诗篇不仅温暖了这座岛屿，也温暖了这座城市，更温暖了我们。今天我们设计了以下这组有温度的题目，希望可以温暖你的这个寒假。

①做一名游客

与你的父母或朋友一起开启一段亲情或友情之旅，游览江心屿，并写一篇游记，字数700字以上。

②做一名骚客

熟读并背诵历代文人咏江心屿的诗词或对联至少3首（副）。选择其中一首或几首写一篇赏析文章，字数500字以上；也可以自己写一首咏江心屿的小诗，古体诗、现代诗不限，并解读一下你的创作背景与意图，字数300字以上。

【参考诗联】谢灵运《登江中孤屿》、孟浩然《永嘉上浦馆逢张八子容》、张子容《泛永嘉江日暮回舟》、李白《与周生》、杜甫《送裴虬尉永嘉》、韩愈《题谢公游孤屿》、陆游《同永嘉守宿江心寺》、王十朋《驾幸江心次僧宗觉韵》、徐照《江心寺》、文天祥《北归宿中川寺》

③做一名拍客

拍一张你自己满意的江心屿某景点的照片，并写一篇摄影散文，讲一讲照片背后的故事，字数600字以上。

④做一名导游

假如你喜欢的某位音乐人到温州开个人演唱会，他（她）很想游览江心屿，邀你做导游。请设计一下游览路线，并拟一篇导游词，要求文中至少包含他（她）的三句歌词，字数800字以上。

⑤做一名好市民

据统计，2014年江心屿景区亏损200多万元。因此，有人建议拆除一些古旧建筑，新增一些娱乐设施。温州市市长正在征求市民对江心屿开发与保护的意见，请你写一封致市长的信，谈谈你的意见与建议，字数600字以上。

注意：以上五道题目只需做其中两道，题目二为必做；其余题目为选做。

温州市第二外国语学校高一语文备课组以温州的特色文化资源为媒介，设计了一组涵盖实践性、综合性任务的作业。这组作业设计非常巧妙，突出了语文与生活的联系，凸显了语文的实践性。任务的内容丰富多样，有的偏重于积累，有的侧重于赏析，有的侧重于表达，有的偏重于审美，有的侧重于实用。任务的类型也极具多样性，包括写游记、写赏析文章、写小诗、写故事、写导游词、写书信……，同时本组作业也体现了作业设计的层次性和选择性，可以很好地激发学生的参与兴趣。

（二）为常见的社团活动内容提供简单有效的学科评价标准

目前与参与当代文化有关的社团活动缺乏明确的学科评价标准。教师可以与参与社团活动的学生一起制定语言文化类活动常用的评价量表，然后由该活动的指导教师或者学生负责人同社团成员一起讨论具体的细节。这样经过一段时间的实践，较为成熟的带有学科专业性质的评价量规就能被制定出来，既能够满足社团对自己活动质量的评估需求，又能够通过这些标准引导学生在社团活动中提升自己的语文核心素养。

可以通过师生合作的形式，为常见的语文社团活动——主题演讲、分享交流、话剧表演等制作一些简易但有效的评价标准。兹举一例如下：

XX 演讲社团演讲活动评价表

评价项目	评价要点	评价得分
演讲内容（50分）	思想内容以当代的社会主义先进文化为引领，围绕主题，观点鲜明（20分）	
	材料真实、典型、新颖，事迹感人，事例生动，能够反映客观事实，具有普遍意义，体现时代精神（20分）	
	讲稿结构严谨，构思巧妙，引人入胜（10分）	
语言表达（30分）	演讲者语言规范，吐字清晰，声音洪亮圆润（10分）	
	演讲表达准确、流畅、自然（10分）	
	语言技巧得当，语速、语气、语调、音量、节奏张弛符合思想感情的起伏变化，能熟练表达所讲内容（10分）	
体态表达（10分）	能较好地运用姿态、动作、手势、表情表达对演讲内容的理解。举止自然得体，有风度，富有艺术感染力（10分）	
会场效果（10分）	演讲具有较强的感染力、吸引力和号召力，能较好地感染听众，具有良好的演讲效果（10分）	
备注：超出规定时间，每增加30秒，扣除5分；超出3分钟不予评定		

本例中，首先强调中学生进行当代文化参与时，应当坚持社会主义先进文化的底色，帮助学生重视思想立场。之后，再从语文学科的角度和演讲本身的特点出发，为学生制定了较为简易但具体有效的评价标准。这些标准中的条目可以继续细化，比如如何为评价要点给分等。但是这种细化可以交给学生团体的指导教师或者学生负责，由他们根据情况自主加以调整改进。

本章内容对中华优秀传统文化、革命文化、多样文化和当代文化的概念进行了探讨。探讨的关键词是"传承""理解"和"参与"。所谓"传承"，重在对传统文化去芜取精，在现实中对革命精神继续进行实践与弘扬；所谓"理解"，重在客观全面地认识不同文化的原型，理解各民族文化的核心精神与积极价值；所谓"参与"，重在走进生活、走进社会，在真实的语言活动中理解并实践当代的社会主义文化价值。

思考与实践

> 通过本章的介绍，你对引导文化传承与理解能力发展的中学语文作业设计有了一定了解，请结合阅读所学，思考下列问题：
>
> 1. 中华文化博大精深、形式多样。在中学语文教学中如何引导学生有步骤、分阶段地继承和弘扬中华文化，为社会主义先进文化添砖加瓦？
>
> 2. 不同民族、不同区域、不同国家都有优秀的文化，它们都是人类文化的精华。在中学语文教学中如何有效引导学生理解和借鉴多样文化？
>
> 3. 参与当代文化可以帮助学生建立文化自信。在中学语文教学中如何设计兼具社会性、实践性与综合性的作业以引导学生运用祖国语言文字参与当代文化？

第七章

优化"跨学科学习"任务群组合的中学语文作业设计

概览

1."跨学科学习"任务群是基于语文学科学习，又跨越学科界限，将多个学科组合在一起，在更广阔的领域中引导学生学语文、用语文的"拓展型学习任务群"。"跨学科学习"是对"综合性学习"的深化：它吸收"综合性学习"的部分内容要素，同时融入具有时代特色的话题和内容，力求满足互联网时代学生的语文学习需求；渗透多学科融合的课程理念，体现了语文课程的综合性和开放性。

2."跨学科学习"任务群是一种基于真实情境的学习，它能够全方位联结学生的学习体验和生活实际，强调学生综合运用多门课程知识和思想方法解决实际问题，在激发学生的语文学习兴趣、提高学生的实践创新能力和综合素养等方面具有重要作用和价值。

3."跨学科学习"任务群需要基于学校、家庭、社会等日常生活情境，为前五个学习任务群提供综合演练的实践场域。只有根植于生活的沃土，才能更好地激发学生的探究热情，才能还原学生运用语文知识和技能的真实风貌。

4."跨学科学习"任务群的作业设计，首先要根据学习主题找准学科连接点，创设真实的学习情境，实现学科之间的无缝对接和深度融合；对各项学习任务及作业统筹进行安排，并根据学生的学习状态灵活调整，充分发挥跨学科学习全员、全程、全方位的"三全"育人优势。

5."跨学科学习"具有鲜明的过程性、探究性等特征，需要教师系统收集学生参与语文实践活动的真实表现，并将其作为评价学生学业水平的现实依据。相关的作业设计要体现"促进学生学习""评价即学习"等前沿理念，体现"教—学—评"的一致性。

　　6.本章结合语文课程标准和具体案例，重点阐释"跨学科学习"任务群作业设计的思路和建议。第一节重点阐释了"跨学科学习"任务群的内涵、分类、意义、学业水平表现等，明确了作业设计的理论思路。第二节结合具体作业设计案例，从"开放性""规划性""有效评价"等角度对现有作业设计中的问题展开分析。第三节从不同的作业类型呈现可借鉴的"跨学科学习"任务群的优秀作业设计。第四节为"跨学科学习"任务群的作业设计提出一些可供参考的建议。

案例导入

　　2022 年北京市初中学业水平语文试卷多处体现了对学生跨学科学习效果的评价与反馈。下面是其"基础·运用"部分试题的相关内容。

　　2022 年 4 月 18 日，国家植物园在北京正式揭牌。学校组织大家到那里开展研学活动。活动结束后，你完成了一篇研学日志。老师建议你从书写、语言、结构三个方面进行检查和修改。

　　……

第四部分　结语

　　国家植物园的标志，主体由两种植物的叶片图案构成，这两种植物是我国特有的珍稀物种银杏和水杉。这一标志让我感受到植物的美丽、优雅和不朽。植物就像朋友一样与我们朝夕相处，形影不离。_____

　　6. 你查到国家植物园的标志还包含着植物保护理念。依据这一理念，你在研学日志的结尾处补充一句话，用上"学习""探索""贡献"三个词，向同学们发出倡议。

　　此部分为学生设置了在国家植物园进行研学的情境，将利用语言文字和跨学科实践活动解决学生的实际问题结合起来，整合调动学生的阅读积累与情感体验，生成新的阅读体验与新的表达。

　　特别是第 6 小题，它旨在引导学生在"植物园研学"的语文综合实践活动中，借助语文和生物等学科知识，联结课堂内外、学校内外，拓宽语文学习和运用领域；围绕语文和生物的学科学习，围绕"国家植物园正式揭牌"这一紧跟时事的社会话题，开展跨学科知识和材料的阅读、梳理、探究、交流等活动，在综合运用学科知识中，发现、分析并明确植物对自然界的贡献以及探索植物的意义，进而发出有效的倡议，提升学生的语言文字运用能力。

此外，在近三年普通高等学校招生全国统一考试（北京卷）的"微写作"中，也为学生设置了具体的生活情境，考察学生在综合运用多学科知识的过程中发现问题、分析问题、解决问题的能力。

（2021年高考北京卷）21.（2）为庆祝中国共产党成立一百周年，班级要开展"缅怀革命先辈、点燃青春激情"的主题活动。如果让你参与策划，你会在活动中设计一个怎样的核心环节？请说说理由。要求：简要说明核心环节的内容，重点陈述理由。不超过150字。

（2022年高考北京卷）21.（2）核酸检测排队时需要两米安全距离，一些社区为两米间隔线设置了安全贴心、形式多样的标志，有的是撑起的晴雨伞，有的是贴在地上的古诗词图片。请你选择一个检测点，依据其环境特点，设计两米间隔线标志，并写出设计理由。要求：语言简明，条理清晰。

（2023年高考北京卷）21.（1）近年来，微信公众号成为信息传播的一种重要媒介。班级准备创建自己的公众号，但对是否需要创建，同学们意见不一。请说明你的观点和理由。要求：理由充分，条理清晰；不超过150字；不透露所在区、学校及个人信息。

上面的三道写作题，都贴合了社会时事热点，创设了社会生活情境、个人体验情境，在解决问题的过程中鼓励个性化的思考和表达。

2021年微写作第（2）题为建党百年的主题活动设计核心环节，是对时代热点的回应；学生不仅需要调动历史、政治等学科知识储备，也需要从艺术的角度考虑到主题活动的效果。

2022年微写作第（2）题设计核酸检测的"两米线"的标志，考察的不仅是学生对真实生活的体悟，还有对周围环境的了解，这就需要学生借助地理学科中社会和自然环境的相关知识来解决实际问题。

2023年微写作第（1）题鼓励学生对是否创建班级微信公众号发表观点、陈述理由，熟悉的生活情境有助于引发考生思考，激发他们的表达热情，展现考生解决真实问题的能力。与此同时，学生需要从班级管理的角度呈现对集体生活的认识和思考，实现了与道德与法治学科的有效联结。

第一节
"跨学科学习"
任务群的作业概述

从"综合性学习"到"跨学科学习",语文课程与其他课程相结合开展跨领域学习的重要性和必要性进一步被关注与凸显。《义务教育语文课程标准(2022年版)》设立了"跨学科学习"任务群,"旨在引导学生在语文实践活动中,联结课堂内外、学校内外,拓宽语文学习和运用领域;围绕学科学习、社会生活中有意义的话题,开展阅读、梳理、探究、交流等活动,在综合运用多学科知识发现问题、分析问题、解决问题的过程中,提高语言文字运用能力"。

一、"跨学科学习"任务群的内涵

《义务教育语文课程标准(2022年版)》对"跨学科学习"任务群的定位与功能做了充分阐释,简言之,语文跨学科学习"本质上是立足语文学科、联结其他学科开展的一种整合性学习"[1]。学生在学习语言文字的基础上,在更广阔的语文实践活动场域中,借助多学科的知识和方法解决问题、展示成果，加深对语文学科的关键概念的理解，切实提高语言文字的运用能力。

相较于关注单科知识掌握的传统学习方式，跨学科学习"侧重对不同学科知识的联系、整合、运用，它非常关注在不同学科知识之间寻找联结点，建立其有意义的联系，并将这种联系作用于更广阔的学习领域，它是学科间概念、思想、方法等的流动结合，它强调学生通过亲身操作和感受去积累经验和方法"[2]。

二、"跨学科学习"任务群的价值和意义

《〈义务教育语文课程标准（2022年版）〉解读》一书从跨学科学习的特点、培育学生的语文核心素养、变革教学方式等层面阐释了跨学科学习的价值和意义。

从跨学科学习的特点来看，它具有综合性和开放性特征，能够整合识字与写字、阅读与鉴赏、表达与交流、梳理与探究等语文实践活动。

从培育学生的语文核心素养来看，它是一种基于真实情境的学习，能够全方位联结学生的学习体验和生活实际，在激发学生的语文学习兴趣、提高学生的实践创新能力和综合素养等方面具有重要的作用和价值。

从变革教学方式来看，跨学科学习能够从作业的角度倒逼课堂教学变革，督促语文教师真正回归语文课堂，基于学生的语文生活和成长发展需求设计与实施语文实践活动。

三、"跨学科学习"任务群的学业水平表现

《义务教育语文课程标准（2022年版）》从过程和结果两个维度考察学生综合运用多门课程知识和思想方法解决实际问题的能力，对"跨学科学习"任务群第四学段（7～9年级）应达到的学业水平标准做了较为细致的说明，概括起来就是：在学科关键能力上，学生应该具备搜集获取、整合分析信息的能力，推理判断、形成解释的能力，梳理提炼、表达交流的能力，以

及组织策划能力。在形成成果上，学生应该具备形成报告、论文等静态形式呈现研究成果的能力，以及综合运用绘画、表演等动态形式呈现研究成果的能力。

四、"跨学科学习"任务群的性质和特点

《义务教育语文课程标准（2022年版）》对"跨学科学习"任务群进行了阐释："跨学科学习"任务群是着眼于学生语文核心素养的发展需要而设计的，需要学生在社会生活的真实情境中，运用多学科知识、方法、资源逐步完成的综合性学习任务。

"跨学科学习"任务群的作业设计承载着发展学生综合素养的价值诉求，有其内在的特点与设计原则。通过对作业（如设计本身的理论基础、作业内容来源、作业的组织与实施、作业评价等）、学生（如学生身心发展特点及发展需求等）、教师（如教师的作业设计能力与水平等）三个主体要素的分析和判断，"跨学科学习"任务群作业设计主要呈现出内容综合性、功能延展性、形式开放性、问题情境性、评价多维性等五个方面的特点[3]。

在内容上，"跨学科学习"任务群的作业并不是将多学科作业加以拼凑与叠加，而是对多学科知识、经验、思维与方法的整合运用。在功能上，"跨学科学习"任务群的作业内容的综合性以及作业形式的多元性、实践性更有助于发展学生的综合素养，提高学生对知识的综合运用能力，弥补分科作业发展功能上的局限。在形式上，"跨学科学习"任务群的作业着眼于解决与真实生活情境相关的问题，需要多主体参与、多种学习活动及资源运用，形式相对灵活开放；另外，"跨学科学习"任务群的作业一般较为复杂，学生个体难以独立完成，主要以合作性学习活动为主，学生可以采用小组合作、集体合作、社团合作等形式完成作业。在对学生的评价上，教师等评价主体也会参照团体的整体表现以及学生的个体表现，对学生进行多层次多维度的评价。这些特点正是教师设计"跨学科学习"任务群的作业时需要注意的地方。

第二节
"跨学科学习"
任务群的现有作业设计分析

　　从实现途径和方式上来说，"综合性学习"和"跨学科学习"任务群存在明显的区别。《义务教育语文课程标准（2011 年版）》强调"综合性学习"要"加强语文课程内部诸多方面的联系，加强与其他课程以及与生活的联系，促进学生语文素养全面协调地发展"，重点在于"加强联系"；而《义务教育语文课程标准（2022 年版）》则强调"跨学科学习"任务群要"在综合运用多学科知识发现问题、分析问题、解决问题的过程中，提高语言文字运用能力"，重点是综合运用各学科知识去"解决问题"。

　　"综合性学习"的作业设计多是围绕某个特定的主题展开，活动形式多是语言创作类、材料整理类、图表转述类、活动参与类等。学生在相对限定的范围内，通过搜集材料、整合分析、讨论交流，形成学习成果。自《义务教育语文课程标准（2022 年版）》颁布以来，语文教师就"跨学科学习"任务群的作业设计进行了许多尝试，延续了"综合性学习"的作业设计方式，基本上能够实现对多学科知识内容的整合，对实践探究领域的拓展，以及对学生语文核心素养发展的关注。但由于"跨学科学习"任务群的作业设计相较于以往的"综合性学习"，更加关注社会和生活的真实情境、着眼于学生实际解决问题能力的提升，因而就现有相关的作业设计来说，仍存在三个方面的问题：

一、开放性不足

现有"跨学科学习"任务群的作业设计大多数是在教师设定的学习领域中，借助相对单一的学习材料，通过阅读、整合等语文活动，解决固定问题的过程，作业设计的开放性明显不足。接下来将结合具体的作业设计案例进行分析。

作业案例 1

《大自然的语言》语文、地理跨学科学习作业设计 [4]

（1）查找资料，或根据自己的观察、体验，为课文补充一些例证；

（2）结合地理知识，探究除本文提到的四个因素外，是否还有其他决定物候现象来临的因素。

作业案例 2

《纪念白求恩》语文、历史跨学科学习作业设计 [5]

阅读文史资料《白求恩临终前给聂荣臻司令员的信》，搜集历史上有关白求恩的事迹，学习他的优秀品质，完成小组探究汇报：专题分享——"人们永远记住他"。

上面的两个作业设计案例在开放性上存在以下问题：

（一）问题限定性强，约束学生自主探究的主动性和可能性

案例 1 围绕"决定物候现象来临的因素"这一明确问题进行探究，案例 2 关注的是白求恩的优秀品质，都限制了学生自主探究的空间。跨学科学

习的情境和话题设置，应该在给出话题方向的基础上，引导学生自主发现问题、提出问题，自己确立研究的角度，实现"真发现问题，发现真问题"。

（二）在解决问题时，学生只是简单搬运学科知识，而非综合运用多学科的知识与方法

在以上的两个案例中，学生对地理和历史学科的探究，都停留在阅读和提取信息、梳理和概括知识的层面，并不是真正地运用知识去解决问题。

（三）跨学科学习的角度较为单一、狭窄，多集中在文史方面

"跨学科学习"任务群领域与统编教材综合性学习内容梳理

"跨学科学习"任务群内容领域	统编教材综合性学习名称
数理化生等学科及科技活动	"我们的互联网时代"（八上 2）
心理健康调查	
环境、安全、人口、资源等社会热点问题	"身边的文化遗产"（八上 3）；"倡导低碳生活"（八下 1）
公民道德、科学理性、艺术精神	"有朋自远方来"（七上 1）；"少年正是读书时"（七上 2）；"天下国家"（七下 1）；"孝亲敬老，从我做起"（七下 2）；"人无信不立"（八上 1）；"以和为贵"（八下 3）；"君子自强不息"（九上 1）；"岁月如歌——我们的初中生活"（九下 1）
文学社团、文化活动	"文学部落"（七上 3）；"我的语文生活"（七下 3）；"身边的文化遗产"（八上 3）；"古诗苑漫步"（八下 2）；"走进小说天地"（九上 2）

跨学科学习的探究多集中在文史方面，可能受到了统编义务教育教材语文中的"综合性学习"板块的影响。诸定国对统编初中语文教材"综合性学习"与《义务教育语文课程标准（2022 年版）》第四学段"跨学科学习"任务群的五大内容进行了概括梳理（如上表），发现"指向第四、第五领域的综合性学习众多，指向第一、第三领域的偏少，没有指向第二领域的综合性

学习，且某一领域内的分布也不均衡"[6]。的确，经过对照可以发现，自然科学及科技活动方面仅有一个综合性学习任务，心理健康方面缺少相应的综合性学习，指向第四领域的综合性学习均是围绕公民道德修养方面展开，而没有指向科学理性、艺术精神方面的内容。这也在很大程度上解释了目前"跨学科学习"任务群的作业设计相对单一的原因。

（四）成果呈现形式单一，多是以语言文字运用为核心的书面形式

学生在综合运用多种知识解决问题之后，绝大多数是将成果以书面形式呈现，缺少了解决问题的"针对性"和"真实性"。如案例1和案例2将成果展现的形式限定为书面作答或小组汇报，很大程度上制约了学生自主发现和解决问题的主动性和创造性。

"跨学科学习"任务群的核心是提高学生解决实际问题的能力，而解决问题的方式和途径并不局限于书面文字，可以通过更为多元的途径和形式来呈现自己解决问题的过程和结果。例如，针对社会热点问题可以采用访谈录像等方式进行交流展示，或者结合艺术手段形象地呈现对文本的认识和感知等。

（五）学习领域相对狭窄，获取资料的渠道较单一

学生在进行跨学科学习时，所得到的资料大多来自教材或者是教师提供的拓展阅读资料，资料及其获取方式的多元性较低。比如案例2中，教师指导学生阅读文史资料《白求恩临终前给聂荣臻司令员的信》，无形中引导了学生对白求恩的了解范围和情感倾向，降低了学生自主探究的多样性和积极性。

无论是学习资料还是学习场域都应向学生开放，可以拓展至图书馆、互联网、社区等生活场景，加强学生对真实社会生活的感悟，熟悉解决问题的真实环境。

二、规划性不强

现有的"跨学科学习"任务群的作业设计出现了目标达成不明确、难度规划没有进阶性、素养指向不清晰等问题，接下来将结合作业设计案例具体进行说明。

作业案例 3

以"秋水长天滕王阁"为主题的"文化遗产申报" [7]

（1）通过网络搜集有关滕王阁的人文历史、代表性景观、故事传说、相关诗文等背景资料，呈现一个立体的人文性的滕王阁。

（2）带上照相机，以游客的身份登上滕王阁进行游览，完成"美篇"形式的图文游记《今日'滕王阁'》，介绍当前滕王阁的壮丽景观和时代风貌。

（3）访问一位相关的权威人士，了解并撰文说明滕王阁建筑的独特价值和魅力。

（4）撰写《"秋水长天滕王阁"优秀文化遗产申请报告》。

案例 3 相较于前两个案例，在任务设计的开放性上已经明显有所加强，但在探究的过程中，对学生能力进阶和目标达成的规划还不够细致明确，具体表现在：

（一）发布作业任务时，缺少细致的规划和目标，要求不够明确

在案例 3 中，教师发布网络搜集有关滕王阁的资料这一任务时，并没有对学生在搜集资料过程中的目标和要求做出明确的说明，或者根据搜集资料的主题与角度对学生进行任务分工。这样，学生搜集资料时容易出现内容重复、材料失实、类型混乱等问题。另外学生对优秀文化遗产所需达到的标准也没有清晰的认识，仅仅通过网络搜集资料，最终呈现的作业成果会有较强的随意性和局限性。

（二）活动周期较长，难度没有进阶性，不符合学生的实际学情

在案例3中，学生对滕王阁的了解不能局限于一时，专业采访也不能局限于一人，这就导致整个资料收集阶段的时间存在不确定性。学生在课余是否有充分的时间和精力完成这一较为长期的调查，是否符合学生当前的学习实际，这是必须关注和重视的问题。

另外，不同的作业任务之间并未呈现出明确的难度阶梯，也不能体现能力培养的进阶性。学生是以小组形式整体完成第一项任务后开启下一项任务，还是对任务做出分工同时进行，在作业设计中并没有明确的说明。

（三）学科核心素养指向不明确，对思维培养的深度不够

在案例3中，学生在对滕王阁进行观察了解、撰写文化遗产申请报告的过程中，多是收集整理资料，缺少对教材文本以及跨学科知识的综合运用。"跨学科学习"任务群强调的是"运用多学科知识发现问题、分析问题、解决问题"，而案例3中的作业设计大多是学生对资料的收集整理，申请报告中需要运用的其他学科知识尚不清晰。同时，学生在撰写调查报告的过程中，思维提升的层级性表现得也不够明确。通过深度思考和调动洞察力，学生才能够更好地发现问题所在，并通过创新的思维和方法来解决问题。案例3中的四项作业任务对学生在思维能力的提升上没有阶梯化的设计，学生极有可能只停留在信息收集和分析这一思维深度上，缺少向反思和创新这个阶段的思维提升。

三、评价缺失

《义务教育语文课程标准（2022年版）》指出，教师应"依据各学段的学习内容和学业质量要求，广泛收集课堂关键表现、典型作业和阶段性测试等数据，体现多元主体、多种方式的特点"，对学生进行过程性和终结性的评价。就"跨学科学习"任务群的作业来说，教师可通过学生的参与度、成果

汇报等多方面内容评价学生的学习成果。

以中学古诗文教学过程中的"跨学科学习"任务群的作业设计为例，一些教师会在古诗文学习任务之上，融合音乐、美术学科的知识、技能、表现形式，借助地理、历史等学科知识，设计推动学生自主、合作、探究，获取知识、技能的作业。如：学习写人记事类文言文，改编课本剧并排演；学习山水游记类文言文，绘制行踪图或风景插图；学习诗词曲，借助多媒体配乐朗诵或编曲吟唱等。

从肯定的角度看，这些"跨学科学习"任务群的作业延伸和巩固了课堂教学，也推动学生自主探究，解决相应的问题。但从另一方面，这一类作业设计在评价上存在几方面常见的问题：

（一）评价量表内容不具体，甚至存在缺失

部分"跨学科学习"任务群的作业设计仅在要求中笼统地说明了成果的形式，并未提前设计评价量表，明确告知学生评价标准，引导学生合理使用评价工具。学生在实际完成任务时缺少"抓手"和"依据"，在小组合作、汇报展示的过程中，无法有意识地参照评价标准提升核心素养。例如，在学习《邹忌讽齐王纳谏》时，教师引导学生以课本为依托，将古文改编成剧本并进行演绎。在这个过程中，教师对学生的剧本编写、演绎效果的评价相对主观，缺少明确的、能够体现综合素养提升的评价量表。学生在完成作业时缺少明确的努力方向，实际的学习收获会受到影响。

（二）将成果汇报作为最终评价，没有关注到过程性评价

过程性评价的"过程"是相对于"结果"而言的，具有导向性。过程性评价不是只关注过程而不关注结果的评价，更不是单纯地观察学生的表现。过程性评价是提醒教师关注学生能力发展的过程性结果，如解决现实问题的能力等，及时地对学生的能力水平做出判断，肯定成绩，找出问题，促进学生能力的进一步提升。

以前面提到的《邹忌讽齐王纳谏》"跨学科学习"任务群的作业设计为

例，学生在将古文改编成剧本并演绎的过程中，并未明确地设计出过程性评价量表，关注学生能力进阶的评价指标也并不明确。

"跨学科学习"任务群应该引导学生在真实情境中发现问题、分析问题、解决问题，全过程的每一个细节都能体现出学生的现有能力及阶段提升，需要教师在作业完成的过程中真实、完整地记录学生参与语文实践活动的整体表现，关注学生在活动中表现出来的沟通、合作和创新能力。

（三）评价参与人员相对单一，没有发挥多元评价主体的积极作用

从目前的"跨学科学习"任务群的作业设计来看，教师多数将评价的参与人员锁定在教师和学生这两个群体中，以教师评价、学生互评、学生自评为主，相对单一。

过程性评价应发挥多元评价主体的积极作用。"跨学科学习"任务群的作业基于社会和生活的真实情境，应鼓励社会团体、社区、家长等共同参与评价，通过多主体、多角度的评价反馈，帮助学生处理好语文学习和个人成长的关系，发掘自身潜能，学会自我反思和自我管理。

在"综合性学习"的影响和引领下，教师在设计"跨学科学习"任务群的作业时虽然能够有意识地加强语文学习与其他学科和实际生活的联系，但在综合多学科知识、解决实际问题、关注有计划的过程中能力进阶等方面还需要进一步加强。《义务教育语文课程标准（2022年版）》对"跨学科学习"任务群的作业设计的要求和形式做了强调和说明，未来的作业设计在开放性、规划性和评价标准等方面就有了更多的施展空间，值得我们共同关注。

第三节
"跨学科学习"任务群
的作业设计案例分析

在充分了解了"跨学科学习"任务群的内涵与特征、目前"跨学科学习"任务群的作业设计存在问题与不足的基础上，教师需要进一步明确"跨学科学习"任务群的作业设计的基本方向，通过细致解读语文课程标准，强化作业设计的"类型意识"，切实将语文实践活动嵌入"跨学科学习"任务群学习的全过程，进行整体设计。

一、从任务群学习内容入手确定作业设计的方向

根据《义务教育语文课程标准（2022 年版）》，"跨学科学习"任务群第四学段（7～9 年级）的学习内容可以从五个方面展开：

（1）结合数学、物理、化学、生物学等学科学习，或者自己参与的科技活动，学习撰写并分享观察、实验研究报告。

（2）在心理健康、身体素质等方面，选择师生共同关心的问题，组织小课题组，开展校园调查，学习设计问卷、访谈、统计、分析，撰写并发布调

查报告。

（3）在环境、安全、人口、资源、公共卫生等方面，选择感兴趣的社会热点问题，查找和阅读相关资料，记录重要内容，列出发言提纲，参加班级讨论。

（4）围绕仁爱诚信、天下为公、和谐包容、精忠报国、英勇奋斗、自强不息、明礼守法，以及科学理性、艺术精神等，选择专题，组建小组，开展学习与研究，运用多种形式分享学习与研究成果。

（5）组建文学艺术社团，开展相关的文化活动，参与社区文化活动与文化建设；在参与的过程中写出策划方案，制作海报，记录活动过程，运用多种媒介发布学习成果。

以上五个方面的内容基本上能体现语文"跨学科学习"任务群对学生"德智体美劳"多方面发展的引导和能力培养的关注。这启发教师在设计"跨学科学习"任务群的作业时，可以围绕道德、科技、健康、艺术、社会等主题，从学习内容、思维方法、关键能力等多个维度找准学科联结点，创设真实的学习情境，推动学生参与到学习、观察、思考、讨论、分享等一系列语文实践活动中。同时，"跨学科学习"任务群的作业既可以围绕语文学科特定的学习主题展开，也可以基于学生关注的生活话题、热点问题展开。下面将介绍三类较为常见可行的作业设计类型，以供参考。

二、"跨学科学习"任务群的作业设计可行案例及分析

"跨学科学习"任务群的作业能够帮助学生打通各学科之间的壁垒，在综合实践中锻炼和提升解决问题的能力。语文教师在设计"跨学科学习"任务群的作业时，必须立足于学科核心素养，关注文本阅读和语言文字本身，为学生创设更加开放的探索空间，从而促进学生多学科核心素养的全面提升。下面具体介绍三类常见的"跨学科学习"任务群的作业设计类型：立足于教材的单元学习作业、聚焦社会热点话题的作业和围绕整本书阅读的名著阅读作业。对其优势和亮点做简要分析。

（一）立足于教材学习单元的"跨学科学习"任务群的作业设计案例及分析

张璇设计的作业整合了统编义务教育教材语文八年级上册第五单元《中国石拱桥》《苏州园林》《梦回繁华》等课文，进行了语文、科学和美术学科的跨学科学习，是从学习单元展开跨学科学习的积极尝试（后文简称"案例1"，内容有改动），可以为我们带来启发。

作业案例 1[8]

一、学习主题

探索建筑艺术

二、学习目标

阅读文本、搜集信息，把握说明对象的特征；调动相关学科知识，完成制作、讨论与展示。

三、学习内容

以"结构设计体系要服从建筑设计的整体理念，兼顾稳定性和美观性"和"物体的配色不仅与审美有关，而且与情感有关"为基本问题，组建小课题组，开展校园调查，搜集相关信息，完成调查与制作、讨论与展示等语文实践活动。

四、作业设计

（一）模型制作

利用纸板、泡沫等生活中常见的快递包装材料，分小组进行模型制作比赛，设计制作一个拱桥、微观园林或"生态蝉室"，并在现场展示与说明，从制作、表达、创意、合作四个维度进行评分。

（二）撰写调查报告或观览方案

通过实地探察、采访，分组收集当地特色的桥梁、园林、昆虫等图片、视频资料，分组采访地理、历史、生物学科教师，形成调查报告或观览方案。

（三）文化沙龙

从语文、英语、生物、历史、地理、美术、音乐等不同学科的角度，从教材、网络、图书馆、博物馆等各种渠道寻找关于蝉的资料，采访学科教师和同学，完成专题视频制作，开展以班级为单位的文化沙龙活动"我们发现的蝉文化"。

五、评价与反馈

以作业（二）为例，学生在参观南京园林之后，完成了《南京园林旅游指南》的小册子。针对这项作业，设计如表所示的评价量规。

《南京园林旅游指南》方案评价量规

维度	权重	指标	评分（1—10分）		
			小组自评	小组互评	教师评价
科学性	30%	园林的基本信息是否准确，有无知识性错误，旅游路线的设计是否科学			
可行性	30%	是否充分考虑了来自不同地域的旅行者，是否考虑到交通限制等，以及是否具有推广性			
实用性	20%	是否方便携带，是否适合全天候各种情况下使用，是否有助于在有限的时间内游览更多的园林			
美观性	20%	图文是否美观，是否具有可看性			
总分					

六、设计说明

跨学科学习不是对学科课程的抛弃与远离，也不是对学科课程的简单点缀，而是在学科课程基础上的超越，语文跨学科学习活动必须坚持"语文性"这一根本原则。完成这项作业的过程中，学生需要综合语文、科学、美术等学科知识，也需要根据苏州园林"完美的图画"的总体特征，结合具体信息体会"建筑在功能和空间上有着类似的设计理念，都指向实用和审美"这一事实。同时，评价量规要有清晰的评价维度，要有明显的区分度，要有助于学生借助这一评价量规知道自己处于什么样的水平，有针对性地找出问题所在，寻找提升方法和路径，缩短现有水平和目标水平的差距。

案例 1 从教材的主题单元学习出发，提炼出单元学习的基本问题，并以此为导向创建真实情境，鼓励学生在做中学、学中做。学生通过小组讨论实践，不仅加强了对单元主题的理解和感悟，还将习得的知识转化成能力，提高了说明类文本阅读和运用的实际能力。同时，案例还重点关注了对学生的评价与反馈，针对《南京园林旅游指南》手册制定了明确清晰的评价量规，一方面为学生提供了制作手册的方向和要求，另一方面也能够有效地反馈学生解决特定问题的水平。同时，从"科学性""可行性""实用性""美观性"

四个方面来进行分析和评价，也是对学生思维的培养和提升。

（二）聚焦热点主题探究的跨学科的作业设计案例及分析

　　戴晓娥设计的跨学科学习单元《不断涌现的新兴职业》，是围绕社会热点问题展开主题探究的跨学科学习的范例（后文简称"案例2"，内容有改动）值得借我们学习和借鉴。

作业案例2[9]

一、学习主题

不断涌现的新兴职业。

二、学习目标

掌握问卷调查的基本格式和设计要点；甄别信息并判断信息的权威性与科学性；借助多种媒体形式清晰准确地发表自己的看法。

三、学习内容

组建小课题组，在学校和社区展开调查，利用互联网搜索相关信息，形成一份新兴职业介绍单；组织"我感兴趣的新兴职业"讨论交流会，从职业变迁的角度感受社会的发展。

四、作业设计

（一）对新兴职业进行广泛调查

1. 讨论问卷设计核心问题：要求填写快捷方便，容易获取、汇聚和处理信息。

2. 最大限度地扩大调查范围：注重广泛性、科学性、真实性。

3. 调查数据的个性化应用：确定"我"感兴趣的新兴职业。

（二）研究和展示对某个新兴职业的认识

1. 通过网络或者其他方式收集"我"研究的新兴职业的相关信息。

2. 借助可视化表达工具完成"我"感兴趣的新兴职业的介绍文案。

3. 在小组或者班级中交流展示"我"研究的新兴职业。

（三）讨论和分享对新兴职业的认识

1. 确定讨论会的核心话题。

2. 根据核心话题，形成自己的发言提纲。

3. 举办"我感兴趣的新兴职业"讨论交流会。

五、评价与反馈

过程性评价与单元测评设计如下表所示。

《不断涌现的新兴职业》的过程性评价与单元测评

评价类型	内容	基本标准
过程性评价	行动：新兴职业的广泛调查	1. 问卷格式简洁、便于数据收集和处理。 2. 能在社会化、陌生化的交往环境中自主获取有效问卷。 3. 能有效使用调查数据
	报告："我"研究的新兴职业	1. 能通过多种方式获取资料和信息。 2. 能关注信息的权威性与科学性。 3. 能够运用实证材料对自己研究的新兴职业做出合理的解释和推断
	讨论：我感兴趣的新兴职业	1. 能有条理地列出发言提纲。 2. 能在小组、班级活动中主动发言，并关注参与讨论的次数与质量
单元测评	撰写讨论交流会活动纪要	1. 符合活动纪要的基本格式与语言表达规范。 2. 能记录讨论会的基本流程与主要内容。 3. 能使用多种媒介进行表达。 4. 能简明客观公正地记录，并有自己的立场

六、设计说明

　　针对不断涌现的新兴职业这一现象，研究小组分工展开广泛的调查，并能结合调查所得数据发现自己感兴趣的新兴职业，展开个性化研究，与同学进行讨论，初步感受到新兴职业的产生与社会快速发展的关系。在完成新兴职业调查这一真实任务的过程中，学生综合应用多学科知识和能力解决问题，如掌握问卷调查的基本方法、学会与家庭和学校之外的陌生人群进行社会交往、学会甄别信息并关注信息的权威性与科学性、学习借助提纲即兴发言、初步尝试撰写活动纪要等。本案例把学习评价嵌入到3个活动中，学生可以根据教师设计的进阶性评价指标，自主检测自己的学习结果。

　　案例2在作业设计的过程中，围绕着某个热点主题，创设真实情境，明确地呈现出"跨学科学习"任务群的作业在内容综合性、功能延展性、形式开放性、问题情境性、评价多维性等五个方面的特点，有效地提升了学生借助多种学科知识解决实际问题的能力，锻炼学生在实际生活中运用语言文字进行沟通交流的能力。同时，案例在评价时明确了过程性评价和单元测评的具体标准和形式，不仅能够及时地反映学生学习中的情况，促使学生对学习的过程进行积极的反思和总结，还能使学生在最终评价时获得明显的成就感和获得感。

（三）围绕整本书阅读的跨学科的作业设计案例及分析

张彪围绕统编义务教育教材语文七年级下册的名著导读书目《海底两万里》，借助技术支持设计了跨学科学习任务群教学实践。这是从整本书阅读的角度展开跨学科学习的优秀案例，为教师们设计相关的作业提供了参考和借鉴：

作业案例 3[10]

一、学习主题

"奇幻海底"十日游旅行项目设计

二、学习目标

提升快速阅读的能力：带着问题阅读，开阔视野，提升阅读速度；抓住关键信息以及主要线索，整体感知作品内容；根据生活实际，完成项目设计。

三、学习内容

全班学生分成五个小组，作为"旅行社海底旅游项目"的研发团队，依托名著中的具体内容，设计"奇幻海底"十日游的旅行项目。小组成员可以发挥各自的优势，立足于《海底两万里》原著的内容做好分工，然后进行设计

四、作业设计

任务一：制作旅行项目宣传单（或者 1 分钟左右的宣传片）

通读全书，初步感知，写一段 150 字左右的宣传语，宣传"奇幻海底"旅行项目的吸引人之处。要求：立足全书内容，有吸引力、感染力。

任务二：制作旅程行程单（介绍时间安排、行程路线和交通工具）

梳理文本，用表格或者画图的形式，设计出"奇幻海底"行程路线；借助文字和图画，生动描绘"鹦鹉螺号"潜艇的特征。

任务三：细读重要情节，推荐行程高光点（2—3 个）

具体任务有三项：（1）奇境导览，根据书中内容，写出高光点的特点和值得游览之处；（2）奇人导游，请书中人物做导游，根据情节中较突出的人物形象，以他的口吻为这个景点（景点不要重合）写一篇导览词；（3）奇妙体验，根据书中内容描绘在

高光点游客会经历的奇妙事件,如海底森林打猎、采珠、观赏大战章鱼 3D 电影等,形成"活动体验"项目书(选做)。

五、评价与反馈

在各小组进行汇报的过程中,其他组成员参照评价量表进行过程记录和最终评价。

"奇幻海底十日游"项目设计评价量表

组号	高光点推荐	设计创意	行程设计依据	核心竞争力	总体评价	行程建议	推荐星级
1							
2							
……							

具体评分要求如下:(1)高光点推荐,记录旅行项目的高光设计(地点+事件);(2)设计创意,小组的整体设计最吸引你的地方是什么(简单陈述理由);(3)行程设计依据,小组设计的行程内容是否以原著内容作为依据(分条简洁记录);(4)核心竞争力,你认为小组设计的核心竞争力是什么;(5)总体评价,请用一句话表达你对小组设计的整体评价并打分(满分为 100 分);(6)行程建议,基于小组设计,根据原著的内容,你会提出怎样的修改(补充)建议;(7)推荐星级,综合整体项目设计,你会给这个项目评定几颗星(最高为五颗星)。

六、设计说明

"奇幻海底"十日游旅行项目设计,是结合学生外出游览的生活经验,创设"旅行社"开发项目的情境,借助网络平台、平板电脑、视频制作等设备或技术,推进任务,从而使任务群的学习更具情境感,"跨学科学习"任务群更具向心力。在完成任务的过程中,学生运用美术、信息技术学科知识,设计宣传单或者宣传视频;运用地理学科知识,结合原著中的具体描写,综合气候、地理位置、景点特点等信息,确定"奇幻海底"十日游的行程路线;运用生物相关知识以及自己的生活经验,充分考虑到旅客群体的特点,荤素搭配,设计旅游三餐;应用美术知识及绘画能力,还原"鹦鹉螺号"潜艇的原貌;借助多种媒介刺激旅客感官,提升旅游体验感受,等等。此外,制定任务群作业的评价指标时,各小组的组长也参与其中,这样做更加有利于学生找到努力的方向、获得及时的反馈,同时也可以让教师对各小组的评价更加综合和客观。

案例 3 是以培养学生快速阅读能力为目的,利用"跨学科学习"任务群的组织方式，引导学生在真实情境中完成一系列任务的作业设计。学生在情境中充分发挥小组合作的优势，借助多种技术手段学语文、用语文，通过对具体问题的分析探究，综合运用多学科知识解决实际问题，并借助丰富的媒体形式生动有效地呈现学习成果。在完成作业的过程中，学生既完成了对整本书的阅读，了解了名著《海底两万里》的必要信息，也在实际情境的问题探究中增强了语言文字的运用能力。

第四节
对"跨学科学习"
任务群的作业设计的建议

借助对《义务教育语文课程标准（2022 年版）》中"跨学科学习"任务群内涵的分析，以及对"跨学科学习"任务群的作业设计性质和特点的把握，结合目前这一作业设计中较为有效的尝试和普遍存在的问题，拟对"跨学科学习"任务群的作业设计提出一些建议。

一、立足语文实践活动，开发学科教材资源

"基于语文课程的跨学科学习，必须有一个一以贯之的主线，那就是着眼于学生语文能力的提升。这是根本，其他学科内容则服务于这个根本。"[11]教师在进行"跨学科学习"任务群的作业设计时，必须具备课程本位意识，始终以语文学科为主导，以识字与写字、阅读与鉴赏、表达与交流、梳理与探究等语文实践活动为主线，以促进学生的语文核心素养发展为目的。

在第三节介绍的作业设计案例 1-3 中，学生通过设计问卷、收集数据、撰写文案、讨论交流等实践活动，提升了语文能力和核心素养，这是贯穿整

个"跨学科学习"任务群的主线。同时，案例 2 的设计是关于社会热点问题的跨学科学习，从关注社会热点、查阅相关资料、参与讨论等角度较好地贴合了《义务教育语文课程标准（2022 年版）》中对这类"跨学科学习"任务群的设计方向和思路。除了《义务教育语文课程标准（2022 年版）》，教材是最基本的课程资源，在设计"跨学科学习"任务群的作业时，教师要高度重视、有效运用语文教材。

统编义务教育教材语文 7—9 年级课后的"思考探究""积累拓展"和"综合性学习"等内容，是对课文核心内容的提领与延伸，提示了教学的重点、难点或启发学生自学的思路，为教师正确理解教材提供了很好的帮助，也为教师进行相关的作业设计提供了有效的方向。教师可以创造性地完善背景，重设问题，找到"跨学科学习"的突破口，使教材得到充分的开发和利用。另外，对教材的开发运用不应仅限于语文学科本身，还要适当关注其他学科的教材内容。教师要把教材当作学习研究对象，在主动剖析、深入理解的基础上，围绕语文教材的基本问题和学生的基本能力，从其他学科的教材中寻找跨学习学习研究的接口，激发学生主动学习和探究的意愿。

比如，统编义务教育教材语文八年级上册设置了"身边的文化遗产"综合性学习，人民教育出版社出版的义务教育教材数学八年级上册中有"轴对称"单元设计。许多中国的物质类文化遗产都追求轴对称的理念，这就可以把语文与数学、美术学科结合起来，开展跨学科主题学习。

二、创设任务情境，拓宽语文学习和运用的领域

语文"跨学科学习"任务群的作业设计还需要有意识地从学习情境、学习资源等角度，拓宽语言文字学习与运用的领域，以切实提升学生的语文核心素养。

在前面的案例 2 中，师生针对不断涌现的新兴职业这一社会热点现象展开广泛的调查，引导学生关注社会、关注生活，能够深入到真实的社会生活中，通过接触不同人群获得信息，展开个性化研究。这一案例为学生创设了

真实而富有意义的学习情境。在语文学习和社会生活、学生经验之间建立了有效的关联，激发了学生探究问题、解决问题的兴趣，有效反映和提升了学生运用语言文字解决实际问题的能力。

在前面的案例 3 中，师生借助网络搜索软件、在线调查工具、电子文档、演示文稿、专业书籍、视频记录表等，拓展了学生的学习资源；通过实际发放调查问卷，让学生走进社区、街道等，采访相关的职业人员，打破了学校与社会之间的壁垒，为学生提供了更为广阔的学习空间。这一案例是拓宽学习资源的积极尝试，通过多维度扩展学习的空间和资源，为学生开展跨学科学习提供了有力的支持。

三、整合运用多学科知识，提高语言文字运用能力

从语文核心素养发展的角度来看，"跨学科学习"任务群拓宽语文实践活动场域的核心目的，是为了在真实情境中有效提高学生的语言文字运用能力。

通过前面的案例 1–3 学习目标的拟定，我们可以看出教师在设计"跨学科学习"任务群的作业时，明确关注并引导学生"整合运用多学科知识，提高语言文字运用能力"。学生在完成任务群的作业时，需要运用相关学科知识，完成设计和发放调查问卷、分析和梳理数据信息、合作探究等过程，并在其中锻炼和提升"在陌生的社会交往环境中提高语言交流能力"，提高有条理地发表观点、表达与发布研究结果的能力，进而"丰富语文课程的内涵和外延，增强学生学习相关内容的愿望和兴趣，帮助学生对相关内容做出更好的理解"[12]。

需要强调的是，"跨学科教学并不是使用异质性知识来指涉相同对象，而是促使不同学科在解释相同问题时具备差异化表达路径的黏合可能"[13]。语文"跨学科学习"任务群的实施过程，实质上就是从各个学科开展的对任务群基本问题深入理解的过程，是提高学生语言文字运用能力的实践过程。在作业设计中需要促成和体现多学科知识的整合运用，避免对多学科知识机械地拼接堆砌。

四、组织系列学习活动，以设计、参与、调研、展示为主

通过分析前面的案例1-3，可以发现整个"跨学科学习"任务群是由行动、报告、讨论三个连贯而有层次的任务构成的。学生在完成任务的过程中，需要经历设计调查问卷、参与发放和收集问卷、对数据和信息进行调研、选择有效的形式进行展示讨论等一系列活动，运用语言文字达成任务目标。这一系列的任务推动学生以积极自主的状态，有规划地完成跨学科学习的过程，既充分尊重了初中阶段学生的认知规律，让学生在通过小学阶段"观察、记录、参观、体验"的积累后，更有效地运用语言文字，也有意识地锻炼和提升了学生解决实际问题的能力。

从《普通高中语文课程标准（2017年版2020年修订）》来看，高中阶段则应以语言文字、文学为媒介，通过专题研究，深化对人与自然、人与社会、人与自我的理解和认识，发展问题解决能力和批判性思维，这是另一种能力层级的进阶。

五、指向完整探究过程，引导学生发现、分析和解决问题

"跨学科学习"任务群的学习过程是学生"发现问题－分析问题－解决问题"的完整探究过程。教师在学习过程中需要引导学生掌握问题探究的基本步骤和方法，学会提炼、表达、呈现学习成果，并且着重培养学生综合运用多学科知识解决实际问题的能力。

在前面的案例2中，教师以"新兴职业"为主题，聚焦快递小哥、网约车司机、直播销售员等不断涌现的新职业。学生在既有主题的基础上，可以充分调查自己感兴趣的一些新兴职业。这体现了"跨学科学习"任务群的开放性特点。学生在完成"行动－报告－讨论"三个任务的过程中，发现问题和分析问题的主动性和探究性得到加强，实证意识和小组合作意识也进一步提高。经历了这样真实的探究过程，学生对职业变迁背后折射出来的社会发展的感受也是真切而生动的。

学生的学科核心素养，是在实践活动中逐步积累并建构的，因此实践活动要强调学生的自主性和实践过程的完整性。在设计"跨学科学习"任务群的作业时，教师需要借助一个个任务与活动，推动学生自主学习，促进学生在真实情境中主动寻找与发现问题，自主设计方案，分析问题，合作探究，多元展示学习成果，最终解决问题。

六、基于核心素养制定量表，关注评价的过程性与全面性

对"跨学科学习"任务群的作业完成情况的评价，不仅要关注学生最终形成的学习成果，如方案、报告等，更要关注学生在过程中的各类表现，即实际参与情况。

第三节的作业设计案例都有明确的评价量规意识。为了更好地观察学生在调查行动、研究报告和讨论交流三个任务过程中的行为，更好地反思并调整学生的行为，教师制定了针对这三个环节和内容的评价量表，设立了可行性强、利于操作的一系列客观指标。这些指标主要衡量学生在过程中是否有效阅读与运用了大量的语言文字材料；是否跨越了语文学习的情境和资源，拓宽了思考和分析的视野；是否整合了多学科知识，在真实情境中解决了实际问题；是否调动了学习的兴趣，培养了学习的习惯，形成了正确的情感态度价值观等。总的来说，教师"可以收集跨学科学习任务设计中所涉及的语言资料的形式、数量与质量，语言资料涉及的领域等作为典型指标来进行评价，以落实语文跨学科学习中'语文'这个基本要素，以及跨领域进行语言学习运用这个基本特征"[14]。

综上所述，语文"跨学科学习"任务群的作业设计的目的，始终是促成学生的语文核心素养的提升。其中立足于语文学科、依托教材是前提和基础，跨领域、跨学科拓宽语文学习资源是方向和途径，组织系列活动、进行全过程探究是核心和根本，全过程、多维度评价是驱动和保证。基于以上几点要求的"跨学科学习"任务群的作业设计，会引导学生经历包括多学科知识的整合运用以及集体协作、沟通交流、组织策划等多维度亲身实践的过程，真正促进学生掌握语文知识技能和提升核心素养。

思考与实践

通过本章的介绍你对"跨学科学习"任务群的作业设计有了一定的认识，请尝试完成下列任务：

1. 如何将跨学科知识与方法的运用和语文学科素养的提升有机结合？

2. 结合自己的教学内容，设计一份"跨学科学习"任务群的作业设计。

■ 本章参考文献

[1] 刘丰，徐鹏.高中语文跨学科学习的实施路径探析 [J].中学语文教学，2022（02）：4-8.

[2] 陈红波.核心素养导向下的语文跨学科学习实践探索 [J].上海课程教学研究，2021（06）：27-31.

[3] 代文利.课程整合视角下的跨学科作业设计研究 [D].武汉：华中师范大学，2021.

[4] 常志刚.自我效能感理论下的初中语文跨学科教学——以《大自然的语言》为例 [J].甘肃教育研究，2022（04）：81-84.

[5] 林肖珍.基于核心素养的语文跨学科教学创新尝试 [J].语文新读写，2022（04）：94-96.

[6] 诸定国."跨学科学习"任务群的理解、设计与实施 [J].语文教学通讯，2022（20）：16-18.

[7] 顾红."双减"背景下初中语文作业优化设计与实施的探讨 [J].教学月刊·中学版（教学参考），2021（12）：26-28.

[8] 张璇.初中语文跨学科学习"三要素"——以八年级上册第五单元为例 [J].教育研究与评论（中学教育教学），2022（12）：44-46.

[9] 戴晓娥.指向真实问题解决的跨学科学习 [J].语文建设，2022（19）：15-17.

[10] 张彪.技术支持下的语文跨学科学习任务群教学实践——以《海底两万里》名著阅读活动为例 [J].中小学数字化教学，2022（09）：19-24.

[11] [12] 章新其.从课外活动到语文跨学科学习 [J].语文教学通讯，2018（29）：15-17.

[13] 谢坤.教师在跨学科教学中的异质性知识耦合探讨 [J].教育理论与实践，2017，37（32）：36-38.

[14] 同 [2]：27-31.

第八章

作业的评价与反馈

概览

1.作业评价应遵循"以评价促进学习"的理念。作业评价的目的不再只是检查学生达到学习目标的程度，而是检验和改进学生的作业过程和学习状况，以促进学生更好地学习。

2.实现以评价促进学习的目标，需要教师探索作业评价的可能路径，明确作业评价应该遵循的原则。

3.作业评价应倡导学生、教师、家长或者社会等组成评价共同体，根据实际需要，整合诊断性评价、形成性评价、终结性评价等多种评价方式，成为考察学生核心素养发展情况的有效途径。

4.作业的反馈、基于作业的学情诊断都是作业评价过程中的一环，目的在于改进教师的教与学生的学，促进学生的学科知识、关键能力的获得与提高，促进学科核心素养的发展，提升教师的专业水平。

案例导入

同样是修改病句，教师对不同学段学生的作业评价及反馈会有所不同。

初中：

几千年来，劳动人民注意了草木荣枯、候鸟去来等自然现象同气候的关系，据以安排农事。杏花开了，就好像大自然在传语要赶快耕地；桃花开了，又好像在暗示要赶快种谷子。布谷鸟开始唱歌，劳动人民懂得它在唱什么："阿公阿婆，割麦插禾。"这样看来，花香鸟语，草长莺飞，都是大自然的语言。

这些自然现象，我国古代劳动人民称它为物候。物候知识在我国起源很早。①古代许多流传下来的农谚就包含了丰富的物候知识。到了近代，利用物候知识来研究农业生产，已经发展为一门科学，就是物候学。②物候学记录植物的生长荣枯，动物的养育往来，如燕子来、桃花开等自然现象，从而了解随着时节推移的气候变化和这种变化对动植物的影响。

选文中的两个画线句表达欠妥。下列对其修改正确的一项是（　　）

A.①许多古代流传下来的农谚就包揽了丰富的物候知识。

B.①古代流传下来的丰富的物候知识就包含了许多农谚。

C.②物候学记录植物的生长荣枯，动物的养育往来，如燕子来、桃花开等自然现象，所以了解随着时节推移的气候变化和这种变化对动植物的影响。

D.②物候学记录植物的生长荣枯，动物的养育往来，如桃花开、燕子来等自然现象，从而了解随着时节推移的气候变化和这种变化对动植物的影响。

　　该作业结合学生学过的短语、句子等语法知识，将统编义务教育教材语文八年级下册课文《大自然的语言》中的语段作为作业语料，用选择题的选项呈现不同的修改方案：A项涉及对第①句"农谚"的多层定语的顺序安排以及对恰当的动词的选择，B项关注语境制约下对第①句陈述对象的确定；C、D项涉及第②句前后文的相互照应，"植物的生长荣枯"，与"桃花开"相对应，"动物的养育往来"与"燕子来"相对应。本作业聚焦的学科知识包括语段内容理解、语法知识、句间关系，关键能力为整体感知、信息整合、理解、比较、发现、辨别、积累和判断。通过学生的选择，可发现学生个体运用相关知识的能力，比如语法知识、对语境中句子的把握和理解程度、对句子病因的判断和修改。同时，教师可通过统计选项的比率，发现教师教与学生学的实际情况与不足，从而在后续课堂教学和作业设计上有针对性地进行调整。

　　高中：

　　①大兴机场见证了"中国制造"的宽度。②大兴机场通航，北京迎来"双枢纽"时代自然意义非凡，而且今时今日，"中国制造"已不再满足于经略一城一地。③大兴机场地处京津冀核心地带，向北46公里是天安门，向东北54公里可到北京城市副中心，向西南55公里为雄安新区，向东南82公里是天津市区。④大兴机场承担疏解北京非首都功能，助力雄安建设科技发展新高地，联程联运辐射环渤海、长三角、珠三角。⑤而在未来，随着越来越多国际航线通航，大兴机场也将成为中国通往世界的"新国门"。

　　1.下列说法正确的一项是（　　　　）

　　A.第②句中的"而且"应该改为"但是"。

B. 第②句中的"再"删去之后会改变句意。

C. 第③句中的两个画线部分可以互换位置。

D. 第③④⑤句中"大兴机场"应改为"它"。

2. 第④句中画线的语句有语病，请将改正后的句子写在答题卡上。

基于《普通高中语文课程标准（2017 年版 2020 修订）》的学业质量要求，可以看出，这两道作业题指向的是"学业质量水平"2-1 中"能发现语言运用中存在的比较明显的问题，并运用自己掌握的语言知识予以纠正"的要求。第 1 题为选择题，从选项看，修改方案涉及了关联词、语序、词类、复句等知识，考察学生在语境中理解、比较、辨别、判断的能力；第 2 题没有提供修改方案，而是用抄写改正后的句子的方式，考察学生基于语境内容、句间关系和语法知识修改病句（成分残缺，少宾语中心语）的能力。两题虽然题型有异，但测查的关键或基本能力是一致的。与初中类似内容的作业设计相比，高中阶段基于情境任务的解决（应用性、情境的真实性）更符合中学语文课程标准的理念，语段句子内部以及句子之间关系的复杂程度更高。

第一节
作业表现的评价

　　学生按要求完成作业后，一般都希望能及时得到教师对于自己的作业表现的评价。作业表现的评价是对学生学业的过程性评价的一个重要组成部分。中学语文作业设计类型丰富多样，围绕语言、思维、审美、文化等核心素养，不仅包括写字、阅读、日记、习作等课内基础性作业，还包括关注校内外个人生活和社会热点问题的主题考察、研究性学习、跨媒介创意表达等多种类型的实践性作业，具有较高的综合性、探究性和开放性。

　　审视传统的中学作业表现的评价，存在评价主体单一、评价标准单一、评价形式单一等弊病。从评价主体的角度来说，大多是教师单方面地检查和评价学生的作业；从评价过程的角度来说，很多教师在检查作业的时候，更注重作业的数量是否足够，而忽视了作业的质量是否达标，抑或关注了质量却没有明确指出需要提高改进之处；从教师评语的角度来说，评语较为笼统，多为"很好""棒""加油""差"等，不仅没有体现出对学生的情感激励，也没有明确指出学生作业的具体优缺点……。这些问题映射出某些师生对作业敷衍应付的态度，这样就使作业的布置、完成和检查渐渐变成走过场，浪费了时间，没有太大的实效。

　　反思传统的作业表现的评价，可以发现，无论是评价主体单一，还是评价标准和评价形式单一，都是由"评价学习"的评价观所造成的，即为检验学生的学习结果而进行评价。这很难对学生的学习起到促进作用。因此，探索促进学生学习的作业表现的评价的可能路径就成为亟待解决的问题。

一、对作业表现进行评价的建议

对作业表现进行评价应遵循"以评价促进学习"的理念。对作业表现进行评价的目的不只是检查学生达到学习目标的程度，更重要的是检验学生的作业过程和学习状况，适时提出相关的改进建议，以促进学生的学习。要想实现以评价促进学习的目标，教师就需要探索对作业表现进行评价的可能路径，明确对作业表现进行评价应该遵循的原则。下面针对中学语文的作业表现的评价，提出一些建议。

（一）着眼于语文核心素养的发展

对语文作业表现的评价应以促进学生核心素养的发展为出发点和落脚点。教师不仅要关注学生外在的学习结果，更要关注其内在的学习品质；并注意在过程中通过评价引导学生学会学习，以培养提高他们的语文学科核心素养。

在评价中应紧密围绕学生在阅读与鉴赏、表达与交流、梳理与探究等语文实践活动中的表现，全面考察学生语文核心素养的发展情况。学生个体的语文学科素养的发展呈现出鲜明的差异化特点。教师应注意搜集学生在语文实践活动中产生的各类作业材料，包括测试卷、读书笔记、文学创作、小组研讨成果、调查报告、体验性表演活动和个人反思日志等，并利用这些材料了解学生表现出的个性品质和精神态度，从而建立完整的学生学习档案，全面记录学生核心素养的发展轨迹。

教师要有意识地利用作业表现的评价的过程与结果，并加以引导，进而提出有针对性的学习建议，激发学生学习的动力。同时，教师要依据作业表现的评价结果，反思自己的日常教学活动，进而优化教学内容，调整教学策略，完善教学过程，为学生语文学科核心素养的发展提供有力的支持。

作业评价案例1

某教师在完成统编普通高中教材语文必修下册《谏逐客书》一文的课堂教学后，布置了作业并明确这些作业对应语文核心素养的所处的层次。

作业：①联系上下文，为下列词语注音并释义。并、举、施、向使、玩好、傅玑之珥、却、业、赍；②找出文章中的通假字、古今异义词、特殊句式等，按照分类将它们抄写在素材积累本上，尝试标注其功能和作用；③角色朗读，立足于李斯的视角，读通、读顺、读懂、读出感情，把握好人物的性格特征和情感倾向。

评价：如图所示

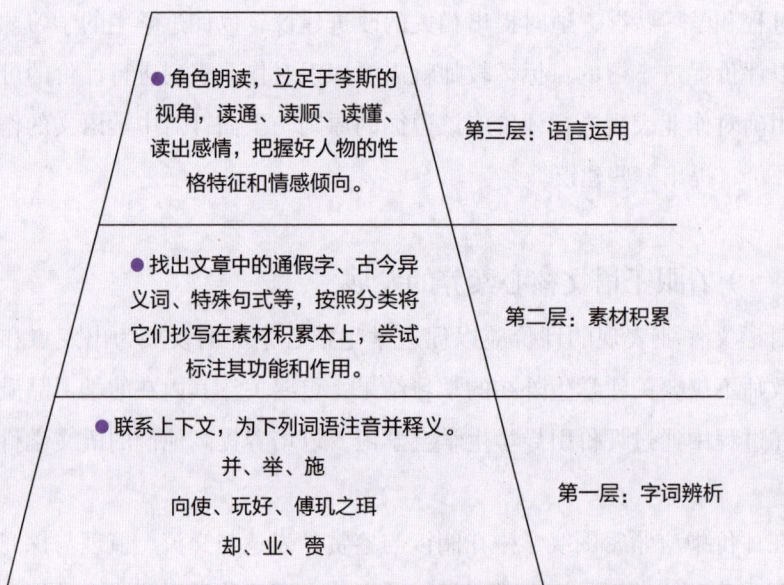

● 角色朗读，立足于李斯的视角，读通、读顺、读懂、读出感情，把握好人物的性格特征和情感倾向。　　第三层：语言运用

● 找出文章中的通假字、古今异义词、特殊句式等，按照分类将它们抄写在素材积累本上，尝试标注其功能和作用。　　第二层：素材积累

● 联系上下文，为下列词语注音并释义。
并、举、施
向使、玩好、傅玑之珥
却、业、赍　　第一层：字词辨析

（摘引自《核心素养视域下的高中语文作业设计与评价》
陈艺婷　福建省永春第一中学）

学生完成作业后，教师应以语言素养为要点展开作业评价活动，考察学生是否掌握基础的字音字义、文言常识、诵读技巧、语言解析等技能，明确他们掌握基础知识的情况，评判他们记忆和运用语言知识的能力，以此做出合乎实际、客观公正的评价，指明学生日后学习和努力的方向。

（二）全面把握学习任务群的特点

对语文作业表现的评价要把握学习任务群的特点，统筹评价过程。因此，教师在进行语文作业表现的评价时应全面把握所属任务群的特点。每个任务群的学习目标与内容，各自独立又彼此关联，进行语文作业表现的评价时既要突出每个任务群的学习重点，又要兼顾任务群之间的联系，体现学习目标、内容与评价的一致性。

教师在进行语文作业表现的评价时，要充分考虑语文实践活动的特点，注意考察学生在活动中表现出来的参与程度、思维特征，以及沟通合作、解决问题、批判创新等能力，记录学生进行任务群学习的真实、完整的过程。在进行语文作业表现的评价时，教师要注意区分重点和层次，考察学生完成不同难度的学习任务群时语文核心素养发展的不同表现。

作业评价案例 2

某教师在完成统编普通高中教材语文选择性必修上册第六单元的课堂教学后，布置了作业，并对照"思辨性阅读与表达"任务群的学业质量要求设计了评价量表。

作业：《劝学》是两千多年前荀子对学习问题的朴素认识，《师说》是一千多年前韩愈对"耻学于师"的批评。随着社会的发展变化，我们在学习中又遇到了新的难题。针对当下中学生学习中的某些问题，以"'劝学'新说"为题，写一篇不少于800字文章。

评价：本单元教材内容以"学习之道"为人文主题，属于"思辨性阅读与表达"任务群。围绕"思辨性阅读与表达"任务群的核心要求，设计了如下评价量表：

思辨性阅读与表达评价量表

	待改进	达标	优秀
论述的针对性与概括性	泛泛而谈，没有针对"学习"的具体现象和问题展开论述；或者只是就事论事，没有揭示本质和概括特征	能针对具体问题而发，阐释"学习之道"能做到由事及理，由现象到本质	针对具体情境下的"学习"现象和问题展开论述，透视现象，揭开本质，论述既有很强的针对性，也有高度的概括性

续表

	待改进	达标	优秀
论证的方法	简单堆砌事实和材料，不能使用恰当的论证方法把观点和材料结合在一起	能结合观点使用恰当的论证方法，能由事及理，把"学习之道"阐述明白	能根据具体情境和立场观点，灵活运用多种论证方法，把个别之事和一般之理深度结合在一起，说理透彻而有说服力

（三）明确学业质量水平及其特征

学业质量是学生在完成课程的阶段性学习后的学业成就表现，体现了学段结束时学生核心素养应达到的水平。因此教师在进行作业表现的评价时，应当明确学业质量水平及其特征，根据对学生语文学业成就具体表现特征的总体刻画进行评价，体现学段的差异性和层次性。例如：某教师对《普通高中语文课程标准（2017年版2020年修订）》中有关学生的学业质量的表述做出这样的概括，水平一侧重于有语言建构的意识，有欣赏文学作品的兴趣，有学习理解文化的意愿；水平二侧重于语言的主动积累，能区分信息和评价信息，表现对传统文化的兴趣；水平三侧重于语言的运用和对语言规律的把握，能把握材料间的关系并有逻辑地进行表达，喜欢欣赏文学作品，关注语言和文化的关系；水平四侧重于自觉整理语言材料和言语活动经验，能清楚阐明观点与材料的关系，能比较文学作品并追求高尚审美情趣与品位，能深入理解探究文化问题。

同时应对学生的作业表现进行跟踪性评价，梳理学生的作业表现发展变化的轨迹，及时反馈不同阶段作业质量的整体变化。

作业评价案例3

某教师在完成统编义务教育教材语文九年级上册第四单元的课堂教学后，着眼于学业质量不同阶段的特征，对学生完成本单元的文章阅读和写作作业划分了水平等次。

评价：本单元包含《故乡》《我的叔叔于勒》两篇教读课文和《孤独之旅》一篇自读课文，以及有关小说的综合性学习。学生完成本单元的阅读和写作作业的情况可尝试设计三个水平层次来进行评价。

水平一：在课文阅读中能够找出推动人物心理变化和心态转变的标志性语句和事件，能够分析故事的转折点；能够梳理情节，把握人物形象。

水平二：能够找出使用了特殊修辞手法的句子，了解故事语言的表达技巧和逻辑。

水平三：能够总结阅读经验，明确怎么将故事写得更加生动、更加吸引人；能够结合自己的成长经历来续写故事的结局，深化对单元主题的认识。

（四）界定不同学习阶段的评价重点

初中、高中的语文学习可分为起始阶段、过渡阶段和毕业阶段。

对起始阶段的语文作业表现进行评价应立足于共同基础，考察学生在不同的学习情境和实践活动中学习和运用语言文字的基本能力。

对过渡阶段的语文作业表现进行评价应该更关注学生语文学习内容"面"的广度。评价重点包括：语言积累、梳理与迁移运用的能力；在独立学习古今中外经典作品的过程中阐释文本阅读体验的能力；语言实践中的逻辑推理能力和实证意识，以及运用科学思想方法解决实际问题的能力；对古代文化遗产的辨别，对中外文化要义的理解，以及对科技文化的理解与反思等。

对毕业阶段的语文作业表现进行评价应更关注学生语文学习内容"点"的深度。要注重学生在专题讨论中对语言运用现象和规律的探究，对学术论著语言特点的把握，语文实践活动中思维的严密性、深刻性和批判性；注重学生个性化地理解古今中外经典作家作品及其思想内涵、艺术价值；注重学生多样的文化认知，跨文化理解，文化批判、反思和创造等。

（五）参照与之相对应的学习目标

应该在作业设计之前设计对作业表现的评价。教师在设计作业前，就应该根据学习目标明确此次作业表现的评价标准，明确要从哪些方面进行评价，并将这些标准和细则提供给学生，以便学生进行自我评价和行为调节。同时，在这一过程中，教师应该有教学合一、教学相长的理念，为学生在作业表现的评价过程中发挥积极性和主动性提供最大的空间，以切实促进学生的学习和发展。

（六）充分考虑学生的个体差异性

学生作为独立的个体，彼此之间具有差异性。因此，在对作业表现进行评价的过程中，教师要关注学生之间的差异，切忌使用同一标准来进行评价。教师在进行作业表现的评价时要针对学生的素养水平和个性特点提出意见，激发学生的学习热情，保护学生的自尊心，尊重学生的个性差异。

二、对作业表现进行评价的方法

语文学科素养需要在真实的语文学习任务情境中综合地加以考察。因此在进行作业表现的评价时，仅仅依靠教师评价是远远不够的，应倡导学生、教师、家长或者社会等组成评价共同体，各自发挥在评价中的协作作用。此外，还应根据实际需要，整合诊断性评价、形成性评价、终结性评价等多种评价方式，考察学生核心素养的发展情况。

（一）评价主体

传统的作业表现的评价的主体常常只局限于教师一人，完全忽视学生的主体地位。但是，这种评价主体的单一使得学生只是以被评价者的身份参与对作业表现的评价，不能调动学生的自主性。在语文作业表现的评价中，应倡导落实评价主体的多元化，由学生、教师、家长或者社会等组成评价共同体，各自在评价中发挥协作作用。

首先对作业表现的评价应面向全体学生，尊重学生的主体地位，关注学生在兴趣、能力和学习基础等方面的个体差异，引导学生开展自我评价和相互评价。如下面的评价案例所示：

作业评价案例4

　　阅读朱自清的《背影》，为父亲爬月台的背影设计一幅彩色插画，解释自己的色调选择、瞬间姿态定格和想要突出的动作细节。并在横线上填写一个词，把插画的题目"背影——＿＿＿＿的父亲"补充完整。

　　学生完成作业后，可根据下面的评价反馈量表进行自评或互评。

评价项目	甲级	乙级	丙级
整体感知（阅读感悟）	阅读完毕后能够清楚明确地想象出父亲爬月台的场景，并能真切感受到父亲的形象	阅读完毕后能够较为清楚明确地想象出父亲爬月台的场景，并能较为真切地感受到父亲的形象	阅读完毕后能够想象出父亲爬月台的场景，但场景不是特别清楚确切；对于父亲的形象有所感悟，但感受不够深刻真切
描绘与表现（绘画设计）	色调选择契合文本，瞬间姿态定格传神生动；动作细节描绘精准；通过绘画能够真切感受到父亲的形象；绘画充满浓郁的美感	色调选择符合文本，瞬间姿态定格较为传神；动作细节描绘较为细腻；通过绘画能够较为真切地感受到父亲的形象；绘画有美感	色调选择基本符合文本，有瞬间姿态定格、有动作细节描绘；通过绘画能够初步感受到父亲的形象；绘画清楚、整洁，有一定美感
信息整合（解释分析）	解释准确、合理	解释较为准确、合理	解释基本准确、合理
描绘与表现（插画题目）	完全符合父亲的人物形象；用词精准；词语选择有匠心、有美感；有一定创意性和设计性	较为符合父亲的人物形象；用词准确；词语选择或有美感或有创意	基本符合父亲的人物形象；用词合适、无误

（来源：北京景山学校高一语文备课组）

　　此项作业评价设计结合了具体的阅读情境，引导学生重视作品的细节，通过细节探求作品的内涵，培养学生的共情能力，在读、想、画、说中丰富对语言文字作品的美感体验。而与此配套的评价反馈量表从阅读感悟、绘画设计、解释分析、插画题目等维度对学生的审美体验进行衡量。教师可以借助此量表更加科学地测评学生的审美体验，从而确定可以进一步引导学生丰富审美体验的路径；学生则可以利用这一量表更好地自评审美体验，找到审美体验的提升维度和方向。

此外，鼓励教师、家长、教学管理人员、社会人员等参与对作业表现的评价。主体多元化的评价方式能够有效地发挥学生的主体作用，真正触发作业的教育功能，让学生全方位地认清自己学习中存在的不足，并获得自信，最终提高语文学习的能力。

（二）评价方式

《普通高中语文课程标准（2017 年版 2020 年修订）》指出："语文学科素养需要在真实的语文学习任务情境中综合考察。语文教师应根据实际需要，整合诊断性评价、形成性评价、终结性评价等多种评价方式，考察学生核心素养的发展情况。"

《义务教育语文课程标准（2022 年版）》指出："语文课程评价包括过程性评价和终结性评价。过程性评价贯穿语文学习全过程。"同时强调："作业评价是过程性评价的重要组成部分。"

对语文课程标准中有关评价方式的表述进行分析，可知中学语文作业表现的评价应该注重过程性评价，重点考察学生在作业完成过程中表现出来的学习态度、参与程度和核心素养的发展水平。为了更好地针对中学语文作业进行过程性评价，教师可以在评价过程中融入表现性评价、SOLO 分层评价等方式。

1. 表现性评价

美国斯坦福教育学院评价、学习与公平中心（Stanford Center for Assessment, Learning and Equity, SCALE）在多年研究的基础上，提出了表现性评价质量标准。首先，是清晰且有价值的表现结果。这里的"有价值"主要指应用和展示学科内容知识、深度理解和高阶思维，与学科课程领域的大观念建立关联，整合知识和技能。其次，是清晰的、连贯一致的、真实性任务。任务要和目标一致，学生能在任务中展示深度学习，能够展示对知识和技能的应用；要反映出一个现实世界的任务或基于情境的问题解决；任务要值得学生去做，以一种对学生来说真实的、相关的、有意义的方式表达学科内容。再次，是学生要能深度参与，给学生提供选择的机会，提供学生回应任务的多种方式；要求学生自主计划和管理信息；提供自我评价、同伴和教师反馈以及修正的机会。

在语文作业评价中可以融入表现性评价，来考察学生在不同学习情境和实践活动中学习和运用语言文字的基本能力，要重点考察学生在语文学习过程中的体验和感受、学习策略，以及梳理、探究能力，尤其是基于社会情境的阅读、表达与交流的能力，读写活动中的思维表现以及不同体裁文学作品的审美感知、评价欣赏、独立创作情况；还要考察对多样文化的理解，对当代文化现象的关注和评析，以及对未来文化发展的思考和展望等；并在此过程中提供自我评价、同伴和教师反馈以及修正的机会。如下面的评价案例所示：

作业评价案例 5

王维维老师在完成统编义务教育教材语文八年级下册第四单元"演讲"的课堂教学后，布置了作业：在充分研读教材中的演讲稿和课外优秀演讲稿的基础上，提炼出优秀演讲稿的评价标准。

待学生基本完成作业后，王老师组织学生通过小组汇报、全班研讨的形式，形成了最终的评价标准。

维度	具体标准
观点	1. 有一个清晰、明确且富有正能量的观点 2. 观点与演讲的目的具有较高的吻合度
思路	1. 思路清晰，能够体现观点 2. 顺序设计合理，符合听众的认知规律
内容	1. 符合听众的年龄、文化程度、心理需求 2. 围绕演讲目的展开，不跑题 3. 有具体、真实的例子作为支撑，能够支持观点

续表

维度	具体标准
语言	1. 语言风格契合演讲内容 2. 使用一定的修辞手法，富有表现力 3. 贴近听众的生活实际，多用短句，不用超出听众认知的词汇
开头	1. 拉近与听众的距离，或交代演讲的缘由 2. 能唤醒听众的经验，引起共鸣
结尾	1. 重申观点，总结全文，让听众对演讲内容印象深刻 2. 调动听众情绪，提升演讲效果
情感	1. 情感真实，符合目的地表达 2. 运用语气助词、标点、旁白等提示演讲的情感

（摘引自《基础教育课程》2022 年 9 月上，总第 329 期，北京市第八十中学嘉源分校语文教师　王维维）

相比于评价标准结果的呈现，这类作业的完成过程更有价值。在完成这一作业任务时，学生首先根据学习目标、情境任务中的重难点以及自身的生活经验等拟写评价标准，随后在课堂上通过小组交流研讨，形成小范围认同的评价细则，最后通过小组汇报、全班研讨的形式，形成最终的评价标准。研制作品的评价标准需要学生在阅读大量材料之后对材料进行梳理与探究，发现其语言运用规律，并将习得的知识融入自己的认知体系。

作业评价案例 6

王维维老师在完成统编义务教育教材语文八年级下册第四单元"演讲"的课堂教学后，布置了作业：为了庆祝建党 100 周年，学校正在开展"永远跟党走"主题教育活动，八年级将开展演讲比赛，请你围绕这一话题，自选角度，参考演讲稿评价标准（见案例 1），撰写一篇演讲稿。

（摘引自《基础教育课程》2022 年 9 月上，总第 329 期，北京市第八十中学嘉源分校语文教师 王维维）

基于之前的作业成果，学生的写作有了思路和目标，可以对照经全班研讨形成的优秀演讲稿的评价标准自主修改、完善演讲稿。

由此可见，表现性评价重视引导学生关注学习的过程，学生可以借此机会重新审视先前的经验，去除、修正经验中的糟粕，补充、建构新的经验，从而达到自我认知、自我发展的目的。这一过程也培养了学生的元认知能力。

2. SOLO 分层评价

1982 年，澳大利亚学者约翰·比格斯（Biggs）教授和他的同事科利斯(Kevin F. Collis) 提出了以等级描述为基本特征的质性评价方法——SOLO 分层评价法。比格斯把学生的学习结果分为五个层次，分别为前结构层次、单点结构层次、多点结构层次、关联结构层次、拓展抽象结构层次。

SOLO 分层评价法的五个层次分别代表了学生对于某项具体知识的掌握水平，从学生对某个问题的回答中，教师可以参照上述标准就学生对该项知识内容的掌握情况做出判断。因此，这种评价方式可以帮助教师进行教学诊断，同时，也可以向学生提供有效的学习反馈，SOLO 分层评价法适用于过程性的中学语文作业评价。如下面的评价案例所示：

作业评价案例 7

李长昊、杨剑锋老师针对统编普通高中教材语文必修下册第八单元的课堂教学，设计了作业，并借助 SOLO 分层评价法设计了作业评价量表。

基础作业：学生通过反复阅读，为文段断句，并梳理归纳出相应的断句经验。

进阶作业：学生积累文中重点实词虚词，理解文意。

高阶作业：学生充分理解文段大意，并在互文比读中探究文本的论说思路。

评价量表：

作业内部结构	素养水平（对接核心素养"思维的发展与提升"）	作业要求	学习水平
单点结构层次	理解表面的字词	解释文中重点的字词；翻译文字	弱
多点结构层次	从不同角度来理解	断句，并归纳断句经验；梳理论说思路	较弱

续表

作业内部结构	素养水平（对接核心素养"思维的发展与提升"）	作业要求	学习水平
关联结构层次	将各个角度整合理解，发现其内在关联	梳理整合多则语段的核心观点，并发现其关联	中等
拓展抽象结构层次	群文阅读，归纳、概括相关信息，由感性认识上升到理性认识	结合《劝学》《谏太宗十思疏》以及补充文段，探究比喻论证的优势及不足	较强

（摘自《新课程教学》2022年第20期，北京市顺义区教育研究和教师研修中心 李长昊；北京市顺义区牛栏山第一中学 杨剑锋）

使用"SOLO"分层评价方式，有助于将学生的历次表现进行积累统计，在必要节点将数据联系在一起，可从线性角度考察学生的语文核心素养的发展情况。

以上案例，只是提供了作业评价的一些有效的方法。教师应该意识到，相比结果的好坏，学生完成作业的过程更值得关注。在作业评价的过程中，教师要综合运用多种形式，发现学生的进步和不足。此外，教师也可以有意识地灵活运用评语，评语切忌刻板敷衍，因为积极的评价语言，能在情感上激励学生，给学生带来学习的动力。当然评价的方式不是唯一的，更不是一成不变的，语文教师应当在教学实践中不断探索新的、有效的中学语文作业评价形式。通过有效的作业评价，教师可以发现学生的闪光点和不足之处，并针对不同学生的问题提出相应的建设性意见，以提升学生语文学习的效率和质量，促进学生的语文核心素养的发展。

（三）作业评价的内容

作业评价不仅要关注学生作业中反映的外显的学习结果，更要关注其内在的学习品质，关注学生在知识掌握、认知过程、思维方式、态度情感等方面的表现，可以帮助教师深入分析这些表现及影响因素，及时给予学生有针对性的指导。

　　在语文作业表现的评价中，按照学段乃至学时任务的不同，评价内容也有不同的侧重点："阅读与鉴赏"类作业应该侧重评价学生的整体感知、信息提取、理解阐释、推断探究、赏析评价等能力，上文提及的作业评价案例4便属于此类作业，其评价量表便围绕整体阅读、信息提取、推断探究、赏析等维度展开。"表达与交流"类作业应该侧重评价学生的叙述表现、陈述阐释、解释分析、介绍说明、应对交流等能力，上文提及的作业评价案例5便属于此类作业，其演讲稿评价量表便围绕叙述表现、介绍说明、应对交流等维度展开。"梳理与探究"类作业应该侧重评价学生积累整合、筛选提炼、规整分类、解决问题、发现创新等能力，上文提及的作业评价案例7便属于此类作业，其评价量表便围绕积累整合、筛选提炼、规整分类、解决问题、发现创新等维度展开。

第二节
作业的反馈

明确了作业表现的评价可能的，或者更有效的路径之后，教师就应当思考为什么要评价作业表现这一问题。可以发现，通过追问，这一问题会将教师的探究引向作业反馈，引向教师进行作业设计最初的目标，这样便与教师的教学期待建立起联系。

一、作业提供的信息

众所周知，无论是课前预习作业，还是课后作业，其设计初衷都是研究学科的基本问题，助力学生落实学科核心知识和发展关键能力。教师可以用学生实际的作业完成度，来研判学生对课堂教学所聚焦的学科核心知识、关键能力的落实以及课程侧重培养的核心素养的积淀情况，从而为下一课时（课段，或学习单元）的学习内容需要研究的基本问题或基本概念，以及学习方式的精准确定提供实证材料，作为依据。

教学的对象是学生，教师设计作业，督促学生完成作业，收集作业并予以准确、客观、科学的反馈都是为了帮助学生更好地开展自主有效的学习并持续学习。只有经过持续的作业实践，学生头脑中才可能出现知识和知识、能力和能力、知识和能力等的勾连，有意识、有目的的积淀才可能出现，形成序列，进而建构出学生个体经验的学科知识和能力体系。

也因此，相对规范、完整的作业能提供如下信息：

1. 表层信息：作业内容、操作方法或实践要求（比如能力层级选择、字数限制、注意事项等）。

2. 中层信息：作业的基础知识和基本技能，完成该项作业应持有的策略方法等。

3. 深层信息：根据作业的具体内容而重点评价的学科核心知识和关键能力，基于课程标准要求和学科本质对这一内容的重点评价的理解。

以上三方面信息可在作业设计中体现出来，如下面的作业案例所示：

作业案例 1

1. 对于古典小说《水浒传》，某同学发现它很有特点但又说不出其妙处。请结合下面所列该书与青面兽杨志有关的回目和具体内容，帮助这位同学形成对小说妙处的认识。（可从结构、人物形象、情节等任一角度谈。80 ～ 150 字）

第十二回	梁山泊林冲落草	汴京城杨志卖刀
第十三回	急先锋东郭争功	青面兽北京斗武
第十六回	杨志押送金银担	吴用智取生辰纲
第十七回	花和尚单打二龙山	青面兽双夺宝珠寺
第五十八回	三山聚义打青州	众虎同心归水泊
第九十九回	鲁智深浙江坐化	宋公明衣锦还乡

2. 古典小说《水浒传》中塑造了众多英雄人物形象。他们虽然出身、性情有别，但"忠诚信义并无差"。请选择任意一组人物，结合具体内容进行阐释。（100 字左右）

这两道作业题都是为九年级学生设计的，作业内容都属于名著（整本书）阅读（中国四大古典小说之《水浒传》），且都涉及人物形象分析，采用书面表达（限定字数）的方法来考察学生对这部小说的阅读情况与收获程度。

从这两道作业题提供的信息看，二者有差异：

表层信息：第 1 题要求围绕古典小说《水浒传》的特点，阐释自己对其妙处的认识。为方便学生作答，题干中还提供了三个角度以及相关回目。第 2 题则要求阐释小说中"虽然出身、性情有别，但'忠诚信义并无差'"的一组英雄人物形象。

中层信息：第 1 题阐述对妙处的认识时，要求学生结合该书中与杨志有关的回目和具体内容来谈。第 2 题相对简单，只是要求结合具体内容阐释符合题干要求的一组英雄人物形象。

深层信息：除了整体感知、信息整合、理解阐释外，第 1 题要求赏析评价小说的妙处（艺术特色），由感性（人物形象）认识走向对这本书乃至古典小说的相对抽象的认识；第 2 题主要围绕小说具体内容阐释对类型人物形象的理解、认识。

以上作业对知识和能力层级的不同要求，与教师对学生在课堂上对学习内容目标的课堂实际达成度的研判有关，虽然谈不上孰高孰低、孰更好孰不够好，但一定与合适不合适、可行不可行有关。

二、有效反馈的作业具有的特征

所谓作业的有效反馈，是指作业设计成题目，题目又为学生解答完成后，教师根据学生上交的作业的实际情况总结研判教学实施的学习效果，以便教师后续进行教学设计时有的放矢，解决遗留问题，开拓新知领域。它考察学科核心知识和关键能力在学生身上落实的情况，是延续今后教学的关键（把控教与学质量），是设计作业最实在的依据和参考。

（一）为学科教学的有效实施而设计

每一位教师都会期待自己设计的作业能实现有效反馈，但落实在具体的作业设计中，却时有和教学目标脱节或偏离的现象发生。有的教师对课堂教学实施，尤其是作业（无论是预习作业还是课后作业）与课堂教学的关联缺乏实质性思考。如魏学洢的《核舟记》是统编义务教育教材语文八年级下册第三单元的自读课文，在本单元篇目安排中居于陶渊明的《桃花源记》、柳宗元的《小石潭记》两篇教读课文之后。不少教师设计该课作业时，忽略了教材编者如此安排的意图，忘记了该课文在单元板块中的地位，要么设计与前面两篇课文作业类似的作业（侧重于字词梳理、句子理解与翻译、把握文章基本内容以及理解作者的情感倾向），要么设计与前面两篇课文作业完全割裂的作业。如以下作业案例所示：

作业案例2

1. 为下列加点字注音。

器皿（　　）　箬蓬（　　）　　　石青糁之（　　）

椎髻（　　）　高可二黍许（　　）　天启壬戌（　　）

2. 解释下面加点词。

（1）明有奇巧人曰王叔远　　（　　）

（2）舟首尾长约八分有奇　　（　　）

（3）高可二黍许　　　　　　（　　）

（4）珠可历历数也　　　　　（　　）

上面的作业考察学生对易读错字的字音、重点实词虚词意义的掌握情况，设计意图（基础知识的梳理、积累与评价）非常明确。从文言文作业设计的常规来看，可行。但如果考虑到教材的编辑意图——《核舟记》是自读课文，对文言字词的注释较为充分，这样的作业设计就在内容上失之浅显，在形式上失之简陋。基于对本单元三篇课文的编辑意图的思考，在前面两篇教读课文的学习中形成的字词障碍疏通能力、句子理解和翻译能力、对文章基本内容的把握能力以及对作者情感倾向的理解能力，都可沿用到本篇自读课文的学习中。教师在设计本课的作业时，如果把本单元的前面两篇教读课文的内容纳入视野，寻找知识迁移的节点，进而设计专题集纳类作业，不失为较好的选择。如下面的作业案例所示：

作业案例2（修改）

根据下表，梳理《桃花源记》《小石潭记》《核舟记》三篇文章中使用的动词，整体归纳每篇文章动词使用的特点。

动词整理表

篇目	所使用动词	作者的语言风格
《桃花源记》	缘，忘，逢，异，行，舍，入，见，问，答，要，设，杀，作，云，言，叹惋，延，出，停，扶，志，及，诣，说，遣，寻，闻，往……	浅易蕴藉
《小石潭记》		
《核舟记》		

这两项作业出自教材同一自然单元、使用相同的语料，都指向"语言文字积累与梳理"，让学生做最基础的预习（疏通字词障碍）。但后一份作业在设计之初就考虑到学生对研读过的经典文章的文言词语的积累具有连续性，依此进行作业设计，引导学生通过自主整理、归纳前两篇文章使用的动词，借此了解文言实词的运用特点，发现不同作者的语言风格，为"自读"《核舟记》这篇文章指明了路径。

（二）考虑学情，符合学生所处阶段的学习心理

要想达成作业的有效反馈，教师在设计作业之前，就必须围绕要落实的学科核心知识、关键能力或者课程培养的学科核心素养、学科本体性知识，进行相应的学情调查，关注学生目前已达成的层级或程度、学习的主要优势与不足，以此作为作业设计的前提条件。教师还要考虑学生的身心特征，考虑他们的家庭情况和时代特点，考虑学业练习之间的逻辑关联，进行科学的学科作业设计。

比如同样是自读课文《核舟记》的字词预习作业，某教师进行了如下的设计：

作业案例 3

　　1.朗读课文，将不会读的字写在下面，并写出你的解决方法。

生僻字	解决方法

　　2.再读课文，读准字音，读出停顿。

　　3.默读课文，将不理解的字、词、句画出来，并写出你的解决方法。如果解决不了，记录在下面，准备在课堂上讨论解决。

段落	不理解的字、词、句	解决方法
第一自然段		
第二自然段		
第三自然段		
第四自然段		
第五自然段		
第六自然段		

　　该作业的设计采用学生自行阅读课文的形式，鼓励学生自己去发现不会读的生僻字、不理解的字词句，然后寻找解决的方法并记录下来，为在课堂上和其他同学交流做好充足且具个性化的准备。从设计来看，该作业就像理科学习中的实验报告册，侧重于让学生自行梳理、归纳，鼓励学生自主寻找有效的解决路径和方法，同时允许学生留下预习时解决不了的问题。这样的作业设计充分尊重了学生的学习自主权（自主选择、学会发展），关注到了学生的学习心理特征，能有效调动学生完成作业的主动性、积极性，学生完成作业的情况会比较好，作业反馈的有效性就较高。

（三）具有较强的可观察、可操作性，实践性

　　要想实现作业后期的有效反馈，作业设计还需具备可观察和可操作且可实践的特点。但平时的设计中，教师往往会忽略这一点。

作业案例4

我们每天都会接触各种新闻，新闻在生活中无处不在。一些重大事件，如新中国成立七十周年、中国共产党成立一百周年、党的二十大召开、防控新冠疫情等，都是新闻报道的焦点，会涌现大量新闻作品。选择一份报纸或一个新闻网站，浏览一周的内容，从中挑选出三四篇你认为比较优秀的新闻作品。小组合作，从新闻价值、报道角度、结构层次、语言表达等方面草拟一份优秀新闻评选标准。每个小组按照标准评选出一篇优秀新闻作品，合作撰写一份推荐书，阐述推荐理由，与新闻作品一起在全班展示、交流。

上面是统编普通高中教材语文必修上册第二单元"单元学习任务"中的第三项任务。如果将这段文字进行拆分，能析出如下四项学习任务：

1. 以一周的浏览为限，从一份报纸或新闻网站中，挑选三四篇优秀新闻作品。

2. 和小组中的其他同学合作，从新闻价值、报道角度等多个方面拟一份优秀新闻的评选标准。

3. 小组合作推荐一篇新闻作品，合作撰写推荐书（含阐述推荐理由）。

4. 将小组合作撰写的推荐书与该新闻作品在全班展示、交流。

四项学习任务中，有个体任务（第1项），也有小组合作任务（后3项）。教师布置作业时，如果没有综合考虑该单元的课堂学习目标、学情，也没有进一步明确要求或提供相关的支架，盲目照搬，正式布置给学生，那么这种作业的有效性到底有多高值得深思。这种情况往往会导致状况百出。如果教师设计了可操作、实践性强的作业，并能同步同频地对学生完成作业的过程进行观察，那么就能通过掌握学生完成作业的情况而精准地把握学情，实现一定程度的有效反馈。

以第一项学习任务为例，教师可提供如下思考或实践路径：

（1）选择的报纸或新闻网站要权威，影响广泛，比如《人民日报》《中国青年报》《语文报》、政府官方网页等。

（2）试着制订一周内的新闻作品浏览计划：①阅读的报纸、新闻网页是否一成不变？如果打算有所变化，前后阅读如何安排？②规划阅读频次与时

长，一周几次？每次阅读多长时间？③记录阅读心得的基本要求（提供一个阅读流程模板）

（3）研读挑选出来的优秀新闻作品，归纳该类作品的主要特点，初步形成遴选的基本方面和标准，如①新闻价值；②报道角度；③结构层次；④语言表达……（可提供表格、思维框架图等样例供学生前期梳理、整合选择）

如此，学生完成作业的有效性以及作业反馈的有效性会高一些。

（四）评价目标明确、集中

配合课堂学习目标、需要解决的重难点，以及考虑到的学情，教师如果想让自己设计的语文作业在后期能获得有效的反馈，那么自设计开始就要对作业评价目标考虑清楚。如此，在语文作业可观察、可操作的设计实践上才不会出现偏差。作业评价目标是课堂学习目标在结合学情的基础上进一步的具体化。它可巩固基础，也可加大难度，将学生的语言建构与运用、思维发展与提升、审美鉴赏与创造、文化传承与理解这四大语文学科核心素养引向深入，亦可将此课时（段）与彼课时（段）的学习内容进行关联，让课堂教学顺利向下一课时（段）过渡。

语文作业有的由一道题构成，有的由多道题构成。但不管数量多少，作业的评价目标必须明确、集中，在逻辑上要与学段的学科核心知识、关键能力形成关联。

针对上面提到的教师为第一项学习任务提供的思考或实践路径中"记录阅读心得"一项，如果考虑学生个体的实际阅读情况，教师在布置作业时，可提供如下的学习支架：

阅读心得记录单

阅读日期：　　　　　　　　　阅读时长：

观察项目	简要记录
标题	
文体（如消息、通讯、评论等）	
核心观点（或文本主要内容）	

观察项目	简要记录
文章明显的结构模式	
文章各段落内容及其在文中的地位 （文章段落可概括为：导语、主体、背景 内容地位可概括为：主要观点或内容、 支持性观点或内容等）	
文章主要特色	
作者突出的写作技巧	
被我注意到的词语	

持续一周的阅读和记录，能够为学生完成下一小项的学习任务"研读挑选出来的优秀新闻作品，归纳该类作品的主要特点，初步形成遴选的基本方面和标准"（新闻价值、报道角度、结构层次、语言表达等）起到铺垫作用。到时课堂上，小组对标准的讨论不会因无前期积累而成为凭着似是而非的印象或零散的经验所进行的没有根据的空谈。

三、作业实现有效反馈的策略方法

作业实现反馈的策略方法包括自评和他评。他评既包括同是作业完成者的学生间的互评，也包括教师——作业设计者的评价。

在传统教学里，作业反馈以教师评价居多；在目前的教学中，作业反馈发生了变化：学生互评和教师评价相结合。学生的主体地位与教师的主导作用统一于作业评价中，使"有效"成为常态。由此，教师不断引导学生由发现其他学生作业的优势与不足，到反观自己作业之长短；教师适时地从学生的讨论分歧点中挖掘出难点，再到引导学生完成攻坚克难的任务，以便查漏补缺，更好地达到学生的学科核心知识和关键能力增长以及教师教学水平提高的目的。

作业实现有效反馈的策略具有三个前提：

1.教师设计的作业本身应具备之前探究过的有效反馈作业的特征。

2.教师为设计的作业添增评价量规。设计作业时，在关键练习中加入方便学生自评的评价量规，增加学生的关注参与度。实践中可发现系列评价量观最受学生欢迎，有效性也最高。学生互评前，教师提供该作业考察的核心知识和关键能力的互评量规，以避免互评过程中因知识、能力缺乏而导致所评内容散乱、缺乏层次、没有指向。如为贴合统编义务教育教材语文七年级下册"名著导读"《海底两万里》的训练主题"快速阅读"，可以在作业目标中安排"了解快速阅读的相关知识和方法""运用快速阅读策略完成对《海底两万里》一书的阅读""通过与其他科幻小说的参照互读，对科幻小说的特点形成一定的认识"三个自查评价量规，帮助学生在完成作业的过程中逐步明晰目前已达到的层次，从而向高一级的目标努力；课堂教学中，针对学生已完成的作业，教师可为他们提供"运用以快速阅读为主，兼及其他阅读策略方法，更深入地阅读《海底两万里》"的互评评价量规，以扎实推进作业反馈的高质量。

3.教师对学生的典型作业进行样本式筛选。一般情况下，对学生的典型作业样本的筛选要呈现优秀、普通、偏弱三个差异较大的层次，以方便不同层次的学生确立进步的目标。如果班级学情本身差异不大，在挑选典型样本时，教师则可相对细化差异。

当然，作业实现有效反馈的策略方法绝不止以上所述。教师可以结合自己对语文课程本质和单元教学目标的理解，以及对任教班级学情的具体把握，不断探索、实践、丰富实现作业有效反馈的方法，以期高效完成教育教学任务。

第三节
基于作业的学情诊断

学生是学习的主体。在学生学习的过程中，学情具有阶段性、延续性和一定的不确定性。比较而言，基于作业的学情诊断与直接指向教学设计、课堂实施的学情诊断具有较大的差异。基于作业的学情诊断把学生实践的过程及其作业完成的结果作为评判教师教学效果的直接证据，它比教师凭借个人经验、印象做出的学情诊断要相对客观、科学和准确。

与此同时，在当前的大数据时代，教师可利用网络平台方便快捷地对学生完成作业的过程和结果进行观察、记录、统计，然后依据自己的专业知识和经验分析这些情况，找到其成因，推测其结果，做出准确而科学的判断。教师基于对学生作业的观察和分析而进行的学情诊断较为科学，对学情研判较为精准，这能促进教师的教更聚焦、学生的学更有效。

一、基于作业的学情诊断的价值与意义

基于作业的学情诊断，立足于学生昨天的学，指向学生明天的用。它是过程性评价中的一个"点"，有着类似于我国战国时期思想家荀子的《劝学》所阐明的"不积跬步，无以至千里；不积小流，无以成江海"中"跬步""小

流"的地位、价值与意义。

基于作业的学情诊断主要出现在两个阶段，一是设计作业之前，二是学生完成作业之后。

诊断内容以对作业评价目标聚焦的学科核心知识、关键能力和课程培养的核心素养的把握、理解、积淀为主，对学生课堂学习完成度的连续性观察、学生语文学习习惯的培养状况、学生完成作业的过程中显示的情感意志、学生之间的主要差异（个体差异和层次差异）等都在诊断内容之列。

随着学段的提升，教师会基于激发学生的学习兴趣、引导学生关注他人和社会的需要而设计符合其心智特点的学习情境，并通过持续的学情诊断，适时、适当调整学生的学习内容和教师的教学行为，从而达成培养学生学科自主学习和综合学习的能力的目标。

二、基于作业的学情诊断的基本原则

基于作业的学情诊断的实施要对标语文教学的短期目标，同时也要参照语文课程的长期发展目标，目的在于发展学生的学科能力（或者学术能力），实现学生的可持续性学习，更好地适应现代社会、发展未来社会。所以，基于作业的学情诊断必然关注学生的课程核心素养的持续积淀和学科（学术）能力的进步。

（一）关注基于作业的学情诊断的目的

设计作业的基本目的是：预习文本的内容，检查文本理解的情况，促进知识迁移能力发展和实践应用。根据作业的不同目的，学生在完成作业的过程中是如何综合运用课堂学习（含之前学习）到的核心知识和关键能力去解决问题的，是教师进行学情诊断的重点。

比如，统编义务教育教材语文八年级上册的名著《红星照耀中国》既具有冷静的纪实风格，又流贯着作者斯诺丰富的主观情感。为帮助学生理解该书的写作风格，教师布置了如下作业：

作业案例1

任务：从尘封的老照片（老物件）中发现家庭的故事。

1. 思路引导

（1）客观描述照片；

（2）采访当事人，了解照片背后的故事；

（3）加入自己的体会与思考，可运用对比的手法呈现生活的复杂与变化；

（4）采用低于生活的视角，耐心地倾听、观察、描述、理解、避免高高在上地评价。

2. 作业构成

（1）摘抄《红星照耀中国》中具有特点（特色）的一个片段；

（2）用自己的习作展现采访、体验生活以及研读名著《红星照耀中国》的成果。

这项整本书阅读作业清晰地指向《红星照耀中国》的一个写作特点（特色）。为了检查学生的理解程度，基于学生前期的阅读，教师布置了相关的采访、体会、思考和模仿名著相关片段写作的作业。作业具有综合性，既有实践性强的采访任务，又包含学科性强的写作任务，而将习作的重点聚集于名著纪实性与情感性有机结合的风格上，就有一举两得之妙了。

通过分析这项作业，可以看出作业设计者的学情诊断目的。

1. 整体目的：考察学生对《红星照耀中国》一书的整体阅读的完成情况以及对该书主要写作特点（特色）的发现。

2. 学科核心知识的理解：纪实作品、整本书阅读的策略方法、新闻知识、采访、仿写、描写、叙述、细节、对比、故事。

3. 学科关键能力的理解：整体感知、信息整合、赏析评价；陈述与叙述，描绘与表现，介绍与说明；规整与分类，收集与整合，发现与创造。

因此，学生习作自评和互评的量规会围绕该写作作业向这些大小目的（目标）倾斜。

（二）关注作业的差异性

当前教学实施的是班级教学，教师布置作业一般都是面对班级全体。但对于学生而言，完成作业、查看老师对自己已完成的作业的评价却是实实在在的个体行为。这种个体行为在班级整体中表现出明显的差异。班级作业的差异性会提醒教师在作业设计、批阅、讲评与辅导时需要向学生提供不同的结构性材料或学习支架，从而全面地对学生进行学情诊断。

当然，诊断是手段，发展才是目的。并不是布置难度低的作业，学情诊断的结果就好；反之，就会差。难度适当的作业可让学生在完成作业的过程中明晰自己的不足，会激发学生为上进争优而学习，这样的学情诊断结果更利于下一课时（段）的教学。

按照义务教育语文课程标准对学生阅读量的要求，完成统编义务教育教材语文 7—9 年级中列举的名著阅读项目，九年级学生已积累了若干名著阅读经验，教师布置了如下的作业并提供了相应的学习支架：

作业案例 2

阅读时，我们常常发现：阅读一部名著产生的疑问，往往会对阅读另一部名著有所启发。请结合名著的相关内容，仿照示例，记录你在阅读过程中产生的疑问及所受到的启发。（示例所列疑问及启发除外）

示例

疑问：《红岩》中江姐、许云峰等共产党人为什么不怕敌人的严刑逼供，愿意牺牲自己的生命？

启发：在阅读《红星照耀中国》的过程中，通过作者斯诺对陕甘宁边区上至领袖、下至人民的精神面貌的观察，强烈感受到如江姐一样的共产党人有着坚定的理想、信念以及为革命事业不畏牺牲的情感。

教师收集了如下的作业样本：

样例 1：

问：为什么取经路那么远，困难那么多，师徒四人最终还是取到了真经？

启发：阅读《西游记》，我解开了这个疑问。在西天取经的路上，孙悟空一行人意志坚定，互帮互助。虽然路上遇到了很多鬼怪和困难，但他们一直坚持到了最后，打败了妖魔鬼怪，克服困难，最终取得真经。

样例 2：

问：《朝花夕拾》中，鲁迅为什么要以讽刺、辛辣的笔触批判封建社会？

启发：阅读完《骆驼祥子》，我看到祥子由一个强壮、乐观向上的小伙子变成一个狡猾、阴险、毫无生气的市侩鬼，就明白了：他的不幸不是来源于孙侦探、虎妞对他的打击、迫害，小福子上吊对他的重击，而是背后腐烂的封建社会对他的荼毒。鲁迅批判封建社会的目的是想拯救更多的底层受苦人。

从这两个作业样例看，可以发现，样例1漏看了"阅读一部名著产生的疑问，往往会对阅读另一部名著有所启发"的作业要求，导致表述中的疑问和启发都来自《西游记》，没能完成作业任务；样例2中学生的思维品质则明显比样例1高。该学生不仅思维严谨，而且思考问题的深度也达到了赏鉴、评论的层级——由对小说《骆驼祥子》中主要人物的悲剧命运的深层探讨，而联系到了现代文学家、思想家鲁迅先生以讽刺、辛辣笔触为文的初衷，揭示了人物命运与社会环境密不可分的关系。

可以看出，虽然同属整本书阅读作业，不论是通过实地采访加后期写作（《红星照耀中国》），还是立足于两本名著关联性的阅读，由于作业诊断的目的不同以及作业本身具有差异，它们聚焦的具体的学科核心知识、关键能力以及课程培养的核心素养是不同的，依此而产生的学情诊断结果会呈现出较大的差异。

（三）关注基于作业的学情诊断的群体

对同一项作业，不同学生付出的时间、努力是不一样的。因为学生的生理、心理、文化、认知、能力等存在着天然的差异。教师在批阅、研究学生作业时，要考虑学生有效、高效、长效学习的整体性（含不同层次的学生）和班级整体个性化的学情，并以此做出诊断，尽量使语文教学满足不同学生的学习需求，帮助他们获得更好的发展。

上面两部名著关联性的阅读作业体现了学科核心知识和关键能力发展的一致性。

考察的核心知识：名著类型与主要特点、整本书阅读的策略与方法、名著的主要内容、阅读名著的收获（启迪、启示、感受）。

考察的关键能力：整体感知、信息整合、理解、陈述、说明、筛选、提炼、抽象、发现、积累、感受体会（领悟）以及应用能力。

完成这项作业（两个样例）的学生，在思维和语言运用这两大核心素养上表现出一定的差异。这种差异便提醒教师面临亟待解决的问题，需要特别关注不同学习层次的学生群体或个体，比如样例1的薄弱生、样例2的优秀生，以及更多的普通生，严谨地进行学情诊断，从中找原因，寻方法，以便在下一阶段的教学中帮助学生在整体上获得提升。

三、基于作业的学情诊断的策略方法、有效途径

经验老到的教师都会基于作业做出精准的学情诊断，为此他们日复一日、年复一年进行着记录、统计、分析与研判等工作。即使在教育分析技术飞速发展的今天，他们仍然坚持实施这些劳心劳力的行为，认为这样才会产生学生的学与教师的教之间相辅相成的正向效应。

（一）规划好基于作业的学情诊断的观察流程和项目

教师应对基于作业的学情诊断的观察流程及相关项目进行科学合理的规划，并以直观可感、简洁明了的形式呈现出来。比如设计表格来记录观察流程和项目。某教师制作表格，试图将平时批阅学生的作业发现的问题随手记录下来。如下表所示：

学生作业错误内容及原因记录

作业 \ 项目	设计之前	完成过程				完成结果
		预习	第一阶段	第二阶段	……	
易错内容	层次1： 层次2： ……					
原因						
可能做出的调整（如分层、聚焦、完成形式、表述等）						
产生的深层原因						

在相关的规划方案或表格中，教师应该列出作业侧重考察的核心知识、

关键能力以及学段的课程核心素养等内容，记录学生对作业的完成度以及存在的问题，还有对学生的心理品质（学习方法、学习习惯）的分析。然后对其进行统计、分析、归纳和整理，就能及时发现学生作业中存在的主要（根本）问题，找出出现这些问题的深层原因，进而改进教学和作业设计，提高教学和作业的有效性。

（二）聚焦学科核心知识、关键能力和课程核心素养

无论是教学设计，还是作业设计，对学科核心知识、关键能力以及课程核心素养的梳理、归纳与认识，都会体现教师的专业水平，体现教师对语文课程基本性质和基本任务的认识理解。教师只有清楚地知晓学科核心知识、关键能力和课程核心素养及其与课堂教学之间的关联，才能对学生在作业完成的过程中以及完成后出现的问题进行准确且较为深入的诊断，进而通过改进作业设计有效指导学生的学习。

统编普通高中教材语文选择性必修上册第三单元的研习语料皆来自世界文学史上优秀的小说（《大卫·科波菲尔》《复活》《老人与海》《百年孤独》）。在布置教材"单元研习任务三"的第二项小任务（"只要你认真观察，就会发现生活中存在着不少'小说元素'，或让人感动，或引人深思，或令人开怀……试着从中采撷一二，以之为基础创作一篇小小说"）时，北京市第二十二中学的柴荣老师在该学习单元的"拟提纲"环节，安排了如下的思考作业：

作业案例 3

为方便你学习与借鉴本单元四篇文章的写作技巧，拟好写作提纲，请思考如下问题：

1. 小说要反映怎样的主题？
2. 小说的主要人物与次要人物分别有怎样的性格特征？
3. 小说要设置怎样的冲突？人物面临冲突会发生怎样的变化？最终结果如何？
4. 采取全知视角还是限知视角？

本作业案例显示出柴老师对该作业评价目标聚焦的学科核心知识、关键能力以及课程核心素养非常清楚。具体分析如下：

核心知识：小说的相关知识，如主题、人物及其性格特征、情节（冲突、变化、结果或结局）、视角。

关键能力：迁移与运用；发现与创造。

课程核心素养：由语言建构与运用、思维发展与提升走向审美鉴赏与创造、文化传承与理解。

本作业案例围绕小说的文体特征设计了多层次的问题，引导学生结合本单元四篇文章的内容与形式进行连续性的思考，进而掌握拟写小说创作提纲的技巧，同时还引导学生通过整合问题之间的联系，深化对历史、社会、人生的认识，感受人类文化的丰富多彩。可见，作业评价目标聚焦会对客观、准确地进行学情诊断及随后改进教学产生良好的效果。

（三）关注学生的不同诊断点

学习的差异，不仅存在于同一学段或者同一学习要求的不同学生中，还存在于同一学生的不同学段或者不同能力层级中。这是造成基于作业的学情诊断情况复杂的因素之一。

比如，同样是对学生写作中的语言表达能力及其水平的学情诊断，不同的评价标准对更微观的评价观察点、能力水平层次的划分就有差异。

高考是我国基础教育阶段最重要的考试，其评分标准具有最高权威性是毋庸置疑的。高考语文全国卷对学生的考场作文制定了这样的评分标准，基础等级（一类）：符合文体要求、结构严谨、语言流畅、字迹工整；发展等级：深刻、丰富、有文采、有创意。

而当代语文教育家章熊在"中学生写作能力的目标定位研究"中提出了中学生写作能力目标体系，认为应从内容、语言、结构等维度考察学生的作文，以初级、中级和高级评定其能力水平。其中高级的写作语言表达能力的具体标准是：有比较正确的语言审美意识；能够注意用语的重现与变化；能够注意读者和规定情境的特点；努力做到内容抽象而概括准确，语言层次多而有条不紊，话语不多而信息（包括情感）丰富。

从以上所列的有关中学生写作中的语言表达能力的评价标准看，不论是高考语文全国卷的作文评分标准，还是没有直接用于考试评价，只属于个人探索的目标体系，它们在诊断目标、观察与诊断的层级要求，以及与写作有关的概念间关系的归纳、整合上明显存在着一些差异。

这可能是学生范围及其学情以及写作作业本身存在着差异，所以评价的起点和目标、关注点也不同。在具体实施时，教师可以根据学生的实际情况，基于语文课程标准的要求，选择不同的作业评价标准（体系），对学生进行诊断，促进他们在现有的基础上掌握知识，提升能力。

第四节
基于学情诊断的
教学改进

对语文学科的核心知识、关键能力和课程核心素养的要求决定了语文作业的内容具有较强的主观性与综合性。一般情况下，汇总的学情诊断的结果显示，对于学生来说，基础能力的养成比知识积累更为急切而重要。对于教师来说，首要的任务是及时找到不尽如人意的学情诊断的结果背后隐藏的深层次原因，然后有的放矢地制定改进教学和作业设计的具体方案。

一、反思作业内容的命制

汇总的学情诊断的结果可能存在着不能真实反映学生能力水平的情况。主要原因在于作业内容的命制不尽合理。所以，教师首先要最大限度地避免这种可能性的出现。兹举一例：

作业案例1

【作业内容】

简答题：请分析《三峡》一文中的峡谷样貌，并结合自己的想象对其进行简要描绘。

【预设答案】

三峡峡谷的样貌特征是两侧山势高耸，山体绵延不绝，峡谷狭长。那里多数时间看不到日光，不时传来鸟鸣猿啼，回荡在空荡荡的山谷之间。人置身其中会产生幽深、空旷、高远之感。

【学情诊断结果】

近85.4％的学生对信息的提取不准确；近93.7％的学生表述不够清晰，缺乏条理；约16.6％的学生对内容的表述不够完整连贯。

【典型答案示例】

答案1：三峡很长，景色也非常优美。夏天的江水很猛，流得非常快。那里还有很多的植物和动物。

答案2：峡谷狭长，只有到了中午才能看见太阳。峡谷里的水流得非常急，千里的距离一天就可到达。春天时景色很优美，冬天时清冷凄凉。

答案3：山很高，水很多，景色优美。

在为八年级学生讲授《三峡》一课时，教师希望学生能够准确把握三峡的地形特征，认识到三峡山势高耸、绵密、狭长，峡谷环境空幽深远的特点；同时还希望学生运用形象思维来还原峡谷特征，生成较为丰富的自我内在感受，并且用尽量简练的语言表述出来。于是，教师布置了主观题，并在事后做出了学情诊断。

可以看出，诊断的结果并不符合教师的期待。但是如果能够从作业命制环节进行反思，就会发现真正的原因——学生对"峡谷样貌"一词的理解是多样的，大多数学生将地形、水势、动植物都归入峡谷样貌的范畴内，导致学生面临信息非常庞杂而不知如何选取的难题。由于书面表达对学生思维品质的要求更高，其作业的难度已经超越八年级学生的能力水平。此时如果教师断定学生整体的能力较差，贸然调整本课的学习重点与难点，大幅降低核心能力培养的基准点，将得不偿失。这时，调整作业内容才是关键。为此，教师将上面的作业最终调整为下面的形式。

作业案例 1（修改）

【作业内容】

1. 文中三峡的地形地貌富有特色，请根据提示填写表格。

地貌特征	①	②	山势高耸	④
原文证据	自三峡七百里中	两岸连山，略无阙处	③	⑤

2. 文中三峡的景物特点受时间、地形的影响很大。如"绝巘多生怪柏，悬泉瀑布，飞漱其间"，"常有高猿长啸，属引凄异，空谷传响，哀转久绝"……请选取一处，分析景物特点与时间、峡谷地形的关系，并结合文中描绘的峡谷基本特征，谈谈你看到这种景象时可能生发的感受。

从新作业的内容可以看出，教师先通过列表的方式用具体提示词如"山势高耸"等明确了"地貌特征"的指向，用填空题的考察方式降低了学生表述的难度；再使用简答题的形式，让学生进行具体的表述——而简答题的题干也相较之前的作业题有更明确的指向与导引。这些改变使学生完成作业具有明确的指向，有效地提高了教师教和学生学的效率，效能得到更加集中的提升。

总之，发现学情诊断的结果与预期有一定的差距时，教师应当首先对原有的作业设计进行反思，如果发现有不当之处要及时改进。

二、找准学生的具体问题

语文学科学习涉及多种思维方法的培养，所以作业内容不能简单地利用数字统计去进行定量分析。上一节介绍了几种诊断策略；但无论采用何种策略，最终教师都应当以核心能力作为分析对象，仔细分析不同的学生样本中反映出的问题，进行具体的归纳总结。

作业案例 2

【作业内容（据 2021 年北京市东城区中考语文模拟题改编）】

同学们想以下面的材料，出一期以"长城文化带"为标题的文化历史主题板报。

对板报标题选用楷书还是行书，同学们展开了讨论。请结合材料内容，谈一谈你选择的书体及理由。

以长城为主干的这一带形区域孕育了深刻的人地互动关系，形成了文化和生态的丰富性和多样性。在历史积淀的过程中，长城沿线区域逐渐形成了军防文化、革命文化、交通文化、民俗文化、宗教文化、陵寝文化等多种文化形式，以及聚落文化和非遗文化等"活态遗产"。这些文化遗产为当代提供了不可或缺的精神养料。北京长城文化带的另一大特点是横贯北京北部生态涵养区，自然地理上可以总结为"两山四水十八沟"。北京长城沿线地带已演化为首都的一道生态屏障，持续发挥守护北京城所在的"北京湾"小平原地带的重要作用。

书体：＿＿＿＿＿＿＿＿。

理由：＿＿＿＿＿＿＿＿。（选择书体不得分，理由3分。）

上面是一道改编自模拟考试题的作业题，主要考察学生的书法字体知识与综合运用能力，意在训练并提升学生分析论证的逻辑思维能力。对待这种多角度考察学生对核心知识与关键能力掌握情况的作业，教师可以在汇总学情诊断的结果后，按需要强化对不同知识点的识记和促进关键能力点的提升将学生加以区分，这样对他们各自的改进会有极大的帮助。下表即为对上题诊断结果的汇总。

诊 断 结 果

需培养的核心知识和关键能力点	具体问题及典型示例	对应学生学号	群体占比
书法字体常识	①需加强对字体基本笔画特征的学习。 如：选择行书，行书笔画连绵……	4、23	13.88%
	②需加强对字体基本风格特点的理解。 如：选择楷书，楷书笔画分明，形象古朴……	11、15、32	
信息提取与概括	①没有从材料中提取信息，而是自己想象理由，如："长城蜿蜒曲折"……	2、6、7、10…	47.2%
	②没有提取出文段的重点，而是仅摘取次要细节。如：长城宗教文化、陵寝文化……	28	

续表

需培养的核心知识和关键能力点	具体问题及典型示例	对应学生学号	群体占比
分析比较	①没有将字体特点和长城文化带的特点进行分析比较的意识，仅机械概括材料。如：楷书横平竖直，严谨郑重，与长城文化带的文化特点相匹配……	21、12、36…	22.2%
	②分析比较中双方共同点对应不准确或者不十分准确。如：楷书端庄严谨，和长城文化带作为生态屏障的特点相同……	8、9、14、17、22…	
联系论证	①排列对应信息，但无论证意识。如：行书线条圆润、笔意自然，与长城的自然生态涵养区有相同之处……	19、27、33…	30.5%
	②论证有误或论证不严谨。如：楷书笔画平直、字体端正，能够体现长城持续守护北京的正气。	5、13、20…	

　　通过对诊断结果的汇总，教师整理了作业考察的核心知识和关键能力，甄选出典型的问题，拥有了典型案例和不同能力点的班级整体情况的数据；与此同时，还查证了学生个体和具体的问题点的对应关系。这些都为后面的改进工作做出重要的铺垫。表格中显示的诊断数据，可以再次依照不同情况的需要组合、汇总生成为另外的文本（结果）。

三、注意长期追踪的结果

　　语文学习的本质是"习得"，语文学科基础能力需要日积月累，长期培养。因此语文教师既要及时发现学生核心知识与关键能力的培养点，也要对学生和班级的个案进行长期追踪。长期追踪的诊断结果能够呈现学生能力提高的动态过程，还可以排除一些偶然因素的影响。建立学生的个人能力成长档案是值得提倡的事倍功半的好方法。如：以某一类知识板块（如文言文实词虚词、古诗文理解等）的作业进行整理的档案，以能力点整理（如事实论证类、赏析类等）的作业档案，具体方式可以查阅相关的资料。

四、进行教学改进

教师得到正确的学情诊断结果，就拥有了改进教学的可能。以提升学生知识能力为目的的教学改进，既可发生在课堂，也可发生在课下，还可发生在学生个体、群体、整体之中。不同的教学改变目标决定了不同的教学改进形式。从对原教学设计的影响深度来看，教学改进目标与形式约有四个层次。

（一）针对个体及不同层次小组的课下辅导

在教学实践中，教师如果发现学情诊断的结果显示学生间的差异过大，如：少数个体与整体差异过大，个体与个体均呈现了较为个性化的区别，不同学习层次的学生差异明显等，就应该启动课下辅导，个别化地解决问题，有时还需要调整教学进度和难度，帮助不同层次的学生群体缩小差距。

个性化辅导需针对具体学情。例如：某班级的七名学生默写《醉翁亭记》中的"至于负者歌于途"一段存在严重问题。他们的共同表现为无法完成背诵任务，没有学习主动性。其中三名学生还有躲避教师的行为。于是教师决定对这七名学生进行个性化辅导。

教师观察到，这七名学生的共性问题是对课堂活动的参与度不高，其中两名学生上课时精力不集中。通过和几名学生的细致交流，发现他们对文章段落大意的理解不系统，很难构建句子间的关联。因而背诵时他们更多地采用死记硬背的模式。这样去死记硬背少不了将内容张冠李戴、首尾颠倒。这些浅表性的差错多次成为他人口中的笑料，致使他们对语文学习中的古诗文名篇积累非常抵触。有鉴于此，教师为他们制定了如下策略：

首先，教师通过将文字转换为画面的形式，来引导学生梳理段落内容与句子间的联系。教师和这几名同学共同将本段内容逐句在板书上形成画面，而难点如"伛偻提携"则由精力不易集中的学生完成，人人参与，个个出力，使得这次"个别辅导"课氛围融洽热烈。然后，由学生根据画面进行朗诵，熟悉文意，完成段落思维导图，成功地将句子间的关系用可视化的方式呈现出来。最后，教师再次判断学情，发现学生已经对文本内容及句子间的关系非常熟悉，就为他们安排了适合不同学习类型的背诵方式。

背诵策略方式方法

步骤一：梳理文意		步骤二：分析学习类型	步骤三：制定背诵策略
第一步：文字形象化（连环画形式）	第二步：思维可视化（思维导图形式）	均衡型：A生、B生、C生、D生	（甲）根据画面及思维导图，熟悉文意，段内逐层理解背诵
		听觉型：E生	（乙）在甲策略的基础上，为该生选择了网络制作的《醉翁亭记》歌曲，为文字增加旋律
		合作型：F生、G生	（丙）在甲策略的基础上，由二人为对方讲解段落内叙写的事件，尽量生动，然后各自背诵中对错漏语句相互给予提示

此案例中，教师通过细致深入的调查了解，发现这几个学生的短板，找到改变他们现状的途径，运用适合他们特点的方法，一步步带他们走出困境。使他们不仅完成了学习任务，还发展了特长，培养了合作精神。不能不说，满意的教学效果，首先得力于正确的学情诊断。

（二）不改变原有教学计划的前提下随堂解决

学情诊断的结果如果显示出某些共性的问题，且问题不足以影响学习目标和课堂任务的推进，教师完全可以运用随堂解决。

随堂解决的特点是时间短、高效。教师首先要注意方法，因为低效的解决方式并不会带来教学效率的明显提高。比如，如果之前教师的直接讲解没有普遍提升学生群体的核心知识和关键能力的水平，那么再次选择重新进行直接讲解的方式仍然会是低效的。这时，不妨尝试其他的教学方式。

例如：《桃花源记》的作业诊断中，对"渔人甚异之"中"异"的含义与用法的理解，大量学生在书面作答时存在问题（见下表）。

对"异"的理解书面作答出现的问题

学生答案	问题原因	人数占比
奇怪；感到奇怪	①没有理解意动用法在译句中的重要作用，所以忽略 ②将"之"解为句末语气词	63.9%

在之前的课堂上，教师将"知之者不如好之者，好之者不如乐之者"中的"乐"与"渔人甚异之"的"异"做比较，以温故知新的方式向学生讲解"异"的含义与用法，并要求学生记录下来。

经过对作业的诊断，教师希望随堂增强学生在实际阅读中对意动用法的理解，并且增强"之"在意动动词后做代词的语感。因为随堂讲解的时间紧张，于是精选了有梯度的辨识材料，引导学生逐层直接笔译。如下表所示：

梯度设置词语解释作业

难度等级	语料	效果
初级难度	不耻下问、乐此不疲	熟悉"以……为 ×"的句式
中级难度	轻财重义、幸灾乐祸	逐步熟悉意动用法的谓宾关系
高级难度	兵贵神速、羞与为伍	理解意动用法的重要作用：使语句翻译文从字顺
附加	宝之；贵之；重之；	理解意动动词与"之"字的搭配

综上可见，因为梯度设置得清晰合理，教师引导学生学习时就相对节省了自己讲解与学生思考的时间，达到了学生理解新知识和巩固已学知识的效果。这是由随堂讲解重视实效的特点决定的。

（三）在恰当时机增设专题课

当学情诊断的结果显示大多数学生对某一专题的核心知识与关键能力掌握得不够系统，疏漏较多时，该怎么办？教师可以在恰当时机增设专题课来帮助学生。一般情况下，紧急弥补教学缺失与系统性提升教学效果是开设专题课的主要动机。

弥补教学缺失时间宜早不宜晚。由于这种专题课要在短时间内解决问题，教师必然面临备课时间紧的困难和打乱原有教学安排的问题。因此，除非作业诊断表明学生集体出现了非常严重的问题，就不要采用这种形式。化整为零，打造课下辅导与随堂解决的学习通道，则是更好的方法。系统性提升教学效果需要经过长期的作业诊断，为解决某一积累性问题创设了足够的条件之后方可进行。下面以表格形式对名著《红楼梦》阅读的历次作业进行诊断时发现的重点问题进行归纳：

《红楼梦》阅读的历次作业诊断发现的重点问题归纳

第一次诊断中发现的重点问题	第二次诊断中发现的重点问题	第三次诊断中发现的重点问题	……
林黛玉进贾府前后的故事情节与人物关系	围绕王熙凤的重要事件所体现的人物性格与社会情态	协理大观园中李纨、薛宝钗与贾探春的处事风格	……

根据历次诊断中出现的重点学情问题，教师可以在几个学习单元结束之后，安排人物形象比较的专题课，利用纵横交织的不同线索，再次对人物形象进行分析与梳理。这可以使学生对名著整本书的前后事件有系统性认识，对人物形象及人物关系的深层内涵有更深的体会。

（四）重组学习目标和课堂任务

如果学情诊断的结果显示学生群体在核心知识与关键能力方面存在较大的问题，且此问题已经影响学习目标和课堂任务的推进时；或者显示学生的知识能力水平已经超出预估，可以进行更高水平的任务活动时，那么思考如何重组下一阶段的学习目标与课堂任务就成为教师的当务之急：调整学习目标中的重点与难点，直接调整学习目标；或者设计综合性更强的任务活动。

例如，某教师以《阿长与〈山海经〉》和《藤野先生》为素材，希望同学们完成班刊的《忆往昔》专栏中回忆性写人记事散文的写作任务。但是，教师通过作业诊断发现学生存在着严重的前置问题，于是及时调整学习目标，使学生的语文核心素养成功地获得提升。

原学习目标及任务	作业诊断结果	新设学习目标及任务
通过阅读《藤野先生》《阿长与〈山海经〉》，把握选取典型事件展现人物形象的方法；找出散文中表达今昔不同情感的语句，理解双重视角的表达作用，并在写作中运用以上方法完成班刊的专栏创作。	54.7％的学生选择家庭素材，内容近似：41.3％为父母照顾子女时因双方不理解而引发矛盾，13.4％为老人与学生隔辈亲，学生非常怀念。	通过阅读《藤野先生》《阿长与〈山海经〉》，体会作者与所写人物之间的特殊牵绊及其原因；思考所写人物思想情感的成长过程；并在自我写作中选择回忆中所写人物与自己某段特殊成长经历间的关系，表现出这前后的思想情感变化。
教学中段的作业任务内容 完成分析表格，通过表格梳理原文材料，确定习作的素材与情感基调；并确定写作提纲。	另外，30.6％的学生选择友情素材，12％的学生选择师生素材，2.7％的学生选择陌生人素材。 **总体结论**：1.形象雷同；2.事件不典型；3.情感单薄。 分析原因：对生活中的人与事的观察不够，对人对己的反省剖析少。	**新设作业内容** 根据提示完成思维导图，通过导图分析鲁迅的成长经历中与藤野先生、阿长的特殊关系；并与自己的习作中的人物事件进行联系和比较；确定素材与情感基调；并确定写作提纲。

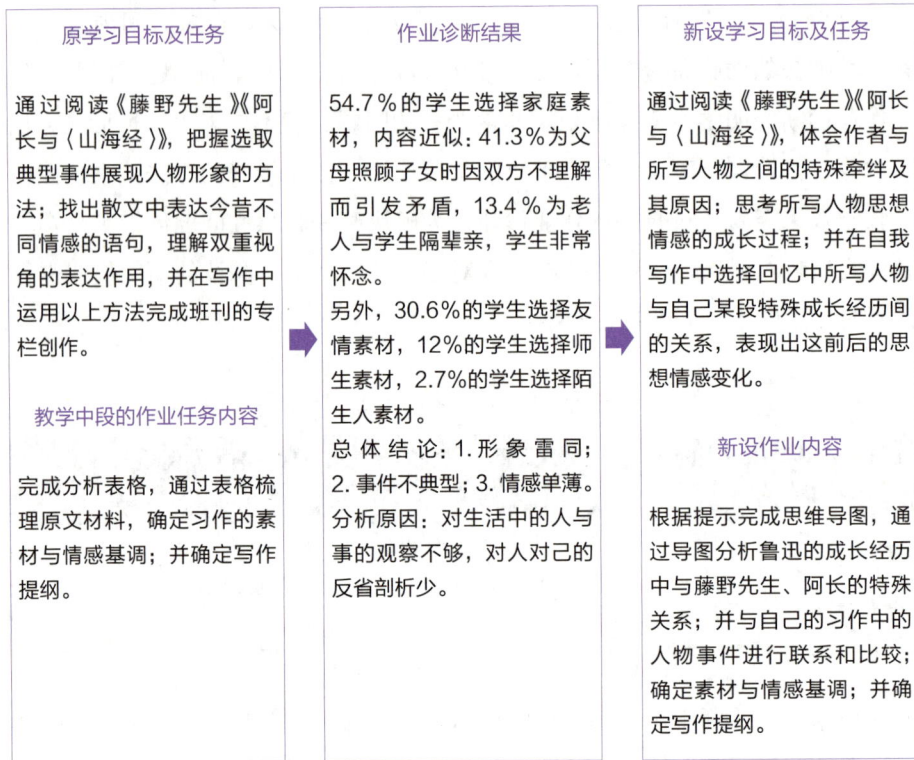

在本案例中，教师布置作业任务后发现学生写作时选取的素材较为雷同，多是平时经常使用的亲情友情等材料，写作呈现套路化。通过对作业诊断的结果的认真分析，教师得出了深层结论：学生平时对人与事的观察反思太少，缺乏对自我成长经验的反思，无从认识到他人对自己的特殊影响与价值。于是，教师重新设计了学习目标与课堂任务，并调整了诸多课时的学习重点。这是很有必要的——调整后的学习目标显然更有助于学生提升语文核心素养。

本章内容明确了作业评价的类型，发现其目的不仅仅是检测学生的学习、评价学生的学习，更是为了促进学生的学习。教师应当基于教学改进，利用各种形式的作业进行学情诊断，以学情诊断的结果调整学习目标和教学计划，改进教学，从而帮助学生学会学习、善于学习，为其终生可持续发展提供服务。

思考与实践

1.选取一份你自己认为命制得不错的作业，补上如下信息：

（1）列举作业涉及的学科核心知识、关键能力以及课程核心素养；

（2）针对第一条提及的一个关键能力，试着为学困生、普通生、优秀生提出不同层次的要求；

（3）选择你有研究的某一个核心知识或关键能力，结合任教班级的学情设计一个学生自评量规。

2.结合学情，为你任教的班级中的某类学生或某个学生，就某一学习内容设计一个双周学情记录单，并附上教与学的改进建议。